职业教育汽车类专业理实一体化教材
职业教育改革创新教材

汽车机械制图

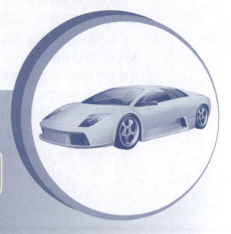

主　编　杨小刚　柴彬堂　曹　静
副主编　杨　乐　何　芬　谭红江
参　编　向应军　黄　牧　唐　芳
　　　　蒙富华　陈　海　柯阳辉
主　审　张志强

机械工业出版社

本书是根据现行的技术制图与机械制图国家标准，采用项目化、任务式的结构编写而成的，全书共分九个项目，主要内容包括绘制平面图形、绘制与识读立体的三视图、绘制轴测图、绘制与识读组合体的视图、选择与识读机件的基本表达方法、认知标准件与常用件的特殊表达方法、认知零件图、识读零件图、识读装配图。

本书编写模式新颖、结构合理、贴合实际、图文并茂、文字简练、深入浅出、通俗易懂，适合作为职业院校汽车类专业或相近专业的教材，也可作为中高级工的培训教材以及汽车行业专业技术人员和绘图人员的参考工具书。与本书内容完全配套的习题册也同时发行（需另行购买），还配有完整的课件（包含大量的动画）和习题答案。

需要教学资源的教师可以来电（010-88379201）索取，或者登录www.cmpedu.com以教师身份注册、免费下载配套资源。

图书在版编目（CIP）数据

汽车机械制图/杨小刚，柴彬堂，曹静主编 . —北京：机械工业出版社，2018.9（2024.2 重印）

职业教育汽车类专业理实一体化教材 职业教育改革创新教材

ISBN 978-7-111-61452-4

Ⅰ. ①汽… Ⅱ. ①杨…②柴…③曹… Ⅲ. ①汽车 - 机械制图 - 职业教育 - 教材 Ⅳ. ①U462

中国版本图书馆 CIP 数据核字（2018）第 267440 号

机械工业出版社（北京市百万庄大街22号 邮政编码100037）
策划编辑：于志伟 责任编辑：于志伟
责任校对：张晓蓉 封面设计：鞠 杨
责任印制：单爱军
保定市中画美凯印刷有限公司印刷
2024年2月第1版第9次印刷
184mm×260mm·18.25 印张·469 千字
标准书号：ISBN 978-7-111-61452-4
定价：47.00元

电话服务 网络服务
客服电话：010-88361066 机 工 官 网：www.cmpbook.com
　　　　　010-88379833 机 工 官 博：weibo.com/cmp1952
　　　　　010-68326294 金 书 网：www.golden-book.com
封底无防伪标均为盗版 机工教育服务网：www.cmpedu.com

前言

为贯彻落实《国务院关于加快发展现代职业教育的决定》精神，根据机械专业教学计划对制图课程的要求，参照现行的技术制图和机械制图国家标准编写本教材及与之配套的《汽车机械制图习题册》。

本教材以项目任务驱动为导向，充分考虑职业院校学生的认知特点，从简单到复杂，循序渐进，既讲清楚基础知识，又注重与实际生产中的工作图相结合。本教材版式设计新颖活泼，图文并茂，文字简练，通俗易懂，强化"以图阐理、识图为主、读画结合"的编写思路，以"教师好教、学生乐学"为出发点，有利于学生对基本知识的理解和作图与识图能力的提高。其主要特点如下：

1. 编写模式新颖活泼，与时俱进

教材结构按照最新的项目教学模式进行编排，为便于教师组织教学、学生自学，每个项目开头都引用机械行业的典型图例进行说明，并制定相应的学习目标。将每个项目中的内容分为几个具体的任务，每个任务都有"任务描述""相关知识""任务实施"等环节。

2. 采用国家现行标准，图文并茂

教材中所涉及的标准都是现行的技术制图和机械制图国家标准，相关标准内容都配以标准的图形进行详细说明，图文并茂，形象直观。

3. 通过图例阐明概念，通俗易懂

书中将基础知识和基本概念融入例题中，形象生动，通俗易懂。投影基础部分侧重于从"体"入手，投影作图部分加大了"形体分析"的力度；对一些绘图时易犯的错误，给出了正误对比图例；对复杂的投影作图例题采用了分解图示，一目了然；对较难看懂的图形附加了轴测图，帮助学生加深理解、巩固所学的知识。

4. 重点内容编写口诀，加深记忆

对重要的知识点和易于混淆的内容，编写了朗朗上口、容易记忆的口诀，以加深学生的记忆。比如图线的应用，直线、平面的投影，螺纹、齿轮的画法，剖视图的应用等内容，具体细节规定多、画法固定，通过口诀，激发学生的学习兴趣，达到增强记忆的目的。

5. 引用大量生产图例，切合实际

在每个项目和任务中，都引用了汽车行业典型的零部件图例作为讲解内容，并侧重于"读图"训练，使学生在学习过程中，能够接触到本专业的实际图例，既可以学到机械制图的知识，又可以认识实际生产中的部分典型的零部件，为后续专业课的学习奠定良好的基础。

6. 采用双色印刷，重点突出

机械制图以图为主，所有作图示例都分步进行，每一作图步骤采用不同的颜色区分，作图过程一目了然，使枯燥呆板的内容生动活泼，重点突出，便于教师讲课和辅导，也更有利于学生课外复习和巩固。

7. 将死图变为活图，激发兴趣

教材提供配套的教学资源，包括与教材完全配套的电子课件（PPT）、主要知识点的Flash动画、习题册及全部习题答案（PPT）。电子课件中，对所有作图示例都采用分步进行的形式，与教材中的作图步骤完全一致，实现无缝对接。教师在教学过程中，利用课件演示绘图过程，使教材中"死图"变成课堂中可以人为控制的"活图"，还可以边讲解边提问，实现与学生互动；对重点、难点图例，还配有三维动画，已预先链接在课件中，教师讲课时随时可调用观看。通过观看动画，可提高学生的认知能力，调动学生学习的积极性，起到事半功倍的效果。

8. 习题类型多种多样，便于复习

习题册的内容与教材完全相对应，习题形式灵活多样，改变了单一的作图模式，采用了大量的填空、选择、判断、多解题型，以培养学生的发散思维能力。习题难度适中，特别符合职业院校学生的认知规律，从而达到复习巩固课堂所学知识的目的。

本教材由杨小刚、柴彬堂、曹静担任主编，杨乐、何芬、谭红江担任副主编，向应军、黄牧、唐芳、蒙富华、陈海、柯阳辉参与编写，张志强（重庆市九龙坡职业教育中心）担任主审。

由于编者水平有限，书中难免有疏漏或不足，敬请各位专家、教师和读者提出宝贵意见和建议（可发送电子邮件至 caojingxy@163.com，或通过 QQ 704225738 与主编交流），以便及时调整和补充，使教材进一步改进与完善。

编　者

目 录

前言

项目一 绘制平面图形 ………………………………………………………………… 1
- 任务一 认知图样中国家标准有关规定 …………………………………………… 1
- 任务二 绘制简单的平面图形 ……………………………………………………… 12
- 任务三 绘制复杂的平面图形 ……………………………………………………… 19

项目二 绘制与识读立体的三视图 …………………………………………………… 26
- 任务一 认知投影法及三视图 ……………………………………………………… 26
- 任务二 认知立体上点、线、面的投影 …………………………………………… 33
- 任务三 绘制与识读基本体的三视图 ……………………………………………… 43
- 任务四 绘制与识读平面切割体的视图 …………………………………………… 53
- 任务五 绘制与识读曲面切割体的视图 …………………………………………… 58
- 任务六 绘制与识读相贯体的三视图 ……………………………………………… 69

项目三 绘制轴测图 …………………………………………………………………… 77
- 任务一 绘制平面体的正等轴测图 ………………………………………………… 77
- 任务二 绘制曲面体的正等轴测图 ………………………………………………… 85
- 任务三 绘制斜二轴测图 …………………………………………………………… 89

项目四 绘制与识读组合体的视图 …………………………………………………… 94
- 任务一 绘制组合体的三视图 ……………………………………………………… 95
- 任务二 识读组合体的三视图 ……………………………………………………… 104
- 任务三 补画组合体的视图 ………………………………………………………… 113
- 任务四 补画组合体视图中的缺线 ………………………………………………… 117
- 任务五 标注与识读组合体的尺寸 ………………………………………………… 120

项目五　选择与识读机件的基本表达方法 ·· 129
任务一　选择机件的视图表达方法 ··· 129
任务二　绘制机件的剖视图 ·· 135
任务三　识读机件的剖视图 ·· 143
任务四　认知机件的其他表达方法 ··· 152

项目六　认知标准件与常用件的特殊表达方法 ·································· 166
任务一　认知螺纹及其表达方法 ··· 166
任务二　认知螺纹紧固件及其连接画法 ······································· 175
任务三　认知齿轮及其传动 ·· 182
任务四　认知其他标准件和常用件 ··· 188

项目七　认知零件图 ·· 196
任务一　选择零件的表达方案 ··· 197
任务二　识读零件图的尺寸 ·· 201
任务三　认知零件上的工艺结构 ··· 209
任务四　识读零件图的技术要求 ··· 213

项目八　识读零件图 ··· 230
任务一　识读轴套类零件图 ·· 231
任务二　识读盘盖类零件图 ·· 235
任务三　识读叉架类零件图 ·· 238
任务四　识读箱壳类零件图 ·· 242

项目九　识读装配图 ··· 247
任务一　认知装配图 ··· 247
任务二　识读简单的装配图 ·· 256
任务三　识读复杂的装配图 ·· 259

附录 ··· 264
附录A　螺纹 ··· 264
附录B　螺纹紧固件 ··· 268
附录C　普通平键 ·· 273
附录D　销 ·· 275
附录E　滚动轴承 ·· 276
附录F　极限与配合 ··· 277
附录G　常用材料及热处理 ·· 281

参考文献 ··· 285

项目一

绘制平面图形

平面图形就是一个零件在某个方向的外形轮廓图形。本项目重点介绍机械图样中国家标准《技术制图》和《机械制图》的有关规定，绘图工具的使用方法及平面图形的绘制方法；使学生掌握制图的基本知识与技能，初步培养学生的绘图与识图能力。

 学习目标

1. 认知国家标准中图幅、图线、比例、字体和尺寸注法等制图有关规定。
2. 能正确使用常用绘图工具和仪器。
3. 会分析平面图形的尺寸和线段。
4. 学会绘制平面图形。
5. 能徒手画出简单的图形。
6. 养成严格遵守国家标准的习惯、认真负责的工作态度和严谨细致的工作作风。

任务一　认知图样中国家标准有关规定

 任务描述

图 1-1 是机械工业生产中使用的图样——零件图和装配图，其中阀盖是球阀中的一个零件。图形中不仅包含有由不同线型组成的一组图形、不同形式的尺寸标注等内容，还有图框、标题栏、文字说明等。本任务主要介绍机械图样中国家标准关于图纸幅面和格式、比例、字体、图线、尺寸标注等制图的基本规定。

 相关知识

一、图样的基本知识

图样是指根据投影原理、标准或有关规定表示的工程对象，并有必要技术说明的图。工程图样是现代工业生产中的重要技术文件，是人们表达设计思想、进行技术交流、组织生产的重要依据，是国际上通用的工程语言。不同行业使用不同的图样，如"机械图样""电气图样""建筑图样""化工图样"等。

汽车机械制图是研究汽车机械图样的一门学科，在产品的设计、备料、零部件加工、部件装配、产品装配、售后维修等环节中，都离不开图样。

图样可以用平面（二维）图形表示，如图 1-1 所示，也可以用轴测（三维）图形表示，如图 1-2 所示。

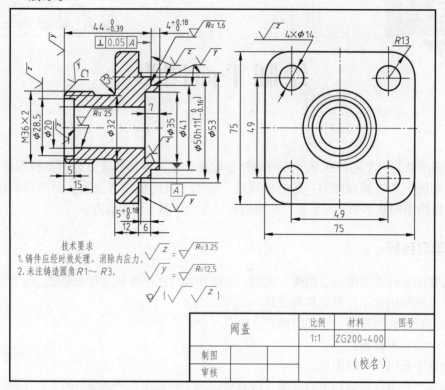

a) 零件图

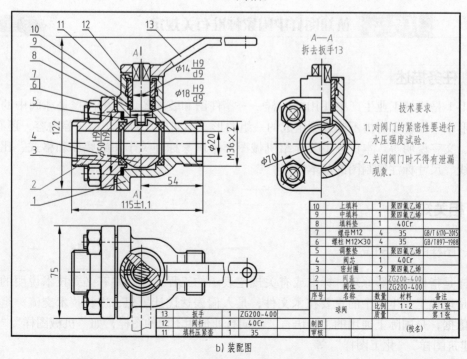

b) 装配图

图 1-1　生产中使用的机械图样

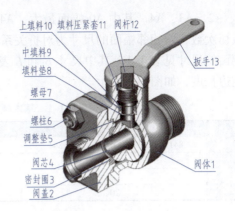

a) 阀盖的轴测图　　　　　　　　　b) 阀球的轴测图

图 1-2　轴测图

将上述图样比较可以看出，轴测图具有很强的立体感，直观性好，但不易绘制，且最大的不足就是难以将零件的内部结构和每个细节都表达清楚，更不便于标注尺寸和注写技术要求。因此，机械行业中采用的生产图样是用正投影方法绘制的二维平面图形，这种图形不但可以将零件的内外结构表达得清清楚楚，便于标注尺寸和注写技术要求，而且绘制方便。缺点是缺乏立体感。我们只要经过本课程的系统学习，就能看懂二维平面图形，从而进行机械零部件的制造、加工、检验、装配和维修等工作。

二、图样中国家标准的基本规定

汽车机械图样是按照国家标准《技术制图》和《机械制图》的基本规定绘制的。

我国国家标准（简称"国标"）的代号是由"GB"（"GB/T"为"推荐性标准"，无"T"为"强制性标准"）及标准编号和标准名称两部分组成。其中"GB"表示"国标"两个字汉语拼音的第一个字母"G"和"B"。例如《GB/T 4458.1—2002 机械制图　图样画法　视图》即表示机械制图标准中图样画法的视图部分，发布顺序编号为4458.1，发布的年号是2002年。

1. 图纸幅面和格式

（1）**图纸幅面**　绘制机械图样时，首先要根据零部件的大小，选择合适的图纸幅面。

由图纸长度与宽度组成的图面称为图纸幅面。为了使图纸幅面统一，便于装订和管理，并符合缩微复制原件的要求，绘制技术图样时应按下列规定，选取图纸幅面。

1) 优先选用基本幅面。基本幅面共有 5 种，其尺寸关系如图 1-3 所示。幅面的代号分别

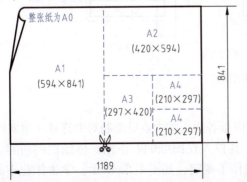
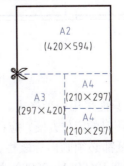

图 1-3　图纸的基本幅面

为 A0、A1、A2、A3、A4。其中 A0 幅面最大，A4 幅面最小。幅面代号实际上就是表示对 0 号幅面的裁切次数，即相邻幅面的尺寸为对折关系。

基本幅面的尺寸见表 1-1，其中尺寸 B 和 L 表示图纸的宽和长，尺寸 a、c 和 e 分别表示图框外的周边长度，如图 1-4 所示。

表 1-1　基本幅面尺寸　　　　　　　　　　　　　　　　　　　　（单位 mm）

幅面代号	A0	A1	A2	A3	A4
$B \times L$	841×1189	594×841	420×594	297×420	210×297
a	25				
c	10			5	
e	20			10	

2）必要时允许选用加长幅面。但加长幅面的尺寸必须是由基本幅面的短边成整数倍增加以后得出。

（2）图框格式　图纸上限定绘图区域的线框称为图框。

1）在图纸上必须用粗实线画出图框，其格式有两种：分别是留有装订边和不留装订边，如图 1-4 所示。

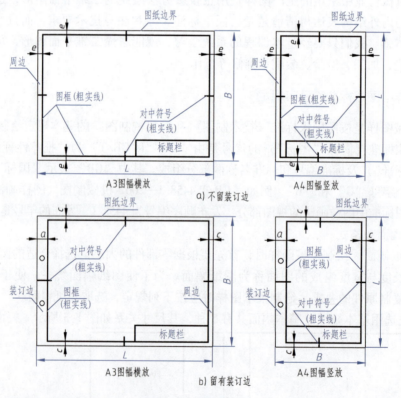

图 1-4　图框格式

2）同一产品的图样，只能采用一种格式。

3）为了复制和缩微摄影时的定位方便，应在图纸各边长的中点处绘制对中符号（粗实线）。

（3）标题栏　每张图纸都必须画出标题栏，其位置在图纸的右下角。标题栏的内容、格式及尺寸，国家标准（GB/T 10609.1—2008）均作了规定，如图 1-5a 所示。学生作业中的标题栏，建议采用图 1-5b 的形式。

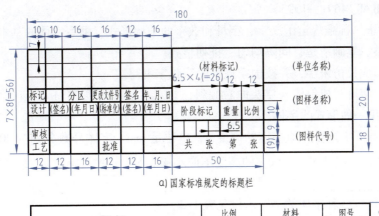

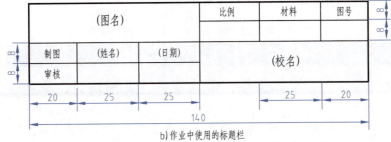

图 1-5　标题栏

2. 比例

比例是指图样中图形与其实物相应要素的线性尺寸之比。当需要按不同比例绘制图形时，可从表 1-2 规定的种类中选取。为看图方便，建议尽可能采用原值比例画图；如机件太大或太小，则采用缩小或放大的比例画出。但无论采用何种比例，图形中所标注的尺寸数值必须是机件的实际尺寸，与图形所采用的比例无关，如图 1-6 所示。

表 1-2　常用比例（摘自 GB/T 14690—1993）

种　类	比　例				
原值比例	1:1				
放大比例	2:1	2.5:1	4:1	5:1	10:1
缩小比例	1:1.5	1:2	1:2.5	1:3	1:4　　1:5

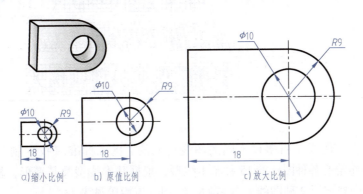

图 1-6　不同比例画出的图形及尺寸数值的注写

3. 字体（GB/T 14691—1993）

（1）**基本要求**　标准规定了汉字、字母和数字的结构形式。书写字体的基本要求是：

1）字体工整、笔画清楚、间隔均匀、排列整齐。

2）汉字应写成长仿宋字，并按国家规定的简化字书写。

3）字母和数字可写成斜体（字头向右倾斜，与水平基准线成75°）或直体。但同一张图样上，只允许选用一种形式的字体。

（2）**字体号数**　字体号数即字体的高度 h，单位是 mm。字体号数分别为 20，14，10，7，5，3.5，2.5，1.8。一般情况下，汉字的高度不应小于 3.5，字宽一般为 $h/\sqrt{2}$，可近似看成宽/高 =2/3。

（3）**书写示例**　各种字体的书写示例见表1-3。

表1-3　常用的字体（摘自 GB/T 14691—1993）

字体		示例
长仿宋体汉字	10 号	字体工整、笔画清楚、间隔均匀、排列整齐
	7 号	横平竖直　注意起落　结构均匀　填满方格
	5 号	技术制图石油化工机械电子汽车航空船舶土木建筑矿山井坑港口纺织焊接设备工艺
	3.5 号	螺纹齿轮端子接线飞行指导驾驶舱位挖填施工引水通风闸阀坝棉麻化纤
拉丁字母	大写斜体	ABCDEFGHIJKLMNOPQRSTUVWXYZ
	小写斜体	abcdefghijklmnopqrstuvwxyz
阿拉伯数字	斜体	0123456789
	正体	0123456789
罗马数字	斜体	I II III IV V VI VII VIII IX X
	正体	I II III IV V VI VII VIII IX X

4. 图线

（1）**基本线型**　图样是由多种不同的图线构成的。国家标准《技术制图　图线》（GB/T 17450—1998）规定绘制各种图样的15种基本线型，根据基本线型及其变形，机械制图（GB/T 4457.4—2002）中规定了9种图线，其名称、线型、应用等见表1-4。

（2）**图线的宽度**　图线的宽度应根据图形的大小和复杂程度，在下列数系中选取：0.13，0.18，0.25，0.35，0.5，0.7，1，1.4，2（单位为 mm）。

机械图样中的图线一般采用两种宽度，分别称为粗线和细线，其宽度之比为2∶1。建议粗线的宽度采用0.5~0.7mm，细线的宽度采用0.25~0.35mm。

表1-4 图线的形式及应用（根据 GB/T 4457.4—2002）

名称	线型	代号 No.	线宽 d/mm		主要用途及线素长度	
粗实线	——————	01.2	0.7	0.5	可见棱边线，可见轮廓线	
细实线	——————	01.1			尺寸线，尺寸界线，剖面线，引出线，重合断面的轮廓线，过渡线	
波浪线	～～～	01.1	0.35	0.25	断裂处的边界线，视图与剖视图的分界线	
双折线	—/\—	01.1			断裂处的边界线，视图与剖视图的分界线	
细虚线	- - - - - -	02.1			不可见棱边线，不可见轮廓线	画长12d，短间隔长3d
粗虚线	▬ ▬ ▬ ▬	02.2	0.7	0.5	允许表面处理的表示线	
细点画线	— · — · —	04.1	0.35	0.25	轴线，对称中心线，分度圆（线），孔系分布的中心线，剖切线	长画长21d，短间隔长3d，点长≤0.5d
细双点画线	— ·· — ·· —	05.1			相邻辅助零件的轮廓线，可动零件的极限位置轮廓线及移动轨迹线，中断线	
粗点画线	▬ · ▬ · ▬	04.2	0.7	0.5	限定范围表示线	

（3）图线的画法要点　图线画法要点如图1-7所示。

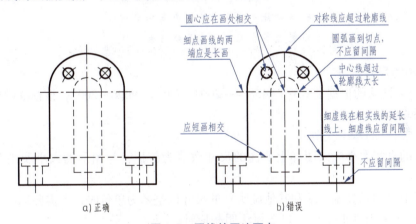

图1-7　图线的画法要点

1）同一图样中同类图线的宽度应基本一致。虚线、点画线及双点画线的线段长度和间隔应各自大致相等。

2）虚线、点画线、双点画线相交时，应是线段相交。当细虚线是粗实线的延长线时，在连接处应断开。

3）绘制圆的对称中心线时，圆心应为线段的交点。细点画线和双点画线的首末两端应是线段而不是点，且应超出图形外约3~5mm。在较小的图形上绘制细点画线或细双点画线有困难时，可用细实线代替。

4）当各种线型重合时，应按粗实线、细虚线、细点画线的优先顺序画出。

（4）图线的应用　图线的应用示例如图1-8所示。

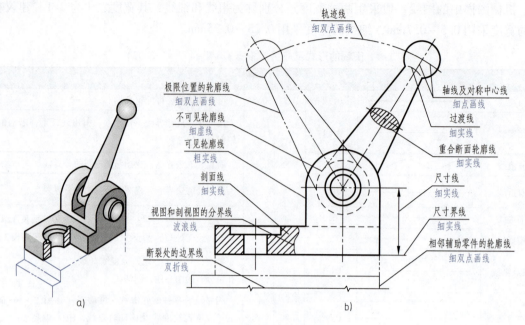

图 1-8 图线的应用示例

在上述 9 种图线中，将最常用的图线及其主要用途可总结为如下的口诀：

> 可见轮廓粗实线，不可见画细虚线；
> 轴线对称点画线，尺寸剖面细实线；
> 断裂边界波浪线，表面处理粗虚线。

5. 图样中的尺寸注法

图样中尺寸注法的依据是 GB/T 4458.4—2003、GB/T 19096—2003，该标准中规定了标注尺寸的方法和规则。

（1）标注尺寸的基本规则

1）机件的真实大小应以图样上所注的尺寸数值为依据，与图形的大小及绘图的准确度无关。

2）图样中（包括技术要求和其他说明）的尺寸以毫米为单位时，不需要标注计量单位的代号和名称；如采用其他单位，则必须注明相应计量单位的代号或名称，如 45 度 30 分应写成 45°30′。

3）图样中所标注的尺寸为该图样所示机件的最后完工尺寸，否则应另加说明。

4）机件的每一尺寸，一般只标注一次，并应标注在反映该结构和形状最清楚的图形上。

（2）尺寸的组成 一个完整的尺寸包括尺寸界线、尺寸线、箭头和尺寸数字四个要素，如图 1-9 所示。

1）尺寸界线。表示尺寸的度量范围，用细实线绘制。

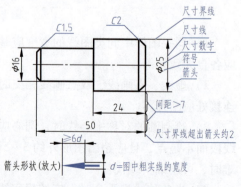

图 1-9 尺寸的组成

2）尺寸线。表示尺寸的度量方向，用细实线绘制。
3）箭头。表示尺寸线的终端。
4）尺寸数字。表示机件的实际大小。

(3) 常见的符号及缩写词　国家标准《技术制图　简化表示法 第 2 部分 尺寸注法》（GB/T 16675.2—2012）要求标注尺寸时，应尽可能使用符号和缩写词，常用的符号及缩写词见表 1-5。

表 1-5　常用见的符号及缩写词

名　称	符号或缩写词	名　称	符号或缩写词
直径	φ	正方形	□
半径	R	45°倒角	C
圆球直径	Sφ	孔深	↧
圆球半径	SR	沉孔或锪平	⌴
厚度	t	埋头孔	∨
均布	EQS	弧长	⌒

(4) 尺寸各要素的注写方式　尺寸各要素的注写方式见表 1-6。

表 1-6　尺寸要素的注写方式

要素	说　明	图　例
尺寸界线	1）尺寸界线用细实线绘制 2）尺寸界线应由图形的轮廓线、轴线或对称中心线处引出，也可利用轮廓线、轴线或对称中心线作尺寸界线，如图 a、b 所示 3）尺寸界线一般应与尺寸线垂直 4）当尺寸界线过于靠近轮廓线时，允许倾斜画出，如图 c、d 所示 5）在光滑过渡处标注尺寸时，必须用细实线将轮廓线延长，从它们的交点处引出尺寸线，见图 c 中的箭头所指处	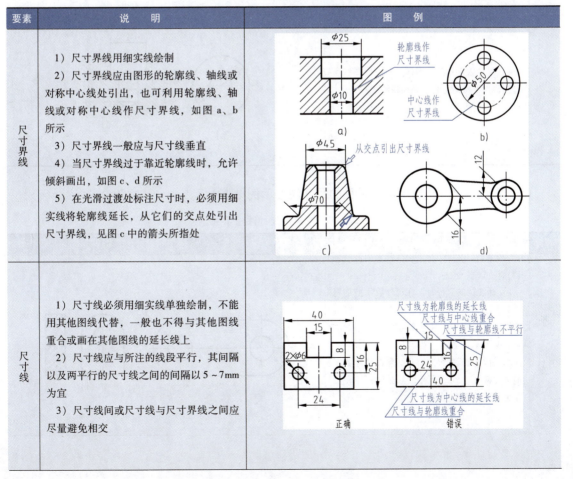
尺寸线	1）尺寸线必须用细实线单独绘制，不能用其他图线代替，一般也不得与其他图线重合或画在其他图线的延长线上 2）尺寸线应与所注的线段平行，其间隔以及两平行的尺寸线之间的间隔以 5~7mm 为宜 3）尺寸线间或尺寸线与尺寸界线之间应尽量避免相交	

（续）

要素	说明	图例
尺寸数字	1）线性尺寸数字一般书写在尺寸线的上方或中断处	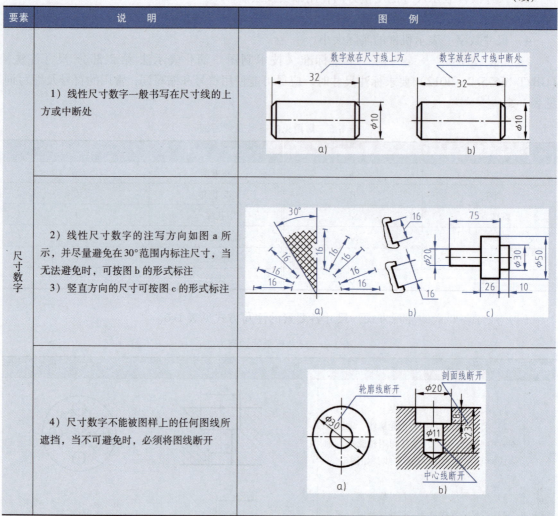
	2）线性尺寸数字的注写方向如图 a 所示，并尽量避免在30°范围内标注尺寸，当无法避免时，可按图 b 的形式标注 3）竖直方向的尺寸可按图 c 的形式标注	
	4）尺寸数字不能被图样上的任何图线所遮挡，当不可避免时，必须将图线断开	

（5）常见的尺寸注法示例　常见的尺寸注法示例见表1-7。

表1-7　常见的尺寸注法示例

项目	说明	图例
圆和圆弧	1）标注圆的直径时，在尺寸数字前加符号"ϕ"，其尺寸线应通过圆心，尺寸线的终端应画成箭头，但不能与对称中心线重合，如图 a、c 所示。 2）标注圆弧的尺寸时，必须在尺寸数字前加注符号"R"，半径尺寸必须标注在反映为圆弧的图形上	

(续)

项目	说　明	图　例
圆和圆弧	3）当尺寸线的一端无法画出箭头时，尺寸线一定要超过圆心，如图 d 所示 4）大于半圆的圆弧都必须标注直径，小于半圆的圆弧都必须标注半径 5）半径过大，圆心不在图形内时，尺寸线可画成折线，如图 e 所示；若不需注出圆心位置时，尺寸线可以中断，如图 f 所示	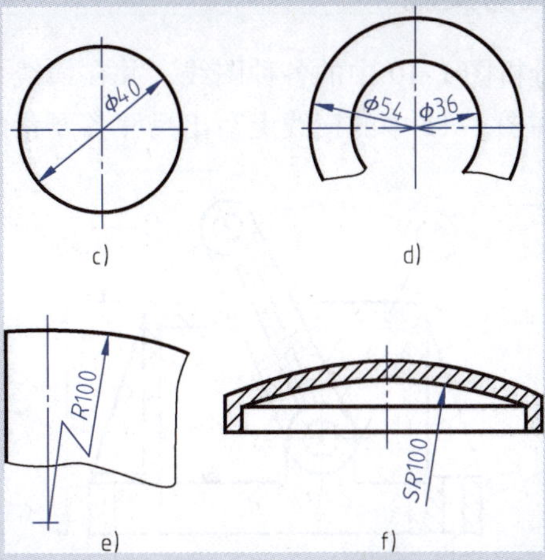
球面	标注球面的直径或半径时，应在"ϕ"或"R"前再加符号"S"	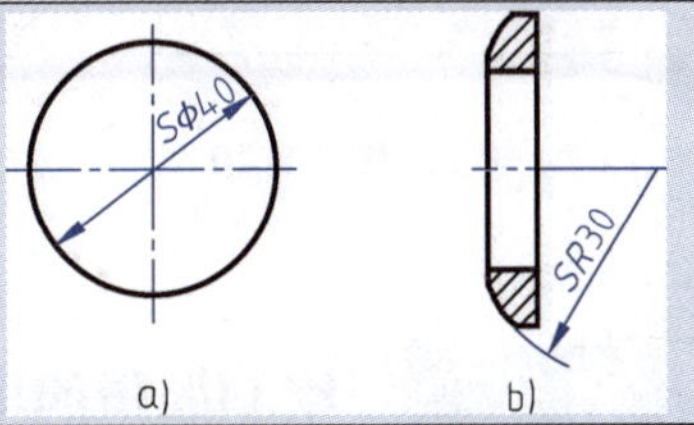
角度	1）尺寸界线应沿径向引出 2）尺寸线是以角度顶点为圆心的圆弧线 3）数值一律水平注写，一般写在尺寸线的中间，必要时可引出标注	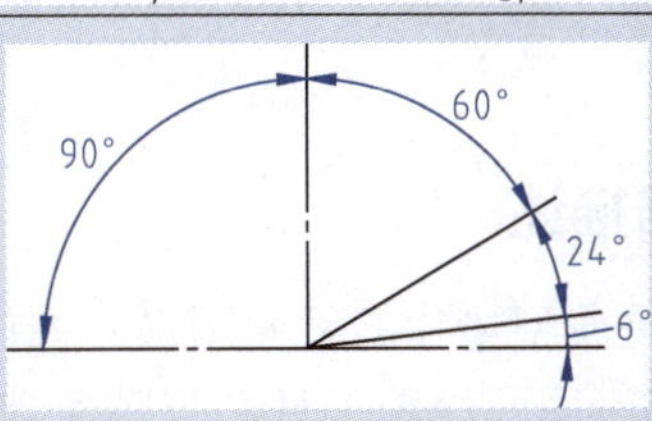
小尺寸	1）无足够位置标注尺寸时，箭头可移至图外或用小圆点代替 2）尺寸数字也可写在尺寸界线外或引出标注	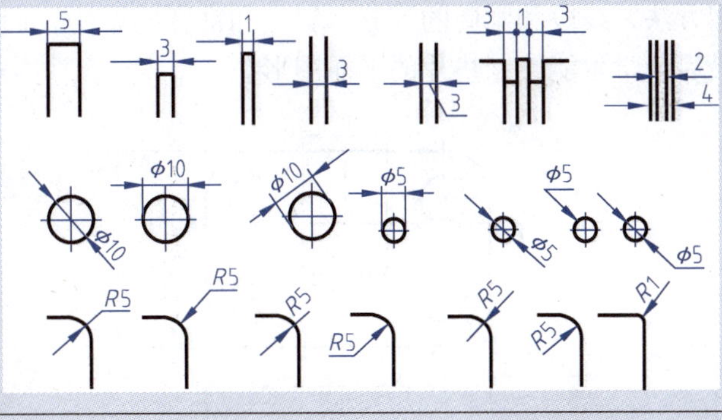
对称图形	1）对称图形画一半时，尺寸线的一端无法注全，其尺寸线要超过对称线一段距离，如图 a 中的 84 和 64 2）图中 $4\times\phi6$ 表示有 4 个直径为 $\phi6$ 的孔 3）分布在对称线两侧的相同结构，可仅标注其中一侧的结构尺寸	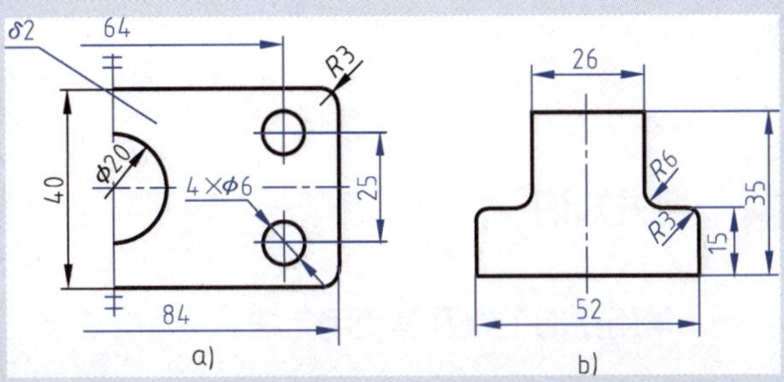

任务实施

1. 分析图 1-10 中的各种图线，并在横线上写出图线的名称及应用场合。
2. 在图 1-11 中的横线上写出尺寸各要素的名称。

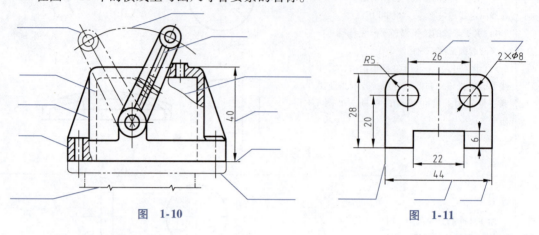

图 1-10　　　　　　　　　　　　　　　图 1-11

| 任务二 | 绘制简单的平面图形 |

任务描述

图 1-12 是典型垫片的平面图形，图中包含有直线、矩形、圆和圆弧等基本几何要素，这些要素是采用不同的绘图工具和仪器绘制出来的。本任务主要介绍绘图工具和仪器的正确使用方法，线段和圆周的等分、斜度和锥度的画法，椭圆的画法以及圆弧连接等基本作图方法，最后使学生能绘制垫片的平面图形。

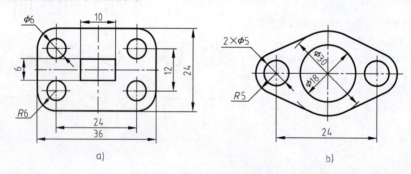

图 1-12　典型垫片的平面图形

相关知识

一、常用绘图工具及其使用方法

正确、熟练地使用和维护绘图工具，是保证绘图质量和提高绘图速度的重要条件。因此，必须养成正确使用和维护绘图工具和仪器的良好习惯。

1. 绘图板

绘图板是绘图时用来固定图纸的矩形木板，板面及导边应平整光滑。绘图前应先用胶带将图纸固定在图板上，如图 1-13a 所示。

2. 丁字尺

丁字尺是用于画水平线的，它由尺头和尺身组成。使用时，左手扶住丁字尺的尺头，使内侧边紧靠图板左导边。将丁字尺沿图板导边上下滑动，移到所需位置后，左手移到尺身的适当部位压住尺身，以防画线时尺身倾斜；右手执笔，笔杆略向右倾斜，笔尖紧靠尺身并沿尺身工作边自左向右画水平线，如图 1-13b 所示。

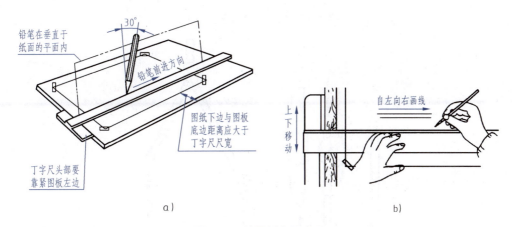

图 1-13 绘图板和丁字尺

3. 三角板

一副三角板由 45°和 30°（60°）的两块组成。与丁字尺配合使用，可画竖直线，如图 1-14a 所示；还可画与水平方向成 15°、30°、45°、60°、75°的倾斜线，如图 1-14b 所示；用两块三角板配合使用，可画已知直线的垂直线和平行线，如图 1-15 所示。

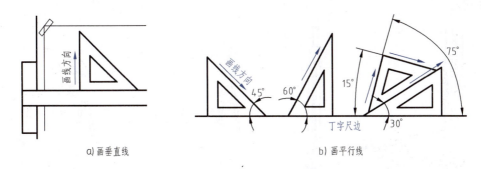

图 1-14 丁字尺与三角板配合使用

4. 圆规

圆规主要是用来画圆和圆弧的。画圆时选用的铅芯应比画直线的铅芯软一号。钢针应使用有台阶的一端（支承尖），以免使图纸上的针眼过于扩大。画图前应调整圆规，使插针、铅芯与纸面保持垂直，如图 1-16 所示。

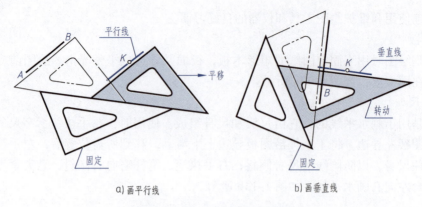

图1-15 两块三角板配合使用

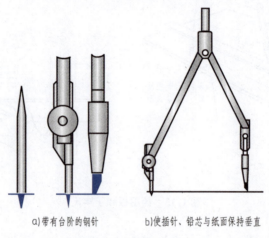

图1-16 圆规及使用

5. 分规

分规主要用于量取和等分直线或圆弧，分规的两个针尖并拢时应对齐。分规及使用方法如图1-17所示。

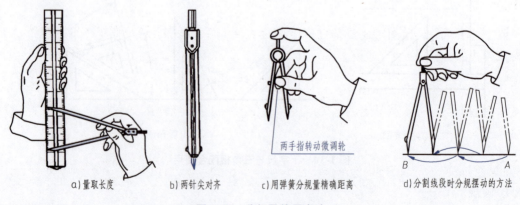

图1-17 分规及使用方法

6. 铅笔

画图时应使用绘图铅笔。绘图铅笔用"B"和"H"代表铅芯的软硬程度，如"2B""3B""2H""3H"等。"B"前面的数字越大，表示铅芯越软（黑）；"H"前面的数字越大，表示铅芯越硬。画粗线时建议采用 B、HB 或 2B 铅笔；画细线时用 H、2H 铅笔；写字可用 H 或 HB。用于画粗线的铅芯应削磨成断面为矩形的棱柱，其余可削磨成锥形，如图 1-18 所示。

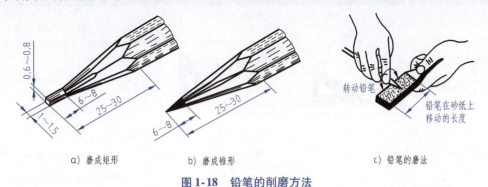

a) 磨成矩形　　　　b) 磨成锥形　　　　c) 铅笔的磨法

图 1-18　铅笔的削磨方法

7. 曲线板

曲线板用于绘制不规则的非圆曲线。使用时，应先徒手将曲线上各点轻轻地依次连成光滑的曲线，然后在曲线上找出足够的点，如图 1-19 所示，至少可使其画线边通过 1、2、3 点，画出 1、2、3 点后，再移动曲线板，使其重新与点相吻合，并画出 3 到 4 乃至 5 点间的曲线，以此类推，完成非圆曲线的作图。

图 1-19　曲线板及使用

除上述工具外，绘图时还要备有削铅笔的小刀、磨铅笔的砂纸、固定图纸的胶带、擦图的橡皮等用品。

二、基本作图方法

常用基本作图方法有圆周的等分、锥度和斜度的画法、椭圆的画法等，其画图方法与步骤见表 1-8。

表 1-8　常用基本作图方法

类别	图　　例			作图步骤
等分直线	1)	2)	3)	1) 已知直线 2) 过 A 作任意射线 AC 并进行四等分 3) 将最后的等分点 C 与 B 相连，再过各等分点作 BC 线的平行线与 AB 相交，其交点便是等分点

（续）

类别	图例	作图步骤
画正六边形	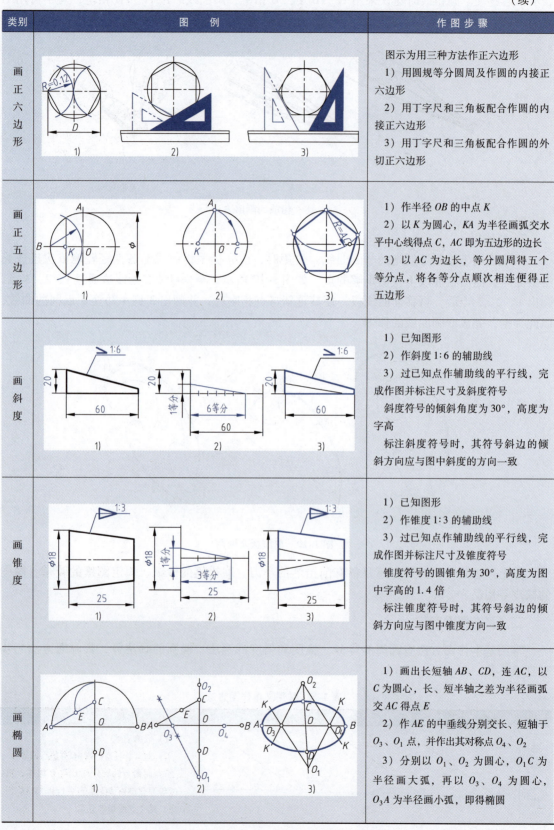	图示为用三种方法作正六边形 1）用圆规等分圆周及作圆的内接正六边形 2）用丁字尺和三角板配合作圆的内接正六边形 3）用丁字尺和三角板配合作圆的外切正六边形
画正五边形		1）作半径 OB 的中点 K 2）以 K 为圆心，KA 为半径画弧交水平中心线得点 C，AC 即为五边形的边长 3）以 AC 为边长，等分圆周得五个等分点，将各等分点顺次相连便得正五边形
画斜度		1）已知图形 2）作斜度 1∶6 的辅助线 3）过已知点作辅助线的平行线，完成作图并标注尺寸及斜度符号 斜度符号的倾斜角度为 30°，高度为字高 标注斜度符号时，其符号斜边的倾斜方向应与图中斜度的方向一致
画锥度		1）已知图形 2）作锥度 1∶3 的辅助线 3）过已知点作辅助线的平行线，完成作图并标注尺寸及锥度符号 锥度符号的圆锥角为 30°，高度为图中字高的 1.4 倍 标注锥度符号时，其符号斜边的倾斜方向应与图中锥度方向一致
画椭圆		1）画出长短轴 AB、CD，连 AC，以 C 为圆心，长、短半轴之差为半径画弧交 AC 得点 E 2）作 AE 的中垂线分别交长、短轴于 O_3、O_1 点，并作出其对称点 O_4、O_2 3）分别以 O_1、O_2 为圆心，O_1C 为半径画大弧，再以 O_3、O_4 为圆心，O_3A 为半径画小弧，即得椭圆

三、圆弧连接

圆弧连接是指用一段圆弧光滑地连接相邻两已知线段（直线或圆弧）的作图方法。例如在图 1-20 中，用圆弧 R16 连接两直线，用圆弧 R12 连接一直线和一圆弧，用圆弧 R35 连接两圆弧等。

1. 圆弧连接的作图步骤

任何形式的圆弧连接，其作图过程都分为以下三步：先求连接弧的圆心，再求连接点（已知圆弧与连接线段的分界点），最后画连接弧（在两连接点之间画弧）。

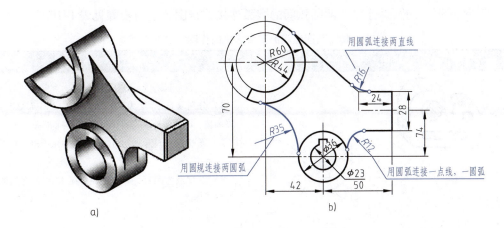

图 1-20 常见的圆弧连接形式

2. 圆弧连接的作图方法

（1）两直线间的圆弧连接　两直线间的圆弧连接的作图方法与步骤见表 1-9。

表 1-9　两直线间的圆弧连接的作图方法与步骤

类别	图　例	作图方法与步骤
用圆弧连接钝角的两边	a) b) c)	1）作与已知角两边分别相距为 R 的平行线，两线相交于点 O，即为连接弧圆心 2）自 O 点向两个夹角边引垂线，其垂足 M、N 即为连接点 3）以 O 点为圆心，R 为半径，在 M 至 N 之间画弧，即完成作图
用圆弧连接锐角的两边	a) b) c)	1）作与已知角两边分别相距为 R 的平行线，两线相交于点 O，即为连接弧的圆心 2）自 O 点向两个夹角边引垂线，其垂足 M、N 即为连接点 3）以 O 点为圆心，R 为半径，在 M 至 N 之间画弧，即完成作图

(续)

类别	图例	作图方法与步骤
用圆弧连接直角的两边	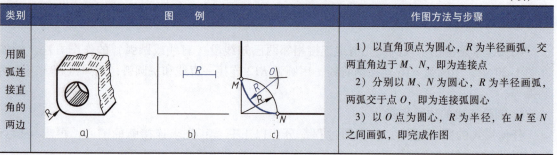	1) 以直角顶点为圆心，R 为半径画弧，交两直角边于 M、N，即为连接点 2) 分别以 M、N 为圆心，R 为半径画弧，两弧交于点 O，即为连接弧圆心 3) 以 O 点为圆心，R 为半径，在 M 至 N 之间画弧，即完成作图

（2）两圆弧间的圆弧连接　两圆弧间的圆弧连接的作图方法与步骤见表 1-10。

表 1-10　两圆弧间的圆弧连接的作图方法与步骤

类别	图例	作图方法与步骤
用圆弧外连接两已知圆弧		1) 分别以 O_1、O_2 为圆心，R_1+R、R_2+R 之长为半径画弧，两弧相交于点 O，即为连接弧的圆心 2) 连 OO_1 和 OO_2，分别交两已知圆弧于 M、N，即为连接点 3) 以 O 点为圆心，R 为半径，在 M 至 N 之间画弧，即完成作图
用圆弧内连接两已知圆弧		1) 分别以 O_1、O_2 为圆心，$R-R_1$、$R-R_2$ 之长为半径画弧，两弧相交于点 O，即为连接弧的圆心 2) 连 OO_1 和 OO_2 并延长，分别交两已知圆弧于 M、N，即为连接点 3) 以 O 点为圆心，R 为半径，在 M 至 N 之间画弧，即完成作图
用圆弧分别内外连接两已知圆弧		1) 分别以 O_1、O_2 为圆心，$R-R_1$、$R+R_2$ 之长为半径画弧，两弧相交于点 O，即为连接弧的圆心 2) 连 OO_1 并延长，交已知圆弧 R_1 于 M，连 OO_2 交已知圆弧 R_2 于 N，M 与 N 即为连接点 3) 以 O 点为圆心，R 为半径，在 M 至 N 之间画弧，即完成作图

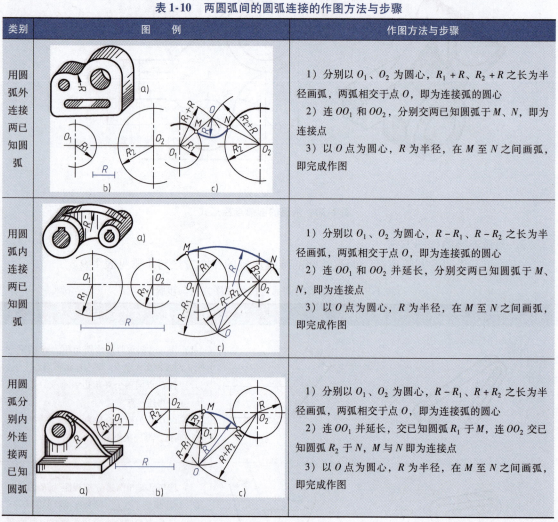

🔧 **任务实施**

1. 绘制图 1-12a 所示垫片的平面图形

分析：垫片的外形是由四段直线和四段圆弧组成的。里面包含有四个小圆和一个矩形；

图中的线型有粗实线和细点画线;绘图时需要使用的绘图工具有铅笔、三角板、圆规、分规等。

作图步骤:如图 1-21 所示,先画出水平和垂直的两条中心线,再按给出的尺寸画出大小两个矩形,然后定出四角小圆的圆心,最后画出小圆和圆弧。

a) 画中心线及两个矩形　　b) 定出四角小圆的圆心　　c) 画出小圆和圆弧

图 1-21　作图步骤

2. 绘制图 1-12b 所示垫片的平面图形

分析:图 1-12b 所示的平面图形是由三个圆、四条直线和四段圆弧组成的,其中四条直线和四段圆弧相切。图中包含的线型有粗实线和细点画线;绘图时需要使用的绘图工具有铅笔、三角板、圆规、分规等。

作图步骤:如图 1-22 所示,先画出水平和垂直的两条中心线,定出两边小圆的位置,并画出中间的大圆和两边的小圆;再根据 $\phi 30mm$ 和 $R5mm$ 画出外形的各段圆弧;最后作外形各段圆弧的公切线。

a) 画中心线及三个小圆　　b) 画出外形的各段圆弧　　c) 作外形各段圆弧的公切线

图 1-22　作图步骤

任务三　绘制复杂的平面图形

任务描述

生产实际中使用的机械零件,其图形轮廓都比较复杂,如图 1-23 所示的汽车前拖钩及支架。这些图形是由若干直线和曲线连接而成的,各线段之间有一定的相对位置和连接关系,作图时也要按一定的顺序进行。本任务通过对汽车前脱钩中的尺寸及线段分析,明确平面图形中的尺寸性质及线段的类型,并绘制支架的平面图形。

相关知识

对于比较复杂的平面图形,在绘图以前,首先要对其进行分析。平面图形的分析包括尺寸分析和线段分析。下面以前拖钩的平面图形为例进行分析。

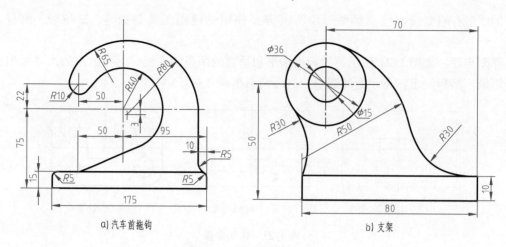

a) 汽车前拖钩　　　　　　　　　b) 支架

图 1-23　复杂的平面图形

一、平面图形的尺寸分析

前拖钩的平面图形，可分为下部带圆角的矩形和上部由圆弧和直线共同组成的钩形两部分。每一部分的大小，都具有一定的尺寸。标注尺寸时，先要确定尺寸基准。

1. 尺寸基准

尺寸基准就是标注尺寸的起点。对平面图形来说，尺寸基准指图形中的点和线，其长度（左右）方向和高度（上下）方向各有一个尺寸基准。定位尺寸需从尺寸基准出发进行标注。图 1-24 中矩形的底边为高度方向的尺寸基准，矩形的右边为长度方向的尺寸基准。

2. 定形尺寸

用于确定线段的长度、圆弧的半径、圆的直径和角度大小等尺寸，称为定形尺寸。图 1-24 中的定形尺寸有：下部矩形的长 175mm 和高 15mm，左右两个圆角的半径 R5mm；上部圆弧的半径 R10mm、R40mm、R80mm、R65mm 等。

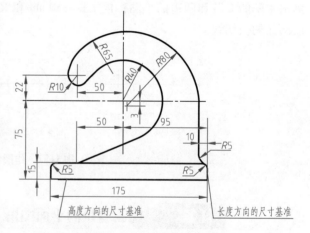

图 1-24　汽车前拖钩图形分析

3. 定位尺寸

用于确定线段在平面图形中所处位置的尺寸，称为定位尺寸。图 1-24 中的尺寸 95mm 和 75mm，确定了 R40mm 圆弧的圆心在长度和高度方向的位置；尺寸 50mm 和 22mm，确定了 R10mm 圆弧的圆心在长度和高度方向的位置；尺寸 3mm，确定了 R80mm 圆弧的圆心在高度方向的位置。

二、平面图形的线段分析

平面图形中的线段，根据其定位尺寸是否完整，可分为以下三类：

1. 已知线段

具有两个方向定位尺寸的线段。图 1-24 中的 R10mm、R40mm 的圆弧，尺寸 75mm 和尺寸 15mm 组成的矩形线框等定位尺寸齐全，是已知线段。

2. 中间线段

具有一个方向定位尺寸的线段。图 1-24 中的 R80mm 圆弧，只有高度方向的定位尺寸 3mm，没有长度方向的定位尺寸，是中间线段。

3. 连接线段

只有定形尺寸而没有定位尺寸的线段。图 1-24 中的 R5mm 圆弧、R65mm 圆弧，只有定形尺寸而没有定位尺寸，是连接线段。

作图时，由于已知线段有两个定位尺寸，故可直接画出；而中间线段虽然缺少一个定位尺寸，但它总是与一个已知线段相连接，利用相切的条件便可画出；连接线段由于没有定位尺寸，只有借助于它与已经画出的两条相邻线段相切的连接条件才能画出来。所以平面图形的画图顺序是：先画已知线段，再画中间线段，最后画连接线段。

三、徒手绘图的方法

徒手图也叫草图，即不用绘图仪器和工具，通过目测图形中各部分的比例和尺寸，按一定画法要求画出的图形。徒手绘图具有灵活快捷的特点，徒手图是创意构思、进行技术交流常用的绘图方法，有很大的实用价值。草图虽然是徒手绘制，但绝不是潦草的图，画图时应做到：

1）绘制图线要稳，线型粗细分明。
2）目测尺寸要准，图形比例匀称。
3）标注尺寸无误，字体书写工整。
4）绘图速度要快，保持图面整洁。

1. 握笔的方法

手握笔的位置要比用仪器绘图时高一些，以利于运笔和观察目标。笔杆与纸面成 45°～60° 角，执笔稳而有力。

2. 直线的画法

画直线时，图纸可放得斜一些。手腕靠着纸面，沿着画线方向移动，保证直线画直；眼睛不要只盯着笔尖，而要目视笔尖运行的方向和运行的终点，匀速运笔，一次画成，切忌一小段一小段画出。各种直线的画法和运笔方向如图 1-25 所示。

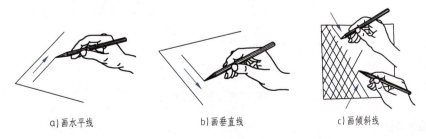

a）画水平线　　　b）画垂直线　　　c）画倾斜线

图 1-25　直线的画法

3. 常用角度的画法

画 30°、45°、60° 等常用角度时，可根据两直角边的比例关系，在两直角边上定出几点，然后连线而成,如图 1-26 所示。

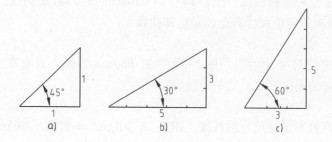

图 1-26 常用角度的画法

4. 圆的画法

画较小的圆时,在画出的中心线上按半径目测定出四点,徒手画出圆;也可先画出正方形,再作出正方形的内切圆,如图 1-27a 所示。画较大的圆时,可增加两条 45°斜线,在斜线上再根据半径的大小定出四点,然后分段画出,如图 1-27b 所示。

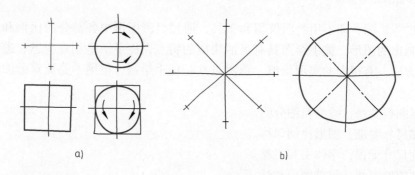

图 1-27 圆的画法

5. 圆弧的画法

画圆弧时,根据圆弧的大小,先画出相交的两条直线,然后目测,在分角线上定出圆心的位置,使它与角两边的距离等于圆角半径的大小,过圆心向两边引垂线,定出圆弧的起点和终点,并在分角线上也定出一半径点,然后用圆弧将三点相连,如图 1-28 所示。

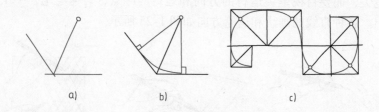

图 1-28 圆弧的画法

6. 椭圆的画法

画椭圆时,先目测定出其长、短轴上的四个点,然后分段画出四段圆弧。画图时应注意图形的对称性,如 1-29a 所示;也可利用外切菱形法作出,如图 1-29b 所示。

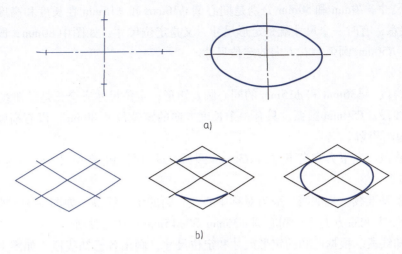

a)

b)

图 1-29 椭圆的画法

绘制图 1-30 所示支架的平面图形

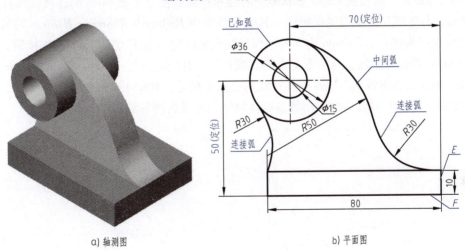

a) 轴测图　　　　　　　　　　　b) 平面图

图 1-30 支架的图形分析

1. 准备工作

1) 确定比例，尽量选用 1∶1 的比例，根据图形大小选用合适的图幅，固定图纸。

2) 拟定具体的作图顺序。

2. 图形分析

（1）尺寸及基准分析

1) 尺寸基准。图中矩形右方的竖线 *E* 是长度方向的尺寸基准，下方的横线 *F* 是高度方向的尺寸基准。

2) 定形尺寸。图 1-30 中的同心圆直径 $\phi 36$mm 和 $\phi 15$mm、圆弧半径 *R*50mm、*R*30mm，矩形的长度 80mm、高度 10mm 都是定形尺寸。

3）定位尺寸。70mm 和 50mm 分别是同心圆 ϕ36mm 和 ϕ15mm 在长度和高度方向的定位尺寸。必须注意，有时一个尺寸既是定形尺寸，又是定位尺寸，如图中 80mm，既是矩形的长度尺寸，也是 R50mm 圆弧左右方向的定位尺寸。

（2）线段分析

1）已知线段。ϕ36mm 和 ϕ15mm 的同心圆及矩形，定位尺寸齐全，是已知线段。

2）中间线段。R50mm 圆弧，只有一个长度方向的定位尺寸 80mm，没有高度方向的定位尺寸，所以是中间线段。

3）连接线段。左下方和右下方的 R30mm 圆弧，没有圆心的定位尺寸，是连接线段。

3. 画图步骤

1）画作图基准线。基准线一般为对称中心线、圆的中心线等。如图 1-31a 所示，图中的基准线为矩形下方和右方的边，同心圆 ϕ36mm 和 ϕ15mm 的中心线等。

2）画已知线段。根据已知的定形尺寸和定位尺寸，画出各已知线段，如图 1-31b 中的同心圆 ϕ36mm 和 ϕ15mm 及矩形。

3）画中间线段。按连接关系，画出中间线段。如图 1-31c 所示，中间线段 R50mm 圆弧与 ϕ36mm 圆内连接，其圆心位置由 R50mm − R18mm = R32mm 的圆弧和左右方向的定位尺寸 80mm 来确定。

4）画连接线段。按连接关系，依次画出各连接线段。左下方 R30mm 的连接圆弧与 ϕ36mm 的圆外连接，与矩形左上角的顶点相切，其圆心位置由 R30mm + R18mm = R48mm 的圆弧和以矩形左上角顶点为圆心，R30mm 为半径画弧得交点来确定。右下方 R30mm 的连接圆弧与中间线段 R50mm 的圆弧外连接，与矩形上方的直线相切，其圆心位置由 R50mm + R30mm = R80mm 的圆弧和与矩形上方直线为 30mm 的平行线的交点来确定，如图 1-31d 所示。

5）加深。检查无误后，加深图线，标注尺寸，完成的图形如图 1-30b 所示。

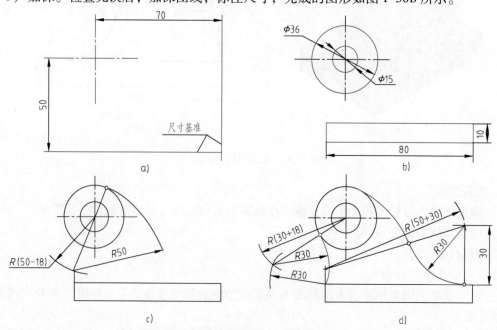

图 1-31　绘制支架平面图形的步骤

a）画基准线　b）画已知圆弧　c）画中间圆弧　d）画连接圆弧

项目小结

本项目的内容是绘制与识读机械图样的基础。通过学习，明确了国家标准中的有关规定及其具体运用、绘图工具的正确使用方法；同时，掌握了绘制平面图形的基本方法及徒手画图的方法，平面图形的尺寸分析、线段分析及复杂平面图形的绘制方法。

平面图形的绘制要点是：在分析清楚尺寸和线段的基础上，先绘制定位基准线，再按已知线段、中间线段、连接线段的顺序完成全图。绘图时应做到：图形正确、图线清晰、字体端正、笔画清楚、尺寸标注完整。

项目二

绘制与识读立体的三视图

在实际生产中,不同行业的图样是采用不同的投影方法绘制的,机械图样是采用正投影法绘制的,如图 2-1 所示。本项目重点介绍正投影法的基础知识,点、线、面的投影及简单物体三视图的绘制与识读方法。

 学习目标

1. 理解正投影的基本原理、特性及三视图的形成过程。
2. 明确三视图之间的投影对应关系和方位对应关系。
3. 掌握点、线、面的投影规律。
4. 能根据基本体、切割体及相贯体的轴测图绘制三视图。
5. 根据已知的视图能想象出立体的形状,并补画出视图中所缺的图线或第三视图。

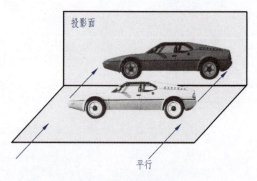

图 2-1 正投影法绘制的汽车的一面视图

任务一 认知投影法及三视图

 任务描述

本任务主要介绍正投影的有关知识、三视图的形成及投影规律,三视图的绘制方法等内容。最后根据图 2-2 所示物体的轴测图,能够绘制三视图。

 相关知识

一、投影法的基础知识

在日常生活中,投影现象随处可见,如图 2-3 所示,人在太阳光线的照射下,就会在地面上产生影子,影子和人的外形特别相似。人们根据这种自然现象加以科学地抽象研究,

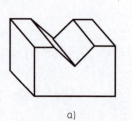
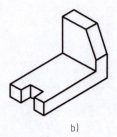

图 2-2 简单物体的轴测图

总结其中规律，提出投影法。其中，光源（太阳）称为投射中心，光线（太阳光线）称为投射线，人称为投影体，地面称为投影面，人影称为投影。

1. 投影法的分类

投影法分为中心投影法和平行投影法两大类。

（1）中心投影法 如图 2-4 所示：投射线自投射中心发出，通过矩形平面投射到投影面 H 上，得到的图形就是矩形平面在 H 面上的投影。由于投射线均从投射中心发出，所以这种投影法称为中心投影法。照相、放映电影及人眼看东西得到的影像，均为中心投影法的应用实例。

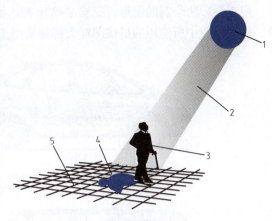

图 2-3 人在太阳光下的影子
1—太阳 2—太阳光线 3—人 4—地面 5—人影

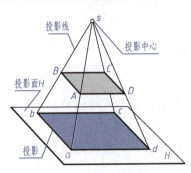

图 2-4 中心投影法

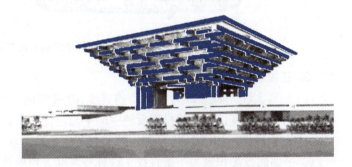

图 2-5 用中心投影法绘制的透视图

采用中心投影法绘制的图形，不能真实地反映物体的形状和大小，因此不适用于绘制机械图样。但其具有较强的立体感，在建筑工程的外形设计中经常使用，如图 2-5 所示。

（2）平行投影法 假设将图 2-4 中的投射中心 S 移到距离投影面无穷远处，则所有的投射线都相互平行。这种投影法称为平行投影法，如图 2-6 所示。

根据投射线与投影面是否垂直，平行投影法又分为两种：

1）斜投影法。投射线与投影面倾斜的平行投影法，如图 2-6a 所示。

2）正投影法。投射线与投影面垂直的平行投影法，如图 2-6b 所示。

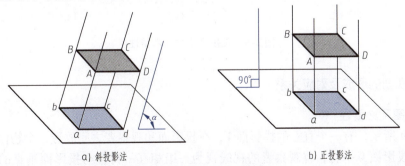

a）斜投影法　　　　　　　　b）正投影法

图 2-6 平行投影法及分类

用正投影法绘制的图形，能够准确地表达物体的真实形状和大小，且度量性好，作图简便。机械行业中所使用的机械图样大都是采用正投影法绘制的，如图2-7所示。

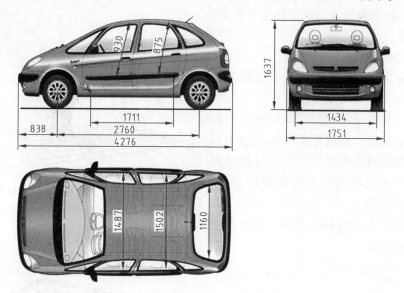

图 2-7　用正投影法绘制的汽车的三视图

2. 正投影法的基本性质

（1）真实性　如图2-8a所示，当直线 AB 或平面 P 与投影面平行时，直线的投影反映空间直线的实际长度，平面的投影反映空间平面的实形，这种特性称为真实性。

（2）积聚性　如图2-8b所示，当直线 CD 或平面 Q 与投影面垂直时，直线的投影积聚为一点，平面的投影积聚为一条直线，这种特性称为积聚性。

（3）类似性　如图2-8c所示，当直线 EF 或平面 R 与投影面倾斜时，直线的投影为小于空间直线实长的直线段，平面的投影为小于空间平面实形的类似形，这种特性称为类似性。

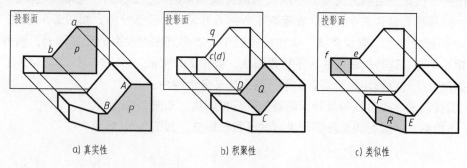

图 2-8　正投影法的基本特性

二、三视图的形成及对应关系

1. 三视图及必要性

如图2-9所示，有一个直立的投影面 V，在投影面和观察者之间放置一个物体，并使该物体的前面与投影面 V 平行，将观察者的视线视为一组相互平行且与投影面垂直的投射线，用正投影的方法在投影面上得到的正投影图就是该物体的一面视图。

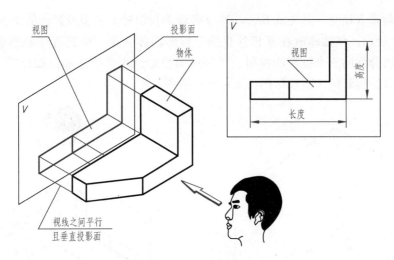

图 2-9　视图的形成

一般情况下，一面视图不能确定物体的形状。如图 2-10 所示，三个不同的物体，在同一个投影面（正投影面）上的投影完全相同，说明一面视图不能完整地反映物体的形状和大小。如果再增加一个水平投影面，如图 2-11 所示，可以发现三个不同的物体，在水平投影面上的投影也完全相同，说明两面视图仍不能完整地反映物体的形状和大小。因此，工程上通常采用三面视图。

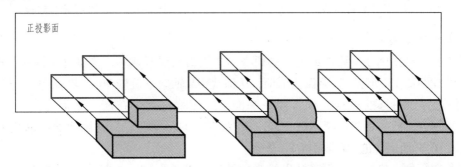

图 2-10　三个不同物体的一面视图

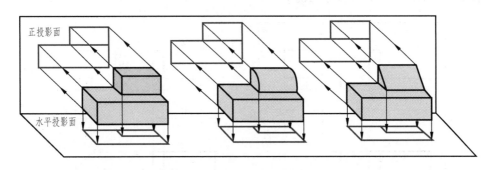

图 2-11　三个不同物体的两面视图

2. 三视图的形成过程

设三个互相垂直的投影面，建立三投影面体系，如图 2-12 所示。三个投影面分别称为正立投影面、水平投影面、侧立投影面，简称正面、水平面、侧面，又叫 V 面、H 面和 W 面。

三个投影面两两垂直相交,其交线 OX、OY、OZ 称为投影轴,三根投影轴的交点 O 称为原点。

如图 2-13 所示,将物体放在互相垂直的三投影面体系中,使其处于观察者与投影面之间,用正投影法分别向三个投影面投射,得到正面投影、水平投影和侧面投影。三投影面体系中用正投影方法得到的三面投影图,又称为三视图。

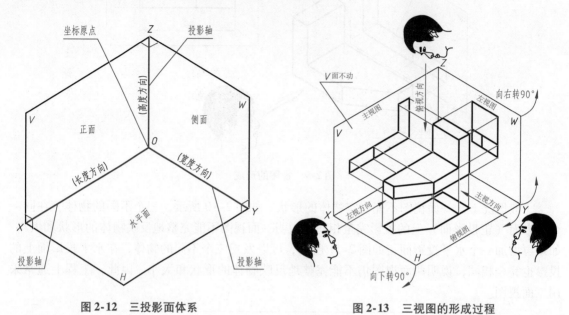

图 2-12 三投影面体系　　　　　　　图 2-13 三视图的形成过程

3. 三投影面的展开

为了把三个视图画在一张图纸上,必须将三个投影面展开摊平,使其处于同一个平面上,展开的方法如图 2-13 所示:V 面保持不动,H 面绕 OX 轴向下旋转 90°,W 面绕 OZ 轴向右旋转 90°,使它们分别与投影面 V 处于同一平面,这样就得到了在同一平面上的三视图,如图 2-14a 所示。当投影面展开摊平时,同一条 OY 轴出现了两个位置:随 H 面旋转的 OY 轴用 OY_H 表示,随 W 面旋转的 OY 轴用 OY_W 表示。

为了作图简便,投影图中不必画出投影面的边框及投影轴,去掉投影面的边框及投影轴以后,就得到了如图 2-14b 所示的三视图。

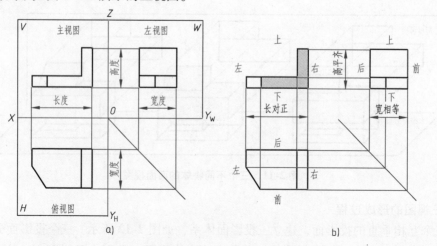

图 2-14 展开后的三视图及投影规律

4. 三视图之间的对应关系

（1）**三视图的位置对应关系**　三投影面体系展开后，三视图间的位置关系自然形成：俯视图在主视图的正下方，左视图在主视图的正右方。展开后的三视图，不需标注其名称。

（2）**三视图的投影对应关系**　物体有长、宽、高三个方向的尺寸，如图 2-14a 所示。物体左右之间的距离为长（X 方向），前后之间的距离为宽（Y 方向），上下之间的距离为高（Z 方向）。

主、俯视图反映了物体左右方向的同样长度，其投影在长度方向上等长，且对正。

主、左视图反映了物体上下方向的同样高度，其投影在高度方向上等高，且平齐。

俯、左视图反映了物体前后方向的同样宽度，其投影在宽度方向上等宽，且相等。

因此，三视图之间的投影关系可概括为：主、俯视图长对正；主、左视图高平齐；俯、左视图宽相等，简称"长对正，高平齐，宽相等"。这种投影关系又称为投影规律，它不仅适合整体图形，也适合局部图形。投影规律是三视图的重要特性，也是看图和画图的依据。

（3）**三视图的方位对应关系**　物体有上、下、左、右、前、后六个方位，一个视图只能反映物体的四个方位，如图 2-14b 所示。

主视图反映了物体的上、下、左、右四个方位的相对位置关系，俯视图反映了物体的前、后、左、右四个方位的相对位置关系，左视图反映了物体的上、下、前、后四个方位的相对位置关系。

 任务实施

1. 根据图 2-15 所示的 V 形块轴测图，画出三视图

根据物体（或轴测图）绘制三视图时，首先应分析物体的形状特征，摆正物体（使其主要表面与投影面平行），首先选好主视图的投射方向，画图时先画主视图（尺寸从轴测图中量取），再按三等规律画出其他视图。

分析：V 形块是一个长方体，经过切割 V 形槽而形成，选择图 2-15 的箭头所示的方向作为主视图的投射方向。

作图时，应先画出主视图，再根据"长对正、高平齐、宽相等"的投影规律，依次画出其他视图。

作图步骤：作图步骤见图 2-16a～c。

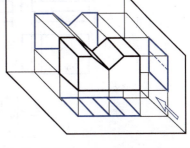

图 2-15　V 形块三视图的投射情况分析

a）画主视图

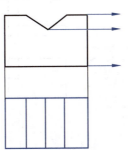
b）画俯视图

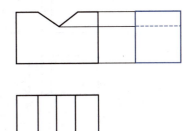
c）画左视图

图 2-16　绘制 V 形块三视图的步骤

2. 根据图 2-17 所示的直角弯板轴测图，绘制三视图

（1）分析　如图 2-17 所示的直角弯板，由底板及竖板组成。在底板左端前后的中间位置切出了一个方槽，竖板的前上方切去一角。根据直角弯板"L"形的形状特征，将其自然安放，选择由前向后的主视图投射方向，并使"L"形前、后壁与正面平行。

（2）作图步骤

1）画直角弯板外形轮廓的三视图：先画反映直角弯板形状特征"L"形的主视图，再按投影关系画出俯、左视图，如图 2-18a 所示。

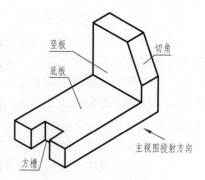

图 2-17　弯板的形体分析

2）画方槽的三视图：先画反映方槽形状特征的俯视图，再按长对正和宽相等的投影关系分别画出主视图中的细虚线（视图上对于不可见轮廓线的投影画细虚线）和左视图中的图线，如图 2-18b 所示。

3）画右部切角的三面投影：先画反映切角形状特征的左视图，再按高平齐、宽相等的投影关系分别画出主视图和俯视图中的图线。画俯视图中的图线时，应注意前后对应关系，如图 2-18c 所示。

4）检查无误后，加深图线，完成三视图，如图 2-18d 所示。

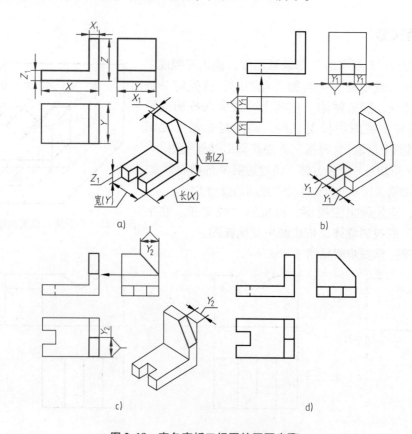

图 2-18　直角弯板三视图的画图步骤

任务二　认知立体上点、线、面的投影

　任务描述

任何复杂的物体都可看成是由点、线、面等基本几何元素构成的，点可连成线，线可组成面，面可构成体。本任务主要介绍物体上点、直线、平面的投影规律，分析与识读图 2-19 所示的三棱锥上直线和平面的投影，并判断出直线和平面的空间位置。

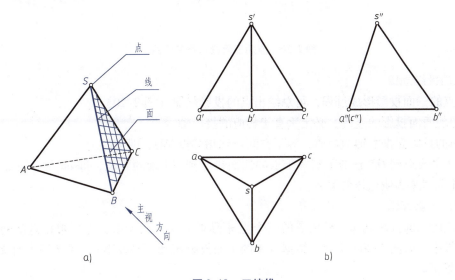

图 2-19　三棱锥

　**相关知识**

一、点的投影

点是组成物体的最基本、也是最简单的几何元素，点的投影仍然是点。

1. 点的三面投影

如图 2-20a 所示，过点 A 分别向三投影面投射，便得到点 A 的三面投影 a'、a、a''。为了统一起见，规定空间的点用 A、B、C…等大写字母表示；水平投影用相应的小写字母表示，如 a、b、c…等；正面投影用相应的小写字母在右上角加一撇表示，如 a'、b'、c'…等；侧面投影用小写字母在右上角加两撇表示，如 a''、b''、c''…等。

2. 点的投影与直角坐标的关系

点在空间的位置可由点到三个投影面的距离来确定。如图 2-20a 所示，A 点到 W 面的距离为 x 坐标，A 点到 V 面的距离为 y 坐标，A 点到 H 面的距离为 z 坐标。图 2-20b 所示为点 A 的三面投影，从图中可以看出，空间点在某一投影面上的位置由该点两个相应的坐标值来确定。

空间点的任意两个投影，就包含了该点空间位置的三个坐标，即确定了点的空间位置。

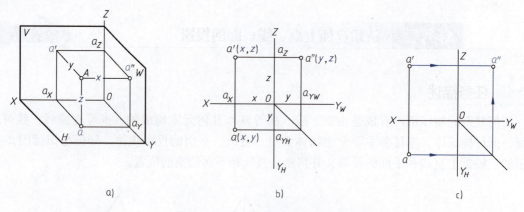

图 2-20 点的三面投影及其作图

3. 点的投影规律

通过点的三面投影形成过程，可总结出点的投影规律（图 2-20）。

1）点的两面投影的连线，必定垂直于相应的投影轴。

2）点的投影到投影轴的距离，等于空间点到相应投影面的距离。

点的水平投影到 OX 轴的距离等于点的侧面投影到 OZ 轴的距离，即 $aa_x = a''a_z$，在图中用 45°角平分线来表明这样的关系。

4. 点的投影作图

根据点的三面投影规律，可由点的三个坐标值画出其三面投影，也可根据点的两面投影作出第三投影。如图 2-20c 所示，根据点 A 的正面投影 a' 和水平投影 a，可按图中箭头所示做出侧面投影 a''。

5. 两点的相对位置

两点的相对位置是指空间两点的上下、左右、前后的关系。在投影图中，观察分析两点的各同面投影之间的坐标关系，就可以判断两点的相对位置，如图 2-21 所示。

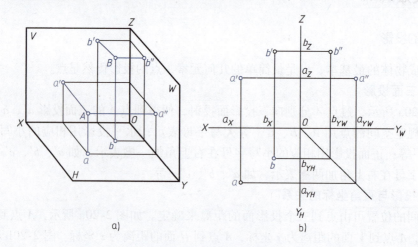

图 2-21 两点的相对位置

两点的左右位置由坐标 x 确定：x 坐标值大者（距 W 面远）点在左，图示 A 在 B 的左方。

两点的前后位置由坐标 y 确定：y 坐标值大者（距 V 面远）点在前，图示 A 在 B 的前方。

两点的上下位置由坐标 z 确定：z 坐标值大者（距 H 面远）点在上，图示 A 在 B 的下方。
总体来说，就是 A 点在 B 点的左、前、下方。

6. 重影点及可见性

当空间两点的某两个坐标相同时，该两点处于对某一投影面的同一条投射线上，则两点在该投影面上的投影重合，这两点称为对该投影面的重影点，如图 2-22a 所示。

当两点的投影重合时，需要判别其可见性，即哪一点可见，哪一点不可见。根据正投影的特性可知：可见性的区分应是前遮后、上遮下、左遮右。图中 B、A 是上下遮挡关系，即 B 遮挡 A，则水平投影中的 b 可见，a 不可见。规定对不可见点的投影加圆括号表示，如图 2-22b 所示。

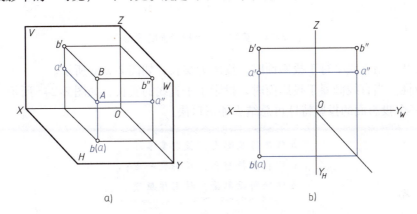

图 2-22 重影点的投影

二、直线的投影

空间直线的投影，可由其上的两点（一般取线段的两个端点）的投影来确定，所以在绘制直线的投影时，只要作出直线上两端点的投影，再连接这两点的同面投影，便得直线的三面投影图。如图 2-23a 所示的直线 AB，绘制它的三面投影时，可分别作出 A、B 两端点的投影 a、a′、a″ 及 b、b′、b″，如图 2-23b 所示，再将其同面投影相连，即得直线 AB 的三面投影 ab、a′b′、a″b″，如图 2-23c 所示。

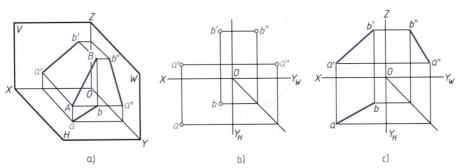

图 2-23 直线的投影

1. 直线对于一个投影面的投影特性

空间直线相对于一个投影面的位置有平行、垂直、倾斜三种，根据正投影的基本性质可知，三种位置的直线具有如下的投影特性（图 2-24）。

1）积聚性。当直线垂直于投影面时，投影积聚为一点，如图 2-24a 所示。

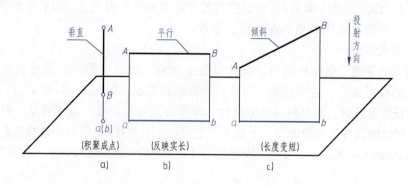

图 2-24 直线对一个投影面的投影

2) 真实性。当直线平行于投影面时,投影为实长,如图 2-24b 所示。

3) 类似性。当直线倾斜于投影面时,投影小于直线的实长,如图 2-24c 所示。

直线对一个投影面的投影特性可总结为如下口诀:

> 直线平行投影面,投影实长现;
> 直线垂直投影面,投影聚一点;
> 直线倾斜投影面,投影往短变。

2. 各种位置直线的投影特性

直线在三投影面体系中的投影特性取决于直线与三个投影面的相对位置。根据直线与三个投影面的相对位置不同,把直线分为三大类:即投影面垂直线、投影面平行线和一般位置直线。投影面平行线和投影面垂直线又称为特殊位置直线。

(1) 投影面垂直线 垂直于一个投影面,平行于另外两个投影面的直线称为投影面垂直线。投影面垂直线可分为如图 2-25a 所示的三种。即正垂线:垂直于 V 面并同时平行于 H、W 面的直线;铅垂线:垂直于 H 面并同时平行于 V、W 面的直线;侧垂线:垂直于 W 面并同时平行于 V、H 面的直线。图 2-25b 所示为正垂线的三面投影。

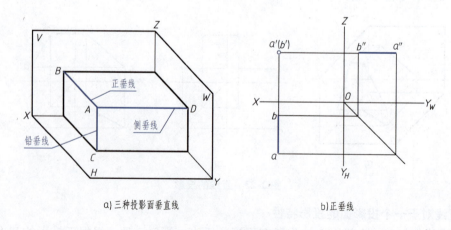

图 2-25 投影面垂直线

投影面垂直线的图例及投影特性见表 2-1。

表 2-1 投影面垂直线及投影特性

名称	铅垂线（垂直于 H 面）	正垂线（垂直于 V 面）	侧垂线（垂直于 W 面）
轴测图			
投影图			
实例			
投影特性	一个投影积聚点，另两直线实长现		

对投影面垂直线的投影可概括为"一点两直线"。

画图时，应先画积聚为点的那个投影，如图 2-25b 所示的正垂线，先画出正面投影。

读图时，如果直线的三面投影中只要有一个投影积聚为一点，则该直线一定是投影面垂直线，且一定垂直于投影积聚为一点的那个投影面，即"点在哪面垂那面"。如图 2-25b 所示，点在正面，则直线垂直于正面，即正垂线。

（2）投影面平行线　平行于一个投影面，倾斜于另外两个投影面的直线称为投影面平行线。投影面平行线可分为图 2-26a 所示的三种。即正平线：平行于 V 面并倾斜于 H、W 面的直线；水平线：平行于 H 面并倾斜于 V、W 面的直线；侧平线：平行于 W 面并倾斜于 V、H 面的直线。图 2-26b 所示为正平线的三面投影。

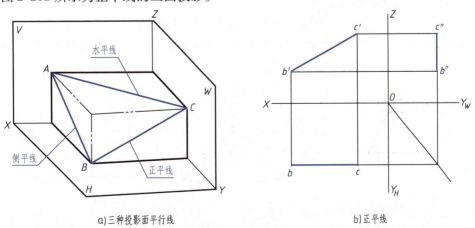

a) 三种投影面平行线　　　　　　b) 正平线

图 2-26　投影面平行线

投影面平行线的图例及投影特性见表 2-2，图中的 α、β、γ 分别表示直线对 H、V、W 面的倾斜角度。

表 2-2 投影面平行线及投影特性

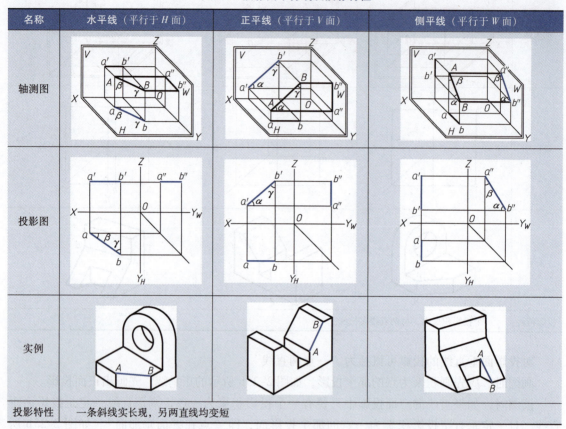

对投影面平行线的投影可概括为"一斜两直线"。

画图时，先画反映实长的那个投影。图 2-26b 所示的正平线，先画出正面投影。读图时，当直线的三个投影中，只有一个投影是与投影轴倾斜的直线，则该直线一定是投影面平行线，且一定平行于投影为倾斜线的那个投影面，即"斜在哪面平那面"。如图 2-26b 所示，斜在正面，则直线平行于正面，即正平线。

(3) 一般位置直线　与三个投影面都处于倾斜位置的直线称为一般位置直线。

如图 2-27a 所示，直线 AS 与 H、V、W 面都处于倾斜位置，其投影如图 2-27b、c 所示。

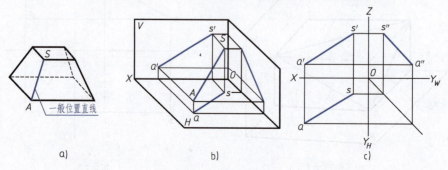

图 2-27　一般位置直线

一般位置直线的投影可概括为：三面投影都是倾斜于投影轴的斜线（三斜），且三面投影长度都小于实长（三短），即"三斜三短线"。

读图时，如果直线的三面投影都倾斜于投影轴，则可判定该直线为一般位置直线。

通过对各种位置直线的投影分析，为了便于大家记忆，将直线的投影特征及空间位置的判断概括如下口诀：

> 一点两直垂直线，点在哪面垂哪面；
> 一斜两直平行线，斜在哪面平哪面；
> 三斜三短一般线，直线倾斜三个面。
>
> 说明："直"指的是直线的投影垂直或平行于投影轴；"斜"指的是直线的投影倾于投影轴；"垂"指"垂直"，"平"指"平行"。

三、平面的投影

平面图形具有一定的形状、大小和位置，常见的平面图形的有三角形、矩形、正多边形等由直线轮廓组成的图形，还有一些由直线或曲线组成的图形。求作平面投影的实质，就是求平面图形轮廓上一系列点的投影，再将各点的同面投影依次连线便得平面的投影，如图 2-28 所示。

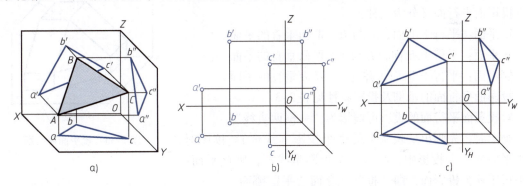

图 2-28　平面图形的投影

1. 平面对一个投影面的投影特性

平面相对于一个投影面的位置有平行、垂直、倾斜三种，根据正投影的基本性质可知，三种位置的平面具有如下的投影特性：

（1）**真实性**　当平面与投影面平行时，平面的投影为实形，如图 2-29a 所示。

（2）**积聚性**　当平面与投影面垂直时，平面的投影积聚成一条直线，如图 2-29b 所示。

（3）**类似性**　当平面与投影面倾斜时，平面的投影是变小的原图形的类似形，如图 2-29c 所示。

平面对一个投影面的投影特性可概括如下口诀：

> 平面平行投影面，投影实形现；
> 平面垂直投影面，投影聚一线；
> 平面倾斜投影面，投影往小变。

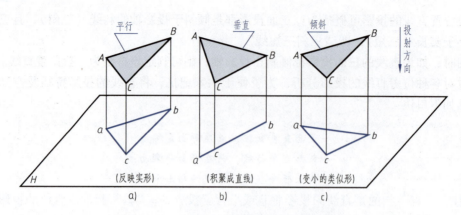

图 2-29 平面对一个投影面的投影特性

2. 各种位置平面的投影特性

根据平面相对于三个投影面的位置不同，将平面分为三大类：投影面平行面、投影面垂直面、一般位置平面。前两类位置的平面，也称为特殊位置平面。

（1）投影面平行面　平行于一个投影面，垂直于另外两个投影面的平面称为投影面平行面，如图 2-30 所示。

投影面平行面又分为三种：

正平面：平行于 V 面，并与 H、W 面垂直的平面。

水平面：平行于 H 面，并与 V、W 面垂直的平面。

侧平面：平行于 W 面，并与 V、H 面垂直的平面。

投影面平行面的示例及投影特性见表 2-3。

对投影面平行面的投影可概括为"一框两直线"。

画图时，先画出反映实形的那个投影（线框）。读图时，如果平面的三个投影中，只有一个投影是线框，则该平面一定平行于这个投影面，即"框"在哪面"平"哪面。

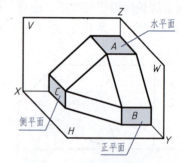

图 2-30 投影面平行面

表 2-3 投影面平行面及投影特性

名称	水平面（平行于 H 面）	正平面（平行于 V 面）	侧平面（平行于 W 面）
轴测图			
投影图			

（续）

名称	水平面（平行于 H 面）	正平面（平行于 V 面）	侧平面（平行于 W 面）
实例			
投影特性	一个线框实形现，另两投影呈直线		

（2）投影面垂直面　垂直于一个投影面，并同时倾斜于另外两个投影面的平面称为投影面垂直面。

投影面垂直面又可分为三种（图 2-31）：

正垂面：垂直于 V 面，并与 W、H 面倾斜的平面；

铅垂面：垂直于 H 面，并与 V、W 面倾斜的平面；

侧垂面：垂直于 W 面，并与 V、H 面倾斜的平面。

投影面垂直面的图例及投影特性见表 2-4。

对投影面垂直面的投影，可概括为"两框一斜线"。

画图时，先画有积聚性的那个投影（斜线）。读图时，如果平面的三个投影中，只有一个投影是斜线，则该平面一定垂直于这个投影面，即"线"在哪面"垂"哪面。

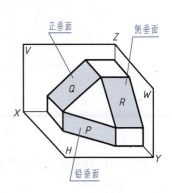

图 2-31　投影面垂直面

表 2-4　投影面垂直面及投影特性

名称	铅垂面（垂直于 H 面）	正垂面（垂直于 V 面）	侧垂面（垂直于 W 面）
轴测图			
投影图			
实例			
投影特性	一个投影呈斜线，另两线框往小变		

（3）一般位置平面 与三个投影面都倾斜的平面称为一般位置平面。

如图 2-32 所示：三角形平面 M 与三个投影面 H、V、W 既不平行，也不垂直，即为一般位置平面。所以，三个投影面的投影均为缩小的三角形（M 面的类似形）。

一般位置平面的投影特性：三面投影都是小于原图形的类似形，可概括为"三框三小"。

读图时，如果平面的三个投影均为类似的线框，则该平面一定为一般位置平面，即"三框三小一般面"。

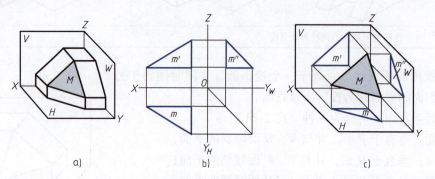

图 2-32 一般位置平面

经过对各种位置平面的投影分析，可将平面的投影特征、空间位置的判断方法概括如下口诀：

> 一框两线平行面，框在哪面平哪面；
> 一线两框垂直面，线在哪面垂哪面；
> 三框三小一般面，平面倾斜三个面。

说明："框"指的是平面的投影为封闭的线框；"平"指的是平行，"垂"指的是垂直。

 任务实施

识读图 2-33 所示三棱锥上各直线和各平面的投影图，判断各直线和各平面的空间位置。

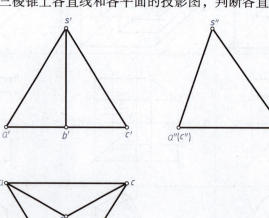
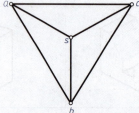

图 2-33 识读三棱锥上各直线和各平面的投影

分析：图示三棱锥是由不同位置的六条直线和四个平面所组成的。各直线的三面投影、直线的类型及空间位置的判断见表 2-5；各平面的三面投影、平面的类型及空间位置的判断见表 2-6。

表 2-5　三棱锥上各棱线的投影分析

直线名称	三面投影	直线的类型	特征投影	空间位置
AB	一斜两直	平行线	斜在 H 面	水平线
BC	一斜两直	平行线	斜在 H 面	水平线
AC	一点两直	垂直线	点在 W 面	侧垂线
SA	三斜三短	一般线	无	一般线
SB	一斜两直	平行线	斜在 W 面	侧平线
SC	三斜三短	一般线	无	一般线

表 2-6　三棱锥上各表面的投影分析

平面名称	三面投影特征	平面的类型	特征投影面	空间位置
平面 ABC	一框两线	平行面	框在 H 面	水平面
平面 SAB	三框三小	一般面	无	一般面
平面 SBC	三框三小	一般面	无	一般面
平面 SAC	一线两框	垂直面	线在 W 面	侧垂面

任务三　绘制与识读基本体的三视图

任务描述

实际生产中使用的机械零件，不论形状多么复杂，都可以看做是由一些基本体组成的。图 2-34 所示的凸块，是由两个四棱柱组成的；图 2-34b 所示的台阶轴，则是由两个圆柱体组成的。本任务主要介绍基本体的三视图特征、画法及识读方法，绘制凸块的三视图，根据台阶轴的主、俯视图，补画左视图。

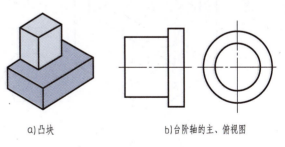

a) 凸块　　　　b) 台阶轴的主、俯视图

图 2-34　简单立体

相关知识

基本体分为平面体和曲面体两类，如图 2-35 所示。平面体的表面都是平面，如棱柱和棱锥等；曲面体的表面至少有一个是曲面，如圆柱、圆锥、圆球等。

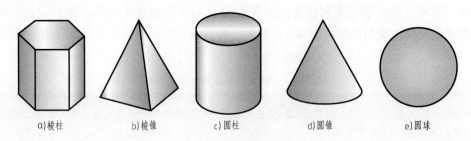

a) 棱柱　　b) 棱锥　　c) 圆柱　　d) 圆锥　　e) 圆球

图 2-35　常见的基本体

一、常见的基本体及其三视图

1. 棱柱体

（1）棱柱体的形体特征　图 2-36 所示为正六棱柱的轴测图。棱柱体是由两个全等的多边形端面和矩形（直棱柱）或平行四边形（斜棱柱）的棱面组成，棱线互相平行。棱线与两端面垂直的棱柱称为直棱柱。当棱柱的两端面为正多边形时称为正棱柱。常见的棱柱有三棱柱、四棱柱、五棱柱、六棱柱等。本任务仅讨论直棱柱的投影。

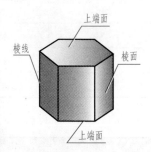

图 2-36　正六棱柱的轴测图

（2）棱柱体的三视图　图 2-37a 所示为正六棱柱三视图的投射情况，棱线垂直于水平面。两端面为正六边形的水平面，这两个面反映了棱柱的形状特征，称为形状特征面，其水平投影反映实形，正面投影及侧面投影积聚成直线；前、后两个端面为正平面，正面投影反映实形，水平投影及侧面投影积聚为直线；其他四个棱面均为铅垂面，水平投影均积聚为倾斜的直线，正面投影和侧面投影均为类似形（矩形）。各棱线均为铅垂线，水平投影积聚为一点，正面投影和侧面投影均反映实长。

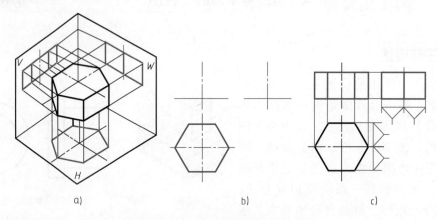

图 2-37　正六棱柱三视图的作图步骤

作图步骤：

1）作正六边形的对称中心线及端面的基准线，画出正六边形（形状特征面）实形的水平投影，如图 2-37b 所示。

2）按长对正的关系，量取正六棱柱的高度画出正面投影，最后按高平齐、宽相等的关系画出侧面投影并按规定的线型描深全图，如图 2-37c 所示。

（3）**棱柱体的视图特征** 当棱柱体的棱线垂直于一个投影面放置时，在与棱线垂直的投影面上的视图为多边形（反映两端面的实形）；另外两个视图为一个或多个大小不等的矩形线框（棱面的实形或类似形）所组成的图形。图 2-38 所示为典型的直棱柱及三视图。

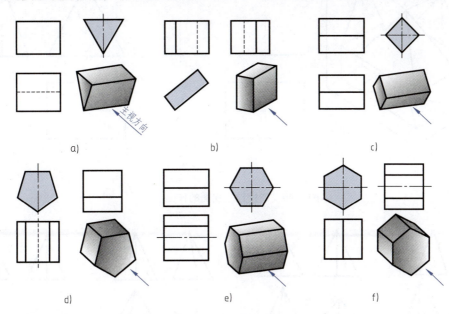

图 2-38　典型直棱柱及三视图

2. 棱锥体

（1）**棱锥体的形体特征** 图 2-39 所示为四棱锥的轴测图。棱锥体是由底面及棱面所组成。各条棱线汇交于一点，棱面为若干个具有公共顶点的三角形，底面为多边形，从顶点到底面的距离称为锥高。当棱锥的底面为正多边形、各棱面均为全等的等腰三角形时称为正棱锥。常见的棱锥体有三棱锥、四棱锥、五棱锥和六棱锥等。

（2）**棱锥体的三视图** 图 2-40a 所示为四棱锥三视图的投射情况。四棱锥的表面由一个底面（矩形）和四个棱面（等腰三角形）组成，将其放置成底面与水平投影面平行的位置。

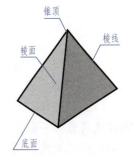

图 2-39　四棱锥的轴测图

四棱锥前后、左右对称，底面平行于水平面，其水平投影反映实形；左、右两个棱面垂直于正面，正面投影积聚成倾斜的直线；前、后两个棱面垂直于侧面，侧面投影积聚成倾斜的直线；与锥顶相交的四条棱线为一般位置直线，在三个投影面上的投影都是倾斜的直线，且不反映实长，其中正面和侧面投影与相应的棱面重合。

作图步骤：

1）作四棱锥的对称中心线和底面的基准线，再画出底面的俯视图——反映底面实形的矩形，如图 2-40b 所示。

2）根据四棱锥的高度在主、左视图的对称线上定出锥顶 S 的投影位置，在三个视图上分别用直线连接锥顶与底面四个顶点的投影，即得四棱锥的三视图，如图 2-40c 所示。

（3）**棱锥体的视图特征** 当棱锥体的底面平行于某一个投影面放置时，则棱锥体在该投影面上视图的外轮廓为与其底面全等的多边形，里边还有多个三角形；另外两个投影则由若干个相邻的三角形线框所组成。图 2-41 所示为典型棱锥体及三视图。

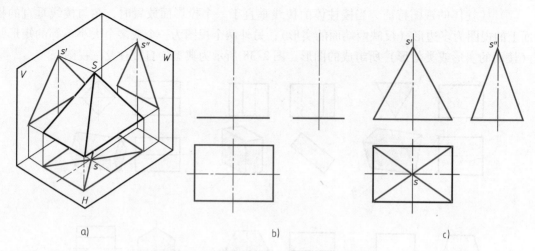

图 2-40　四棱锥三视图的作图步骤

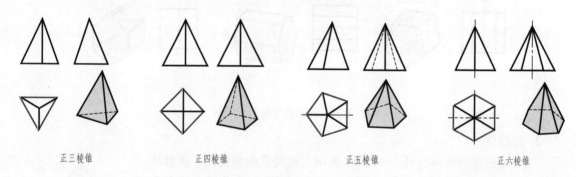

图 2-41　典型棱锥体及三视图

3. 圆柱体

（1）圆柱体的形体特征　圆柱体的表面是由圆柱面和两端面所组成，如图 2-42a 所示。圆柱面可看作一条直母线 AB 绕着与它平行的轴线旋转而成。直母线在圆柱面上的任意位置称为圆柱面的素线。两底面垂直于轴线的圆柱称为正圆柱。圆柱的轴线对投影面处于不同位置时，三视图的特点及形状不同。下面只介绍轴线垂直于某一投影面时的情况。

（2）圆柱体的三视图　圆柱体三视图的投射情况如图 2-42b 所示，得到的三视图如图 2-42c 所示。该圆柱轴线垂直于水平面，上、下端面的水平投影反映实形，正面和侧面投影积聚成直线，直线的长度等于端面圆的直径；圆柱面的水平投影积聚为一圆周，与两端面的水平投影重合（用细点画线表示中心线）；正面投影为一矩形，是前、后两半圆柱面的重合投影，矩形的两条竖线分别是圆柱面最左素线和最右素线的投影，也是圆柱面前、后分界的转向轮廓线，矩形的上下两条水平线分别是上、下端面的积聚投影；圆柱面在侧面的投影也是一矩形，是左、右两半圆柱面的重合投影，矩形的两条竖线分别是圆柱面最前素线和最后素线的投影，也是圆柱面左、右分界的转向轮廓线，矩形上下的两条水平线分别是上、下端面的积聚投影。

作图步骤：

画圆柱体的三视图时，先画出各面投影的对称中心线及轴线，再画圆柱面投影具有积聚性圆的视图，最后根据圆柱体的高度画出另外两个视图，如图 2-43 所示。

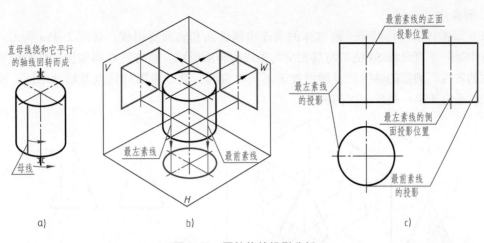

图 2-42 圆柱体的投影分析

1) 画出各面投影基准线（对称中心线、轴线、底面的位置线）如图 2-43a 所示。
2) 画圆柱面投影具有积聚性圆的视图，如图 2-43b 所示。
3) 根据圆柱体的高度画出另外两个视图，即得圆柱体的三视图，如图 2-43c 所示。

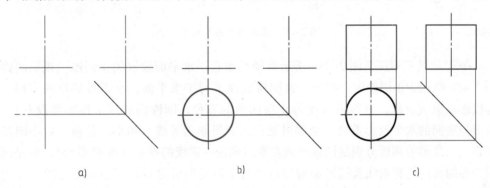

图 2-43 圆柱体三视图的作图步骤

（3）圆柱体的视图特征　当圆柱体的轴线垂直于一个投影面放置时，圆柱体一个视图为圆形（两端面圆的实形），另外两个视图为全等的矩形。不同位置的圆柱体及三视图如图 2-44 所示。

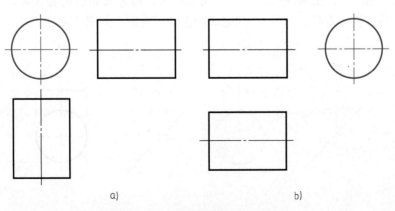

图 2-44 不同位置圆柱体及三视图

4. 圆锥体

(1) 圆锥体的形体特征　圆锥体的表面由圆锥面和底面所组成。如图 2-45a 所示：圆锥面可看作是一条直母线 SA 绕着与其相交的轴线旋转而形成。直母线在圆锥面的任意位置称为圆锥面的素线。圆锥的轴线对投影面处于不同位置时，其三视图的特点及形状不同。这里只介绍轴线垂直于某一投影面时的情况。

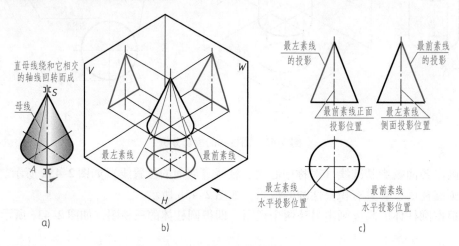

图 2-45　圆锥体的投影分析

(2) 圆锥体的三视图　图 2-45b 所示为轴线垂直于水平面放置的正圆锥三视图的投射情况，图 2-45c 所示为正圆锥的三视图。该圆锥底面平行于水平面，水平投影反映实形，正面和侧面投影积聚成直线，直线的长度等于底面圆的直径；圆锥面的三个投影都没有积聚性，水平投影与底面的水平投影重合，全部可见；正面投影为等腰三角形，是前、后半圆锥面的重合投影，三角形的两腰分别是圆锥面最左素线和最右素线的投影（反映实长），也是圆锥面前、后分界的转向轮廓素线及圆锥面前后可见与不可见的分界线，三角形底边的直线为圆锥底面的积聚投影；侧面投影也是等腰三角形，是左、右两半圆锥面的重合投影，三角形的两腰分别是圆锥最前素线和最后素线的投影（反映实长）及圆锥面左、右分界的转向轮廓素线，同时也是圆锥面的左右可见与不可见的分界线，三角形底边的直线是底面圆的积聚投影。

作图步骤：

画圆锥的三视图时，先画各投影的中心线及轴线，再画底面圆的各投影，最后画出锥顶的投影和锥面的投影（等腰三角形），便完成圆锥的三视图，如图 2-46 所示。

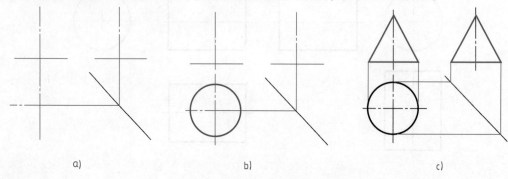

图 2-46　圆锥体三视图的作图步骤

1) 画出各面投影的基准线，如图 2-46a 所示。
2) 画底面圆实形投影的俯视图，如图 2-46b 所示。
3) 根据圆锥体的高度画出另外两个视图，即得圆锥体三视图，如图 2-46c 所示。

（3）**圆锥体的视图特征** 当圆锥体的轴线垂直于一个投影面放置时，圆锥体一个投影为圆（底面圆的实形），另外两个投影为全等的等腰三角形。不同位置圆锥体的三视图如图 2-47 所示。

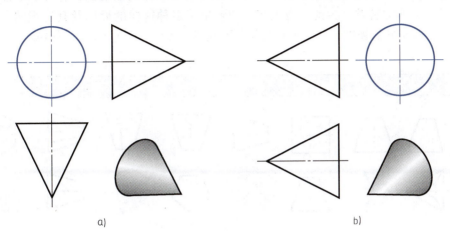

图 2-47 不同位置圆锥体及三视图

5. 圆球体

（1）**圆球体的形体特征** 圆球体的表面是球面，如图 2-48a 所示，球面可看作是一条圆母线绕着通过其圆心的轴线（直径）回转而成。

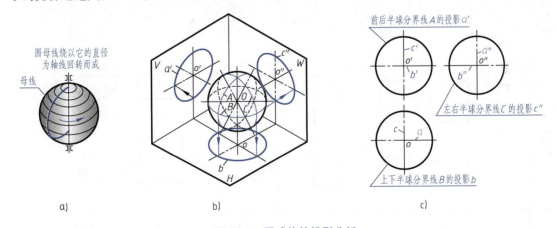

图 2-48 圆球体的投影分析

（2）**圆球体的三视图** 图 2-48b 所示为圆球体三视图的投射情况，图 2-48c 所示为圆球体的三视图。圆球体在三个投影面上的投影都是直径相等的圆，这三个圆分别表示三个不同方向的圆球面轮廓素线的投影。正面投影的圆是平行于正面的圆素线 A 的投影，它是前方可见半球与后方不可见半球的分界线；与此类似，侧面投影的圆是平行于侧面圆的素线 C 的投影，它是左方可见半球与右方不可见半球的分界线；水平投影的圆是平行于水平面圆的素线 B 的投影，它是上方可见半球与下方不可见半球的分界线；这三条圆素线的其他两面投影，都与相应圆的中心线重合，不应画出。

（3）圆球体的视图特征　圆球体的三个视图都是直径相等的圆。

二、不完整的基本体

基本体作为物体的某些组成部分不一定都是完整的（除棱柱和圆柱以外），也并非总是直立的，多看和多画一些完整的和不完整、方位多变的基本体的三视图，有意识地存储形象，对提高看图能力非常有益。为此，在表 2-7 中给出了多种这样的形体及其三视图。阅读时，应先看具有特征形状的视图，然后再看其他两面视图，最后对照轴测图进行检验。

表 2-7　不完整的基本体

(续)

名称	图 例
二分之一圆台	a) b) c)
四分之一圆台	a) b) c)
二分之一圆球	a) b) c)
四分之一圆球	a) b) c)

任务实施

1. 绘制图 2-49 所示凸块的三视图

图 2-49　凸块的组成分析

分析：图 2-49 所示的凸块，是由两个不同大小的四棱柱体组合而成，大四棱柱体在下，小四棱柱体在大四棱柱体的上方，左右居中，与大四棱柱体的后表面靠齐。

画图步骤：画图步骤如图 2-50a、b、c 所示。
1）画出大四棱柱体的三视图，如图 2-50a 所示。
2）根据小四棱柱体与大四棱柱体的位置，画出小四棱柱体的三视图，如图 2-50b 所示。
3）按规定的线型加深全图，如图 2-50c 所示。

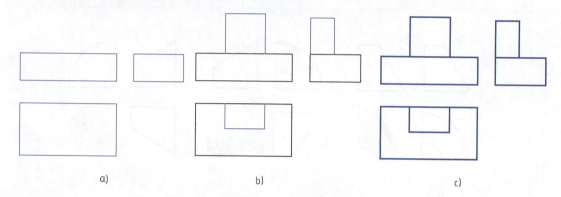

a)　　　　　　　　　b)　　　　　　　　　c)

图 2-50　凸块三视图的作图步骤

2. 根据图 2-51a 所示台阶轴的主、左视图，补画出俯视图

分析：根据两面视图补画第三视图，也称为识读图形，简称识图。识图的过程是通过分析已知视图，想象出立体形状，再补画出第三视图的。

根据 2-51a 所示台阶轴的主、左视图可知，台阶轴是由两个不同直径的圆柱体组合而成，小直径的圆柱体在左，大直径的圆柱体在右。

画图步骤：
1）补画出大圆柱体的俯视图，如图 2-51b 所示。
2）补画出小圆柱体的俯视图，如图 2-51c 所示。
3）按规定的线型加深全图，如图 2-51d 所示。

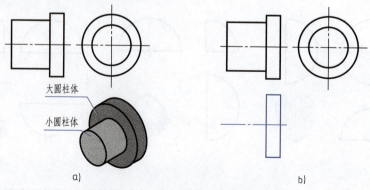

a)　　　　　　　　　　　　　b)

图 2-51　补画台阶轴左视图的作图步骤

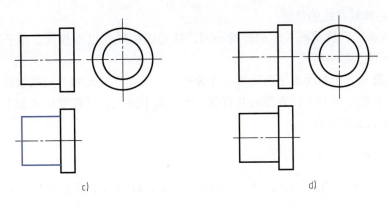

图 2-51　补画台阶轴左视图的作图步骤（续）

任务四　绘制与识读平面切割体的视图

📖 任务描述

图 2-52a 所示的楔块，是一个四棱柱体经过切割以后形成的，b 图所示的叉架头，是一个四棱柱体，经过切直槽以后形成的。因其表面都是平面，所以也称为平面切割体。本任务主要介绍平面切割体的三视图特征、画法及识读方法。根据楔块的轴测图，绘制三视图；识读叉架头的已知视图，补全三视图。

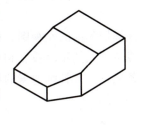 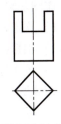

a) 楔块的轴测图　　　　　b) 叉架头的已知视图

图 2-52　平面切割体

相关知识

一、认知切割体及截交线

1. 切割体

切割体是指基本体被平面截切后的剩余部分，如图 2-53 所示。其中立体被截切后的断面图形称为截断面，截切立体的平面称为截平面，截平面与立体表面的交线称为截交线。所以绘制切割体的关键，就是绘制截交线的投影。图 2-54 所示为典型的切割体零件。

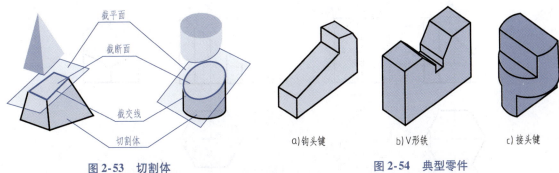

图 2-53　切割体　　　　　　　　　a) 钩头键　　　　b) V形铁　　　　c) 接头键

　　　　　　　　　　　　　　　　　　　　　图 2-54　典型零件

2. 平面切割体截交线的特性

由于立体表面的性质及截平面的位置不同，截交线的形状也不相同，但平面切割体的截交线均具有以下两个基本特性。

1）截交线都是一个封闭的平面图形（平面折线、平面曲线或两者间的组合）。

2）截交线是截平面与立体表面的共有线，既在截平面上，又在立体表面上；其上的点均为截平面与立体表面的共有点。

二、绘制与识读典型平面切割体的视图

因平面立体的各表面都是平面图形，因此截交线为封闭的平面多边形。多边形的各个顶点是截平面与立体的棱线或底边的交点，多边形的各条边是截平面与立体表面的交线。求作截交线就是求出截平面与立体表面一系列共有点，再将各点同面投影顺次相连即可。

1. 切割六棱柱体

图 2-55a 所示是一个六棱柱体被正垂面 P 切割后的轴测图和主、俯视图，补画出左视图。

分析：六棱柱体被正垂面 P 切割，截平面与六棱柱的六条棱线及顶面相交，截交线是一个七边形，七边形的顶点为各棱线及顶面与 P 平面的交点。截交线的正面投影与截平面 P 重合，水平投影与六棱柱的水平投影重合，所以本题只需要做出侧面投影。

作图步骤：

1）作出六棱柱被切割前的左视图，如图 2-55b 所示。

2）根据截交线各顶点的正面投影和水平投影作出侧面投影，如图 2-55c 所示。

3）依次连接各顶点，并补画遗漏的细虚线，检查后擦去作图线，加深全图，作图结果如图 2-55d 所示。

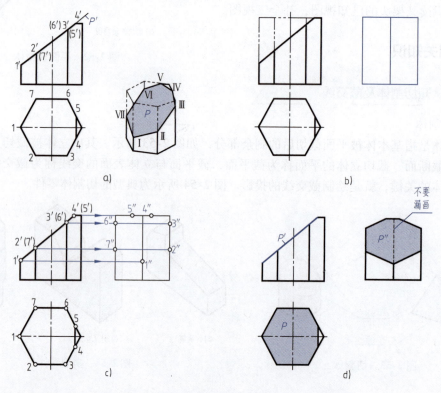

图 2-55 补画切割六棱柱体左视图的作图步骤

2. 切割三棱锥体

图 2-56a 是三棱锥体被正垂面切割后的轴测图，画出三视图。

分析：如图 2-56a 所示，截平面 P 为正垂面，与三棱锥的三条棱线都相交，所以截交线为三角形，其顶点 D、E、F 是三棱锥的各棱线与截平面 P 的交点。由于这些交点的正面投影与平面 P 的正面投影重合，可由截交线的正面投影作出水平投影和侧面投影。

作图步骤：

1) 作出三棱锥三视图的外形以及截平面 P 的正面投影 p'，由 $s'a'$ 和 $s'c'$ 与 p' 的交点 d' 和 f'，分别在 sa、sc 和 $s''a''$、$s''c''$ 上直接作出 d、f 和 d''、f''，如图 2-56b 所示。

2) 由于 SB 平行于侧面，可由 $s'b'$ 与 p' 的交点 e' 先在 $s''b''$ 上作出 e''，再根据宽相等的投影关系在 sb 上作出 e，如图 2-56c 所示。

3) 连接各交点的同面投影，即得截交线的三面投影，擦去作图线，加深全图，完成切割三棱锥的三视图，如图 2-56d 所示。

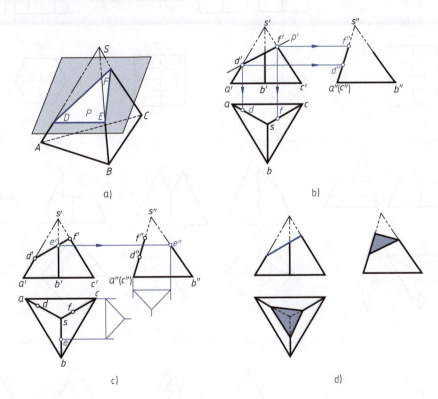

图 2-56 切割三棱锥三视图的作图步骤

三、常见的平面切割体及平面体穿孔

表 2-8 给出了常见的平面切割体及平面体穿孔等图例，教师指导学生用橡皮泥切制模型，并将切制后的模型与图中的三视图进行比较，加强与巩固课堂上学到的知识。

表 2-8 常见的平面切割体及穿孔

名称	图例
切割棱柱体	a) b) c) d)
棱柱体切槽或穿孔	a) b) c) d)
切割棱锥体	a) b) c)
棱锥切槽或穿孔	a) b) c)

1. 绘制图 2-57 所示楔块的三视图

分析：图 2-57 所示的楔块可看成四棱柱用正垂面 P 在左上角切去一三棱柱，又用铅垂面 Q 在左前方切去一角而形成。正垂面 P 与四棱柱表面的交线为矩形，其正面投影积聚成斜线，水平和侧面投影仍为矩形，但不反映实形（类似形）；铅垂面 Q 与四棱柱表面的交线为四边形，水平投影积聚成斜线，正面和侧面投影仍为四边形，也不反映实形（类似形）；正垂面 P 与铅垂面 Q 产生的交线为一般位置线，该线也是作图的难点。

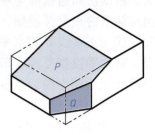

图 2-57 楔块轴测图

作图步骤：

1）作出四棱柱及被正垂面 P 切割后的三视图，如图 2-58a 所示。

2）作出铅垂面 Q 的投影，即表面交线 AB、CD 的投影，如图 2-58b 所示。铅垂面 Q 产生的截交线为梯形 $ABCD$。先画出有积聚性的水平投影（倾斜的直线），再作出铅垂线 AB、CD 的正面投影 $a'b'$、$c'd'$，最后作出侧面投影 $a''b''$、$c''d''$，连接端点 a''、d'' 即为一般位置直线 AD 的侧面投影 $a''d''$。

3）检查：正垂面 P 切割四棱柱后产生交线的水平投影和侧面投影是类似的五边形；铅垂面 Q 切割四棱柱后产生交线的正面和侧面投影是类似的四边形。所以，可以利用"类似形"检查交线的正确与否。

4）检查后擦去作图线，加深全图，即完成四棱柱被切割后的三视图，如图 2-58b 所示。

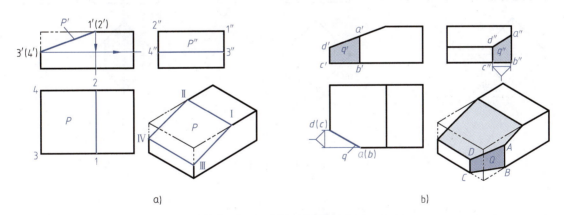

图 2-58 楔块三视图的作图步骤

2. 识读图 2-59a 所示叉架头的已知视图，想象立体形状，补全已知视图并补画左视图

分析：从图 2-59a 中可看出，已知两面视图的外形均为四边形，可想象出基本体是四棱柱体；主视图上方中间的位置被切以后形成的矩形槽，是由三个特殊位置的平面组成的。两侧壁是侧平面，其正面投影和水平投影积聚成直线，侧面投影反映侧壁的实形，并重合在一起。槽底是水平面，正面投影和侧面投影均积聚成直线，水平投影反映实形，可利用积聚性作出通槽的水平投影和侧面投影。根据分析已知视图，可以想象出立体形状如图 2-59b 所示。

作图步骤：

1) 补画出左视图的外形及主视图中的交线。根据已知通槽的主视图，在俯视图上作出两侧壁的积聚性投影，也是侧平面与水平面交线（正垂线）的水平投影。槽底是水平面，其水平投影反映实形。在俯视图上注写字母（因为图形前后对称，所以只标注可见部分），如图 2-60a 所示。

2) 按高平齐、宽相等的投影关系，作出通槽的侧面投影，如图 2-60b 所示。

3) 擦去多余作图线，校核切割后的图形轮廓，左视图中的一段细虚线不要漏画，如图 2-60c 所示。

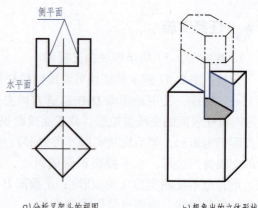

a) 分析叉架头的视图　　b) 想象出的立体形状

图 2-59　分析已知视图并想象形状

从作图过程可看出，四棱柱由于被切割出通槽，使侧棱的外轮廓在槽口部分发生变形，左视图中槽口部分的轮廓线向中心"收缩"，从而使两边出现缺口。

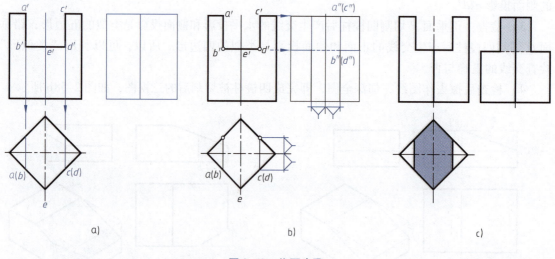

图 2-60　作图步骤

任务五　绘制与识读曲面切割体的视图

 任务描述

图 2-61a 所示的顶尖头，是圆柱体与圆锥体组合以后，再经过切割而形成的；图 2-60b 所示的接头，是圆柱体经过上部切肩、下部切槽而形成的。因这些立体切割以前都是曲面体，所以也称为曲面切割体。本任务主要介绍曲面切割体的三视图特征、画法及识读方法。根据顶尖头的轴测图，绘制三视图；识读接头的已知视图，想象形状，补画左视图。

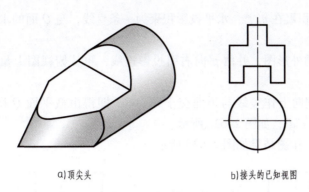

a) 顶尖头　　　　　　　　　b) 接头的已知视图

图 2-61　曲面切割体

 相关知识

平面切割曲面体所产生的截交线通常是一条封闭的平面曲线，也可能是由截平面上的曲线和直线所围成的平面图形或多边形。截交线的形状与曲面体的几何性质及截平面的相对位置有关。

一、平面切割圆柱体

1. 平面切割圆柱体的截交线

根据截平面与圆柱轴线的位置不同，其截交线有三种情况，见表 2-9。

表 2-9　圆柱的截交线

截平面位置	垂直于轴线	倾斜于轴线	平行于轴线
截交线	圆	椭圆	矩形
轴测图			
投影图			

2. 典型的圆柱切割体

（1）圆柱体切肩　识读图 2-62a 所示圆柱切肩的主、俯视图，并补画出左视图。

分析：图 2-62a 所示圆柱左上角的切肩是由互相垂直的两个平面 Q 和 P 切割而形成的。水平面 P 与圆柱的轴线垂直，所产生的交线是一段圆弧，正面投影与 P 面的正面投影 p' 重合，水平投影反映实形，并与圆柱的水平投影重合。侧平面 Q 与圆柱的轴线平行，所产生的交线是矩形，其正面投影积聚在 q' 上，水平投影积聚为一条直线，与 Q 面的水平投影重合。

作图步骤：

1) 画出左视图的外形图，并由 p' 向右引投影连线，再从俯视图上量取宽度定出 b''、d''，如图 2-62b 所示。

2) 由 b''、d'' 分别向上作竖线与顶面交于 a''、c''，即得由截平面 Q 所产生的截交线 AB、CD 的侧面投影 $a''b''$、$c''d''$，如图 2-62c 所示。

3) 检查后加深，作图结果如图 2-62d 所示。

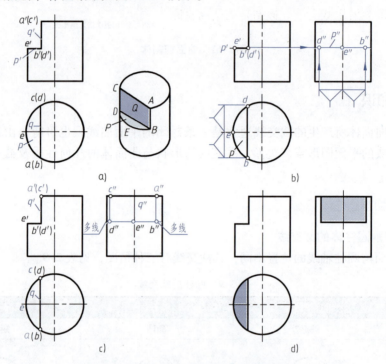

图 2-62　补画圆柱切肩左视图的作图步骤

提示：因为平面 Q 没有切到圆柱轴线的位置，所以，左视图上 b''、d'' 以外无横线。

(2) **斜切圆柱体**　根据图 2-63a 所示斜切圆柱体轴测图，画出三视图。

分析：如图 2-63a 所示，截平面与圆柱的轴线倾斜，为正垂面，故截交线为椭圆。该椭圆的正面投影积聚为一倾斜的直线，水平投影与圆柱面的水平投影重合，侧面投影是它的类似形，仍为椭圆。

作图步骤：

本题的作图关键是作出椭圆的侧面投影。为了准确地作出椭圆，必须先求出其上的某些特殊点，以确定出椭圆的形状和范围。特殊点包括回转体转向轮廓线上的点（可见与不可见的分界点）和极限位置的点（最高、最低、最左、最右、最前、最后），再按需要作若干中间点，最后依次光滑连接各点的同面投影，并判别可见性，便得截交线的投影。

1) 画出三视图的外形并求特殊点。椭圆上的特殊点指转向轮廓线上的点、极限位置的点及椭圆长、短轴的端点。由图 2-63a 可知，最高点 B、最低点 A 是椭圆长轴的两端点，也是位于圆柱最左、最右素线上的点；最前点 C、最后点 D 是椭圆短轴的两端点，也是位于圆柱面最前、最后素线上的点。点 A、B、C、D 的正面投影和水平投影可利用积聚性直接作出，再根据正面投影 a'、b'、c'、d' 和水平投影 a、b、c、d 按高平齐和宽相等的规律作出侧面投影 a''、b''、c''、d''，如图 2-63b 所示。

2）求中间点：在特殊点之间作出适当数量的中间点，如 E、F、G、H 各点。可先利用积聚性作出它们的水平投影 e、f、g、h 和正面投影 e'、f'、g'、h'，再作出侧面投影 e''、f''、g''、h''，如图 2-63c 所示。

3）判别可见性：因截平面在左方，所以，截交线上各点的侧面投影均为可见。再依次光滑连接各点，即为所求截交线（椭圆）的侧面投影。

4）检查后加深全图，如图 2-63d 所示。

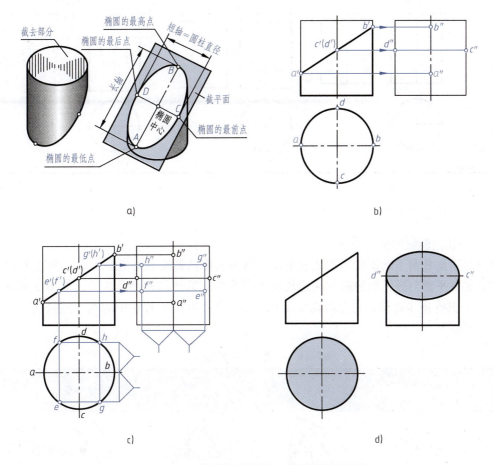

图 2-63 平面斜切圆柱体三视图的作图步骤

> **提示**：左视图中圆柱的最前、最后轮廓素线在 c''、d'' 处与椭圆相切，两切点之上的素线被切掉，不能画出。

3. 常见的圆柱切割体及穿孔

表 2-10 给出了常见的圆柱切割体及穿孔等图例，教师指导学生用橡皮泥切制模型，并将切制后的模型与图中的三视图进行比较，加强与巩固课堂上学到的知识。

表 2-10 常见圆柱切割体及穿孔等图例

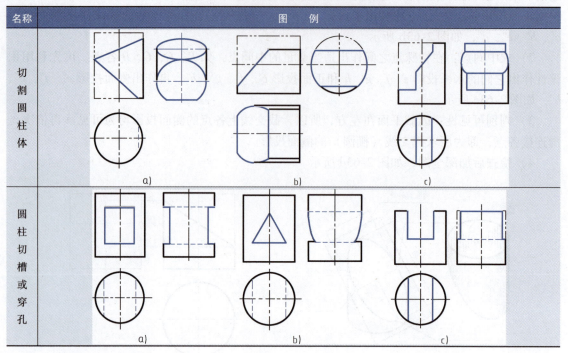

二、平面切割圆锥体

1. 平面切割圆锥体的截交线

根据截平面相对于圆锥要素的位置不同，圆锥表面的截交线有五种情况，见表 2-11。除了过锥顶的截平面与圆锥面的截交线是相交两直线外，其他四种都是曲线，但不论何种曲线（圆除外），其作图步骤都是先作出截交线上的特殊点，再作出若干中间点，最后连成光滑的曲线。

表 2-11 平面与圆锥面的截交线

截平面的位置	与轴线垂直	过圆锥顶点	平行于任一素线	与轴线倾斜（不平行于任一素线）	与轴线平行
轴测图					
投影图					
截交线的形状	圆	两相交直线	抛物线	椭圆	双曲线

2. 典型的圆锥切割体

（1）**正平面切割圆锥体** 识读图 2-64a 的俯、左视图，补画出主视图。

分析：如图 2-64a 所示，平面 P 与圆锥轴线平行，为正平面，与圆锥面的截交线为双曲线，双曲线的正面投影反映实形，水平和侧面投影均积聚为直线，可利用垂直于圆锥轴线的平面作为辅助线，求出双曲线的正面投影。

作图步骤：

1）作出主视图的外形并求特殊点。如图 2-64b 所示，最高点 C 是圆锥最前素线与 P 面的交点，利用积聚性直接作出侧面投影 c'' 和水平投影 c，再由 c'' 和 c 作出正面投影 c'；最低点 A、B 是圆锥底面圆与 P 面的交点，直接作出 a、b 和 a''、b''，再作出 a'、b'。

2）求中间点。如图 2-64c 所示，在特殊点之间的适当位置作垂直于圆锥轴线的水平辅助圆，该圆的水平投影与 P 面水平投影的交点 d、e 即为截交线上两点 D、E 的水平投影，再作出正面投影 d'、e' 和侧面投影 d''、e''。

3）依次光滑连接各点，即得截交线的正面投影，如图 2-64d 所示。

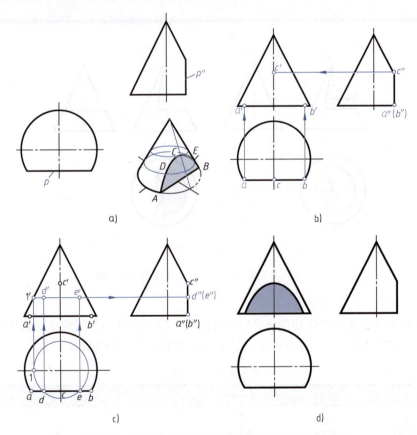

图 2-64 补画圆锥被正平面截切的主视图的作图步骤

（2）**相交面切割圆锥体** 根据图 2-65a 所示的主视图，补画出俯视图和左视图。

分析：如图 2-65a 所示的缺口圆锥是被两个相交的水平面 Q 和正垂面 P 所截切。水平面 Q 与圆锥轴线垂直，与圆锥面的截交线为圆的一部分，水平投影反映实形，正面和侧面投影积聚为直线；过锥顶的正垂面 P 与圆锥面截交线为相交两直线，其正面投影的两条直线重合，水平和侧面投影均为相交的直线。

作图步骤：

1）作出圆锥体的水平投影和侧面投影，如图 2-65b 所示。

2）根据正面投影提供的圆的半径 R，在水平投影上画圆。按投影规律作出两个截平面交线Ⅰ、Ⅱ的水平投影 12 和侧面投影 1″2″，连 s1、s2 及 s″1″、s″2″，如图 2-65b 所示。

3）整理轮廓线，判别可见性，检查加深全图，即得缺口圆锥的三面投影，如图 2-65c 所示。

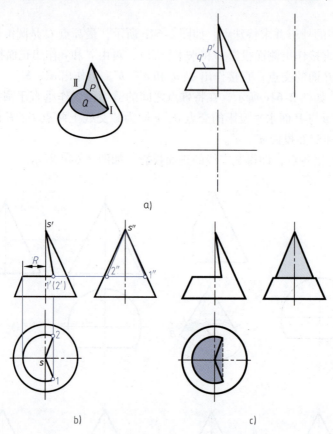

图 2-65　补画缺口圆锥俯、左视图的作图步骤

3. 常见的圆锥切割体及穿孔

表 2-12 给出了常见的圆锥切割体及穿孔等图例，教师指导学生用橡皮泥切制模型，并将切制后的模型与图中的三视图进行比较，加强与巩固课堂上学到的知识。

表 2-12　常见圆锥切割体及穿孔等图例

名称	图　例		
切割圆锥体	a)	b)	c)

（续）

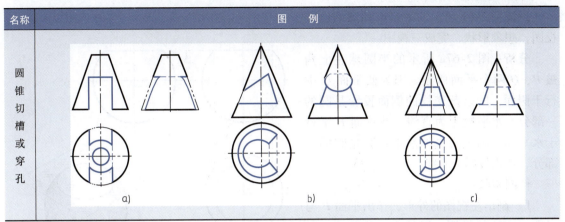

名称	图例
圆锥切槽或穿孔	a) b) c)

三、平面切割圆球体

1. 平面切割圆球体表面的截交线

平面在任何位置截切圆球体时，截交线都是圆。当截平面平行于某一投影面时，截交线在该投影面上的投影为圆的实形，在其他两投影面上的投影都积聚为直线；当截平面垂直于某一投影面时，截交线在该投影面上的投影为斜线，在其他两投影面上的投影为椭圆，具体情况见表 2-13。

表 2-13　平面与圆球体的交线

截平面的位置	与 V 面平行	与 H 面平行	与 V 面垂直
轴测图			
投影图			

2. 截交线圆直径的大小及画法

如图 2-66 所示：截平面平行于水平投影面，在该投影面上截交线圆的投影反映实形，圆的大小取决于平面与球心的距离 A。在另外两个投影面上的投影积聚成直线，该直线的长度等于截交线圆的直径。

3. 识读圆球切割体的视图

识读图 2-67 所示的缺口半圆球的已知视图，想象形状，完成三视图。

分析：图 2-67a 所示的半圆球左上角被 P、Q 两个平面所截。因为截平面 Q 平行于侧面，所以截交线的侧面投影是圆的一部分，水平投影为直线；截平面 P 平行于水平面，则截交线的水平投影是圆的一部分，侧面投影为直线。

作图步骤：

1) 画出左视图的外形，作出平面 P 与半圆球交线的投影：以球心 o 为圆心，ob 为半径画圆弧，再按长度尺寸定出水平投影的范围，根据正面和水平投影作出侧面投影，如图 2-67b 所示。

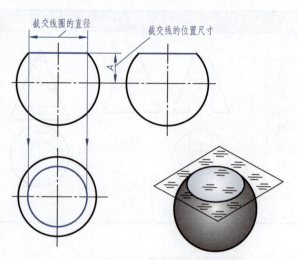

图 2-66 圆球被平面截切的三视图画法

2) 作出平面 Q 的投影：先根据 D 点的正面投影 d' 按高平齐求出侧面投影 d''，以 o'' 为圆心，$o''d''$ 为半径画圆弧，并根据 $c''a''$ 定出侧面投影的范围，如图 2-67c 所示。

3) 检查以后加深全图，作图结果如图 2-67d 所示。

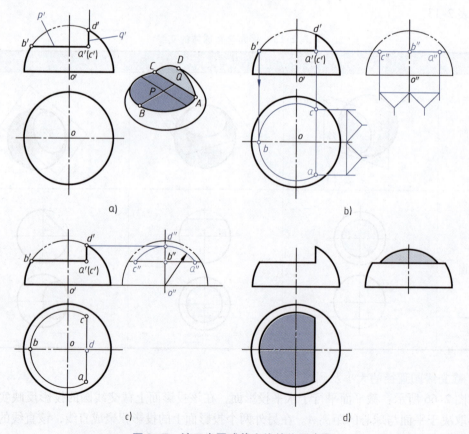

图 2-67 缺口半圆球截交线的作图步骤

> 提示：从主视图可以看出，左上角被切掉，所以在左视图中，P面以上的轮廓素线不能再画出。

4. 常见的圆球切割体及穿孔

表 2-14 给出了常见的圆球切割体及穿孔等图例，教师指导学生用橡皮泥切制模型，并将切制后的模型与图中的三视图进行比较，加强与巩固课堂上学到的知识。

表 2-14 常见圆球切割体及穿孔等图例

名称	图例
切割圆球体	a) b) c)
圆球切槽或穿孔	a) b) c)

任务实施

1. 绘制图 2-68 所示顶尖头的三视图

分析：图 2-68 所示的顶尖头是由同轴的圆锥与圆柱组合而成，在其左上方被两个相交的水平面 P 和正垂面 Q 切去一部分。

水平面 P 与顶尖的轴线平行，分别切到了圆柱面和圆锥面，与圆锥面的截交线为双曲线，与圆柱面的截交线为矩形，因为两部分的截交线是被同一个平面切割而成的，所以中间没有交线。正垂面 Q 与顶尖的轴线倾斜，只切到圆柱面，其截交线为椭圆弧。

作图步骤：

1）先画出完整顶尖的外形图（俯视图中圆锥与圆柱的交线暂不画出），再作出 P、Q 平面的正面投影和侧面投影，如图 2-69a 所示。

2）参照图 2-64 的作图方法，作出 P 平面与圆锥面的截交线（双曲线）。再按投影关系作出 P 平面与圆柱面的截交线 AB、CD 的水平投影 ab、cd，以及 P、Q 两平面交线 BD 的水平投影 bd，如图 2-69b 所示。

3）平面 Q 与圆柱面的交线（椭圆弧）的正面投影积聚为斜线，侧面投影积聚为圆弧。由 e' 作出 e 和 e''，在椭圆弧正面投影的适当位置定出中间点 f'、g'，直接作出侧面投影 f''、g''，再由 f'、g' 和 f''、g'' 作出 f、g。依次连接 b、f、e、g、d，即为 Q 平面与圆柱面交线的水平投影，如图 2-69c 所示。

4）检查后擦去多余的图线并加深全图，作图结果如图 2-69d 所示。

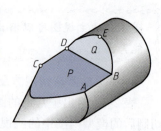

图 2-68 顶尖头的轴测图

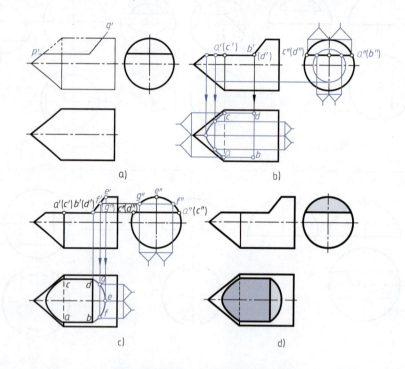

图 2-69 顶尖头三视图的作图步骤

提示：俯视图中圆锥与圆柱交接处的一段细虚线不要遗漏。

2. 根据图 2-70a 所示接头的已知视图，想象形状，补全三视图

分析：根据图 2-70a 的主、俯视图可知，接头是在圆柱体上端左右切肩、下端中间的部位切出直槽以后形成的，进而可以想象出立体形状。圆柱上部的切肩部分是由左、右两个平行于圆柱轴线的对称平面 N 以及两个垂直于圆柱轴线的平面 M 切割而成；圆柱下端中间部位的直槽是由左、右两个平行于圆柱轴线的对称平面以及一个垂直于圆柱轴线的平面切割而成。平面 N 与圆柱表面的截交线是直线，平面 M 与圆柱表面的截交线是圆弧（下端开直槽的各平面位置与上部切肩的相应平面位置相同）。因此，圆柱上部切肩和下部开槽部分的截交线都可利用积聚性直接求出。

作图步骤:

1) 画出左视图的外形及上部切肩:先画出左视图的外形,再画出切肩部分的水平投影,最后根据切肩处正面投影的高度和水平投影的宽度画出切肩的侧面投影,如图 2-70b 所示。

2) 画下部开槽:先按长对正的投影关系画出槽口的水平投影,再根据水平投影中槽口的宽度和正面投影中槽口的高度,按投影关系画出槽口的侧面投影,如图 2-70c 所示。

3) 加深三视图,如图 2-70d 所示。

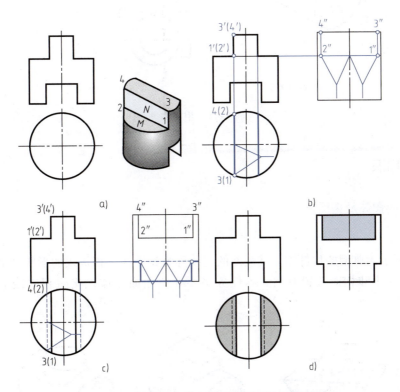

图 2-70　补画接头截交线及左视图的作图步骤

> 提示:圆柱下部最前、最后素线由于切槽,使外形轮廓线在该部位向内"收缩",收缩的程度与槽宽有关。而上端切肩处的平面没有截切到圆柱的最前、最后素线,故侧面投影中,截交线两端与转向轮廓线之间是有间隙的,并且转向轮廓线是完整的,如图 2-70d 所示。

任务六　绘制与识读相贯体的三视图

 任务描述

相贯体是指两相交的立体。图 2-71a 所示为圆柱相贯体,图 2-71b 所示为三通管。本任务主要介绍曲面相贯体的三视图特征、相贯线的画法及识读方法。根据图 2-71a 所示圆柱相贯体的轴测图，绘制三视图；识读图 2-71b 所示三通管的三视图，想象其形状。

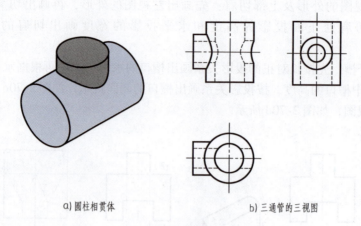

a) 圆柱相贯体　　　　　　　　　b) 三通管的三视图

图 2-71　相贯体

一、认知相贯体及相贯线

1. 相贯体

图 2-72 所示为典型的相贯体，其表面的交线称为相贯线。相贯线的形状和数量与相贯两立体的形状、大小和相对位置有关。本任务主要介绍曲面立体正交时相贯线的作图及识读方法。

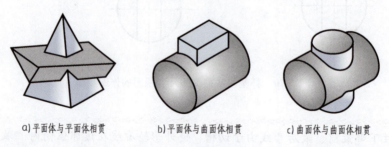

a) 平面体与平面体相贯　　　b) 平面体与曲面体相贯　　　c) 曲面体与曲面体相贯

图 2-72　典型的相贯体

2. 相贯线的特性

1）相贯线是两个立体表面的共有线，也是两个立体表面的分界线。相贯线上的点是两个立体表面的共有点。

2）相贯线一般为封闭的空间曲线，特殊情况下可能是平面曲线或直线。

根据相贯线的特性可以看出，求相贯线的作图方法，同样可归结为求立体表面共有点的问题。

二、两圆柱体正交的相贯线

两圆柱体的轴线垂直相交称为正交。当相贯的两个圆柱体的轴线垂直于某一个投影面时，圆柱体在该投影面上的投影具有积聚性，则相贯线的投影也积聚在圆柱的这个积聚投影上。

1. 相贯线的形状及投影位置

（1）**相贯线的形状**　正交两圆柱体相贯线的形状，与两个圆柱体的直径大小有关。两直径不等时，相贯线为曲线，其弯曲方向总是朝向直径较大圆柱体的轴线方向。两个圆柱体直径相等时，相贯线为直线，如图 2-73 所示。

如图 2-73a 所示，当水平圆柱体的直径 ϕ_1 大于垂直圆柱体的直径 ϕ 时，相贯线的正面投影为上下对称的曲线，向着水平圆柱体的轴线方向弯曲。

如图 2-73b 所示，当两圆柱体的直径相等时，相贯线在空间为两个相交的椭圆，正面投影为两条相交的直线。

如图 2-73c 所示，当垂直圆柱体的直径 ϕ 大于水平圆柱体的直径 ϕ_1 时，相贯线的正面投影为左右对称的曲线，向着垂直圆柱体的轴线方向弯曲。

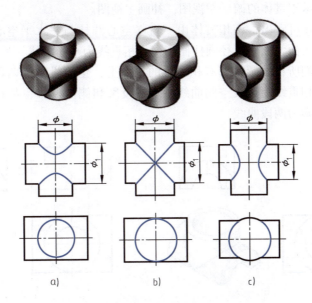

图 2-73　直径大小对相贯线的影响

（2）**相贯线的投影位置**　由上图分析可知，正交两圆柱体相贯线的投影位置，在两圆柱体非积聚性的投影图上，其他两面投影分别与两圆柱的积聚性投影重合。

2. 两不等径圆柱体正交相贯线的简化画法

在工程图样中，经常遇到两圆柱体正交的情况，为了简化作图，国家标准规定，允许采用简化画法作出相贯线的投影，即用圆弧代替非圆曲线。

当两圆柱体的直径不相等时，用大圆柱体的半径作圆弧来代替相贯线的投影，圆弧的圆心在小圆柱体的轴线上，相贯线向着大圆柱体的轴线方向弯曲，如图 2-74 所示。

作图步骤：

1）找圆心：以两圆柱体转向轮廓线的交点 a'（或 b'）为圆心，大圆柱体的半径 $\phi/2$ 为半径画弧，与小圆柱体轴线的交点 O 便是圆心，如图 2-74a 所示。

2）画圆弧：以 O 为圆心，$\phi/2$ 为半径画圆弧，便得简化的相贯线，如图 2-74b 所示。

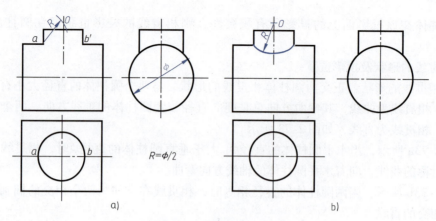

图 2-74 相贯线的近似画法

3. 两等径圆柱体正交相贯线的画法

根据图 2-75a 所示相贯体的俯、左视图，补画主视图。

分析：由图 2-75a 可看出，该相贯体由一直立空心圆柱与一水平空心半圆柱正交，内外表面都有相贯线。外表面为两个等径圆柱面相交，相贯线为平面曲线（椭圆），其水平投影和侧面投影都积聚在它们所在的圆柱面有积聚性的投影上，正面投影为两段直线。因内表面的两个直径不相等，其相贯线为两段空间曲线，水平投影和侧面投影也都积聚在圆柱孔有积聚性的投影上，正面投影为两段曲线。

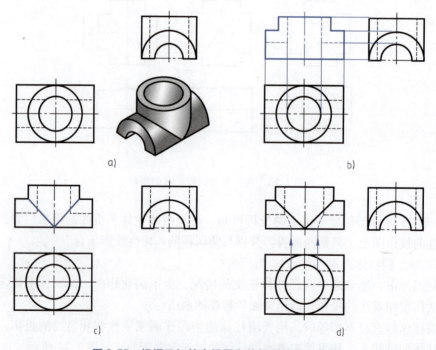

图 2-75 根据已知的主视图和俯视图补画左视图

作图步骤：

1）作出相贯体的主视图，如图 2-75b 所示。

2）作两等径圆柱体外表面相贯线的正面投影，即两段对称的 45° 斜线，如图 2-75c 所示。

3）用简化画法作圆孔内表面相贯线的正面投影，即完成作图，如图 2-75d 所示。

4. 相贯线的类型

两圆柱体正交有三种情况：即两外圆柱面相交、外圆柱面与内圆柱面相交、两内圆柱面相交。这三种情况的相交形式虽然不同，但相贯线的性质和形状一样，求法也是相同的，只不过两内圆柱面相交的相贯线为不可见的细虚线，具体画法见表 2-15。

表 2-15 两圆柱体正交的类型

外圆柱与外圆柱相交	外圆柱与内圆柱相交	两内圆柱相交

三、相贯线的特殊情况

两曲面立体相交，其相贯线一般为空间曲线，但在特殊情况下也可能是平面曲线或直线。

1）相贯线为圆。当两个回转体具有公共轴线时，相贯线一定是与轴线垂直的圆，圆在轴线所平行的投影面上为垂直于轴线的直线，如图 2-76 所示。

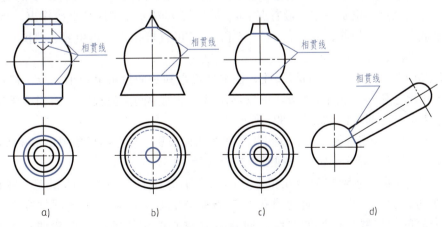

图 2-76 相贯线为圆

2）相贯线为椭圆。当两回转体轴线相交且具有公共内切球时，其相贯线为椭圆，在同时反映两轴线的视图上为直线，如图 2-77 所示。

3）相贯线为直线。当两圆柱体的轴线平行，或圆锥体共锥顶时，相贯线为直线，如图 2-78 所示。

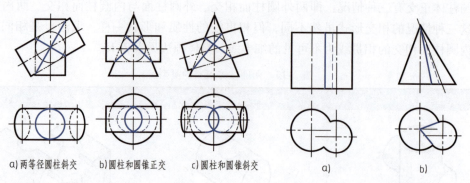

a）两等径圆柱斜交　　b）圆柱和圆锥正交　　c）圆柱和圆锥斜交

图 2-77　相贯线为椭圆

a）　　b）

图 2-78　相贯线为直线

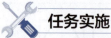 任务实施

1. 绘制图 2-79 所示两个不等径正交圆柱相贯体的三视图

分析：图 2-79 所示两圆柱体的轴线正交，其中直立小圆柱体的轴线垂直于水平面，水平大圆柱体的轴线垂直于侧面。直立小圆柱体的水平投影和水平大圆柱体的侧面投影都具有积聚性，相贯线的水平投影和侧面投影分别积聚在它们的圆周上。

作图步骤：

1）画出主视图的外形轮廓线及俯、左视图，相贯线分别积聚在小圆柱体的水平投影和大圆柱体的侧面投影上，如图 2-80a 所示。

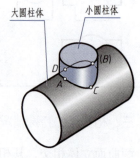

图 2-79　分析相贯体

2）求特殊点：水平大圆柱体的最高素线与直立小圆柱体最左、最右素线的交点 A、B，是相贯线上的最高点，也是最左、最右点。a、b、a'、b' 和 a''、b'' 均可直接作出。点 C、D 是相贯线上最低点，也是最前、最后点，c''、d'' 和 c、d 可直接作出，再由 c''、d'' 和 c、d 按投影规律求出 c'、d'，如图 2-80b 所示。

3）求中间点：利用圆柱面的积聚性，在水平投影和侧面投影上定出 e、f，和 e''、f''，再按投影规律作出 e' 和 f'，用同样的方法可以再作出一系列中间点的投影（因相贯线前后对称，所以只需求出前半部即可），如图 2-80c 所示。

4）检查后顺次光滑连接各点，即得相贯线的正面投影，作图结果如图 2-80d 所示。

2. 识读图 2-81 所示三通管的三视图，想象形状

图 2-81 所示的三通管左侧为互相垂直的两个不等径的空心圆柱体相贯，并且在直立空心圆柱体的右侧钻有水平方向的圆孔。左侧水平空心圆柱体及右侧圆柱孔与直立空心圆柱体外表面的相贯线为可见的曲线，向着直立空心圆柱的轴线方向弯曲；水平方向的圆孔与直立空心圆柱体内表面的相贯线为不可见的曲线，也是向着直立空心圆柱的轴线方向弯曲。想象出的三通管如图 2-81b 所示。

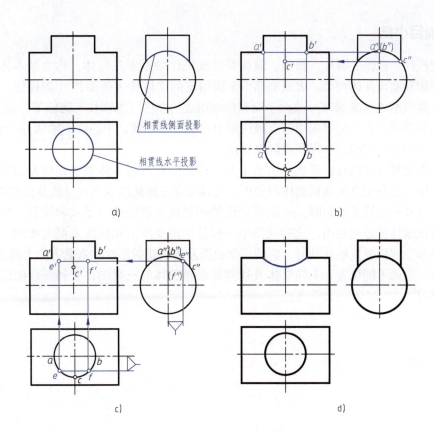

图 2-80　不等径正交圆柱相贯体三视图的作图步骤

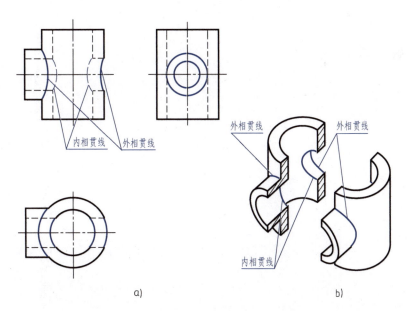

图 2-81　识读三通管

项目小结

通常把棱柱、棱锥、圆柱、圆锥、圆球等组成机件的基本几何体，称为基本体。基本体分为平面立体和曲面立体两类。表面全部由平面组成的立体称为平面体（如棱柱、棱锥等）；表面全部由曲面组成（如圆球）或由平面和曲面组成的立体（如圆柱、圆锥等）称为曲面体。

画立体的视图时，一定要先用细点画线画出三线（对称线、中心线、轴线）；当同一立体的空间位置变动时，它的三个视图也随之变化。

许多汽车机械零件均可以看成是由若干基本体的组合或基本体被平面切割而形成，即相贯体和切割体。绘制相贯体和切割体的视图，关键是要正确地绘制出相贯线及截交线的投影。

画相贯线及截交线的投影时，一定要分清楚相贯线及截交线的形状和位置，特别要先找出立体具有积聚性投影的视图，这些视图中一般是不需要画出相贯线及截交线的。当相交两立体的大小和空间位置发生变动时，它的三个视图及相贯线的形状和弯曲方向也随之变化。

要多看、多画不同位置、不同立体及切割体和相贯体的三视图，有利于后面组合体以及零件图的学习。

项目三

绘制轴测图

正投影图能够准确、完整地表达物体的形状和大小,具有度量性好、作图简便等优点,是汽车工业广泛应用的图样。但正投影图缺乏立体感,直观性差,看图时需要对照几个视图,才能想象出物体的结构形状,如图 3-1a 所示。为了弥补不足,工程上常采用如图 3-1b 所示的轴测图作为辅助图样,用以说明产品的结构和使用方法等。轴测图比三视图形象、生动,富有立体感。

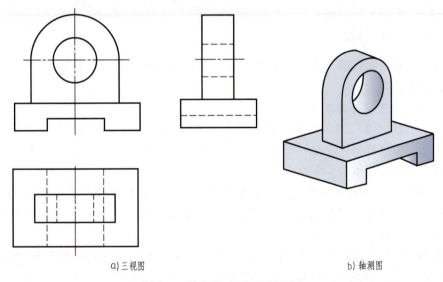

a) 三视图　　　　　　　　　　　　b) 轴测图

图 3-1　物体的三视图和轴测图

 学习目标

1. 理解轴测图的形成及特点。
2. 明确常用的正等轴测图及斜二轴测图的基本参数。
3. 根据已知的视图,能正确绘制出轴测图。

任务一　绘制平面体的正等轴测图

 任务描述

图 3-2 所示的 V 形块属于平面切割体,本任务主要介绍轴测图的基本知识,通过绘制 V

形块的轴测图,学会绘制平面体及平面切割体正等轴测图的方法。

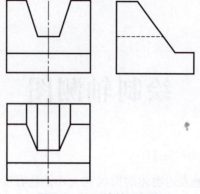

图3-2　V形块的三视图

一、轴测图的基础知识

轴测图是一种单面投影,即在一个投影面上得到的可以同时反映物体的长、宽、高三个方向尺寸的图形。

1. 轴测图的形成及基本概念

(1) 轴测图的形成　图3-3所示为一个简单物体的正投影图和轴测图的形成方法比较。为了便于分析,假想将物体放在一个空间的直角坐标系中,使坐标轴 OX、OY、OZ 与物体上三条互相垂直的棱线重合,O 为原点。

图3-3a所示是用正投影法形成的单面视图,此时坐标面 XOZ 平行于 P 面,OY 轴垂直于 P 面,投射方向 S 平行 OY 轴,也即垂直于 P 面,因此在 P 投影面上的视图不能反映 OY 方向的坐标,这样的图形没有立体感。

正等轴测图的形成方法如图3-3b所示,将物体斜放,使直角坐标系的三根轴都倾斜于 P 面,则物体在 P 面上的投影就可以反映三个坐标,这样得到的轴测图称为正等轴测图,简称正等测,具有很强的立体感。

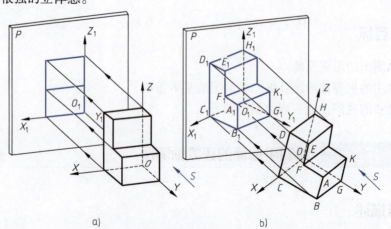

图3-3　轴测图的形成

（2）轴测图的基本概念

1）轴测投影面。轴测投影中选定的投影面 P 称为轴测投影面。

2）轴测轴。空间直角坐标轴 OX、OY、OZ 在轴测投影面上的投影 O_1X_1、O_1Y_1、O_1Z_1 称为轴测轴。

3）原点。三根轴测轴的交点 O_1 称为原点。

4）轴间角。任意两根轴测轴之间的夹角 $\angle X_1O_1Y_1$、$\angle Y_1O_1Z_1$、$\angle X_1O_1Z_1$ 称为轴间角。

5）轴向伸缩系数。轴测轴上的单位长度与相应直角坐标轴上单位长度的比值称为轴向伸缩系数。O_1X_1、O_1Y_1、O_1Z_1 轴上的轴向伸缩系数分别用 p_1、q_1、r_1 表示。

轴间角与轴向伸缩系数是绘制轴测图的两个主要参数。

2. 轴测图的种类及基本特性

（1）轴测图的种类　在 GB/T 4458.3—2013 和 GB/T 14692—2008 中均推荐了三种轴测图，即正等轴测图、正二轴测图和斜二轴测图，如图 3-4 所示。由于正二轴测图作图比较繁琐，本项目仅介绍最常用的正等轴测图和斜二轴测图的画法。

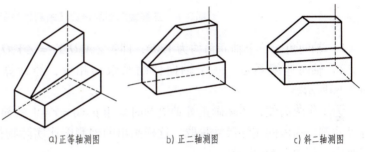

a）正等轴测图　　b）正二轴测图　　c）斜二轴测图

图 3-4　常用的轴测图

（2）轴测图的基本特性　由于轴测图是用平行投影法绘制的，所以具有平行投影的特性。

1）物体上互相平行的线段，在轴测图中仍然互相平行。

2）物体上平行于坐标轴的线段，在轴测图中仍然平行于相应的轴测轴，且同一轴向所有线段的伸缩系数相同。

3）物体上不平行于轴测投影面的平面图形，在轴测图中变成原形的类似形。

3. 轴测轴的设置

根据轴测图的画图方法绘制物体的轴测图时，首先要确定轴测轴 O_1X_1、O_1Y_1、O_1Z_1，再以这些轴测轴作为基准来画轴测图。

轴测轴一般常设置在物体本身以内，并选择在最有利于画图的位置上。一般与主要棱线、对称中心线或轴线重合，如图 3-5 所示。

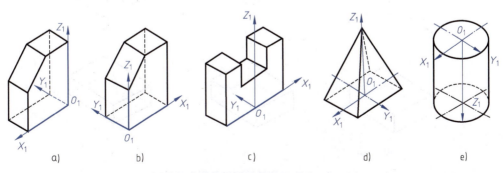

图 3-5　轴测轴的设置

二、正等轴测图的参数及绘制方法

1. 正等轴测图的参数

正等轴测图的参数如图 3-6 所示。

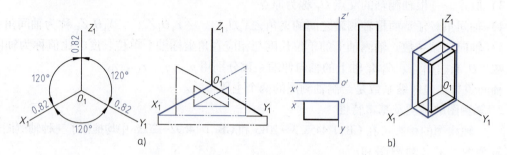

图 3-6　正等轴测图的参数及轴测轴的画法

1）轴间角。三个轴间角均为 120°，即：$\angle X_1 O_1 Y_1 = \angle Y_1 O_1 Z_1 = \angle X_1 O_1 Z_1 = 120°$。

2）轴向伸缩系数。三个轴向伸缩系数均相等，经计算可知：$p_1 = q_1 = r_1 = 0.82$，如图 3-6a 所示。

为了作图简便，实际画正等轴测图时采用 $p = q = r = 1$ 的简化伸缩系数，即沿各轴向的所有尺寸都按物体的实际尺寸量取。这样画出的轴测图比实际物体放大了约 1.22 倍，但形状没有改变，如图 3-6b 所示。

作正等轴测轴时，将 $O_1 Z_1$ 轴画成垂直位置，将 $O_1 X_1$ 和 $O_1 Y_1$ 轴画成与水平线成 30°方向。

2. 绘制平面体正等轴测图的方法

绘制平面体正等轴测图的主要方法有坐标法和切割法，其中坐标法是最基本的方法。

（1）坐标法　坐标法是沿坐标轴测量画出各顶点的坐标，作出各顶点的轴测投影，再将各顶点的轴测投影相连，便得到物体的轴测图。使用坐标法时，先在视图上选定一个合适的直角坐标系（原点）作为起画点，然后根据平面立体上各顶点的坐标，分别画出它们的轴测投影，最后依次连接成物体表面的轮廓线。图 3-7 所示的四棱柱，原点常选在物体的一个顶点上，从顶点画起，每点三线，每角三面，面面相连成柱体。

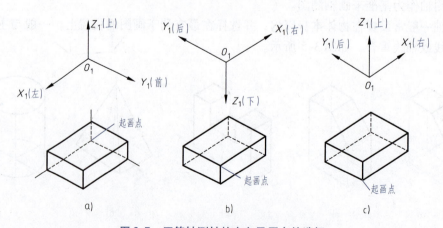

图 3-7　正等轴测轴的方向及原点的选择

（2）切割法　切割法适用于绘制切割体的轴测图。它是以坐标法为基础，先用坐标法画出完整的基本体，再按形体分析的方法逐块切去多余部分。

三、典型平面体及平面切割体正等轴测图的画法

1. 六棱柱正等轴测图的画法

分析：图3-8a所示是正六棱柱已知的主视图和俯视图。因正六棱柱的前后、左右对称，故设空间直角坐标系的坐标原点为顶面正六边形的中心，空间直角坐标系的建立如图3-8a所示，用坐标法绘制比较方便。

作图步骤：

1）在已知视图上标出原点及坐标轴，在俯视图上标出各点的位置，如图3-8a所示。

2）画出轴测轴。由于a、d和g、k分别在OX、OY轴上，可以直接量取。在轴测轴O_1X_1、O_1Y_1上直接作出A、D和G、K各点，如图3-8b所示。

3）过G、K点作O_1X_1轴的平行线，量得B、C和E、F点，如图3-8c所示。

4）依次连接各点，得顶面正六边形的正等轴测图；过F、A、B、C点作O_1Z_1的平行线，再沿O_1Z_1轴向下量取高度h，得底面各可见点，如图3-8d所示。

5）连接底面各可见点，即得正六棱柱的正等轴测图，如图3-8e所示。

6）擦去多余图线，按线型加深各图线，即完成正六棱柱的正等轴测图，如图3-8f所示。

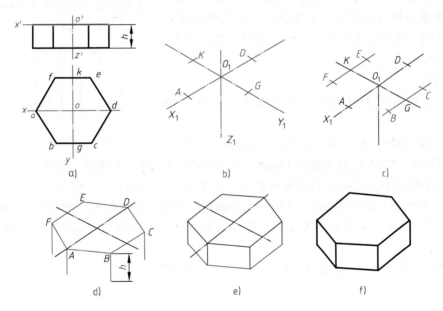

图3-8　六棱柱正等轴测图的作图步骤

2. 楔块正等轴测图的画法

分析：图3-9a所示是楔块的主视图和俯视图。从图中可以看出，该楔块是一个四棱柱体，切去左上角的三棱柱后形成的。坐标原点选在四棱柱体的右、后、下角，用切割法绘制比较方便。绘图时先用坐标法画出完整的四棱柱体，再切去左上角的三棱柱。作斜面时，应先在轴向定出两个端点，再连线。作图关键在于画出切平面与被切面之间的交线，还应注意某些交线与交线的平行关系。

作图步骤:
1) 在已知视图上标出原点及坐标轴,如图 3-9a 所示。
2) 画出轴测轴,并按尺寸 a、b、h 画出完整四棱柱体的轴测图,如图 3-9b 所示。
3) 按尺寸 d 和 c 画出切去左上角的三棱柱以后的轴测图,如图 3-9c 所示。
4) 去掉多余的作图线,加深轮廓线,作图结果如图 3-9d 所示。

图 3-9 楔块正等轴测图的作图步骤

3. 带槽四棱柱体正等轴测图的画法

分析:图 3-10 所示是带槽四棱柱体的已知三视图。从图中可知,它是由一个四棱柱体在偏前中间的上方位置切出一个矩形槽而形成的。坐标原点选在四棱柱体的左、前、下角,绘图时先用坐标法画出完整的四棱柱体,然后再切去矩形槽。

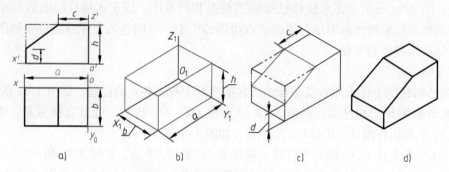

作图步骤:
1) 在已知视图上标出原点及坐标轴,如图 3-10 所示。

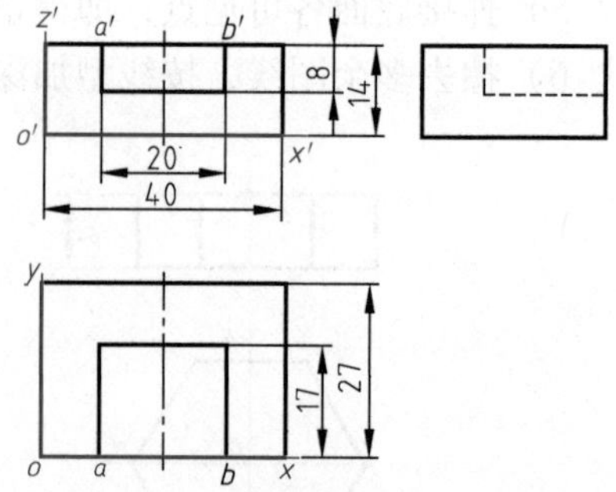

图 3-10 带槽四棱柱体的三视图

2) 画出轴测轴。在 O_1X_1 轴上截取 40mm,在 O_1Y_1 轴上截取 27mm,在 O_1Z_1 轴上截取 14mm,作出四棱柱体的正等轴测图,如图 3-11a 所示。
3) 根据槽口尺寸 20mm,在四棱柱体顶面上求得 A、B 两点。过 A、B 两点作 O_1Z_1 轴和 O_1Y_1 轴的平行线,并按尺寸 8mm、17mm 画出槽口的外部可见轮廓线,如图 3-11b 所示。
4) 过槽口外部轮廓线的相关交点,作各轴的平行线至交点,即完成槽口的轴测图,如图 3-11c 所示。
5) 检查、擦去不必要的线条,加深轮廓线,完成全图,如图 3-11d 所示。

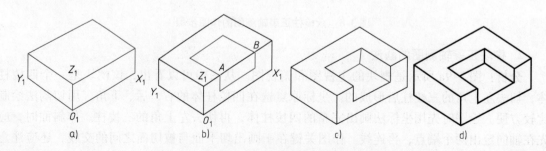

图 3-11 带槽四棱柱体正等轴测图的作图步骤

四、画正等轴测图的其他方法

1. 用"特征面加厚法"画轴测图

对于形状复杂的柱状物体，当其正放时，有一个视图反映该物体的形状特征，其他视图的里外均为"厚度"相等的矩形框所围成的图形。可用"特征面加厚法"画出其轴测图，即以形状特征面为基础，先作出物体上特征面的轴测图，再按厚度（长度、宽度、高度）画出其他可见轮廓线。

如图 3-12a 所示的物体，主视图反映形体特征，先在 $X_1O_1Z_1$ 坐标面上作出特征面的轴测图，再沿 O_1Y_1 轴量取厚度（宽度），作出后端面的可见轮廓线。

图 3-12b 所示的物体，俯视图反映形体特征，先在 $X_1O_1Y_1$ 坐标面上作出特征面的轴测图后，再沿 O_1Z_1 轴量取厚度（高度）画出轴测图。

图 3-12c 所示的六棱柱，左视图反映形体特征，先在 $Y_1O_1Z_1$ 坐标面上作出特征面的轴测图后，再沿 O_1X_1 轴量取厚度（长度）画出轴测图。

原点 O 及轴测轴 O_1X_1、O_1Y_1、O_1Z_1 位置根据需要选定。

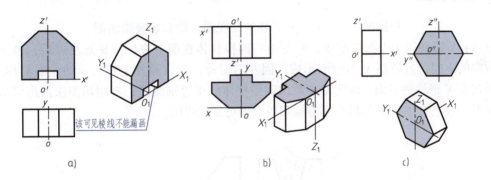

图 3-12 特征面加厚法画轴测图

2. 徒手画轴测图

前面已经介绍了徒手绘制平面图形的方法。徒手绘图具有灵活快捷的特点，徒手图是创意构思、进行技术交流常用的绘图方法，特别是随着计算机绘图的普及，徒手绘制轴测草图，具有很大的实用价值，图 3-13 所示是徒手绘制的汽车外观图。

图 3-13 徒手绘制的汽车外观图

图 3-14 所示为根据简单形体的两面视图，徒手绘制正等轴测图的方法与步骤。

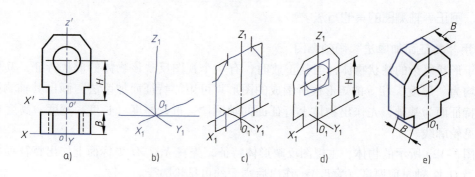

图 3-14 徒手草图的绘图步骤

a）在已知视图上设置轴测轴 b）画轴测轴 c）画正面轮廓外形（前面） d）画椭圆
e）画其他可见轮廓线，并描深图线

根据图 3-15 所示 V 形块的三视图，绘制正等轴测图

分析：V 形块属于平面切割体，它是由一四棱柱体在前上方切掉梯形块以后，再在上方左右方向的中间位置切割 V 形槽而形成。因左右对称，所以原点定在后面的左右对称线上，坐标面选在 V 形块的后面。画图时先画出四棱柱体的正等轴测图，再用切割法画出切割前上方的梯形块及上方中间 V 形槽的正等轴测图，即可完成作图。

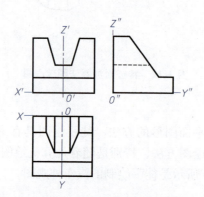

图 3-15 V 形块坐标的选择

作图步骤：

1）在已知视图上标出坐标轴和原点，如图 3-15 所示。

2）画轴测轴及完整的四棱柱体，并按左视图画出前上方切掉梯形块后的正等轴测图，如图 3-16a 所示。

3）按主视图及切掉的 V 形槽，画出顶面和底面矩形的八个顶点，如图 3-16b 所示。

4）根据定出的各顶点画出 V 形槽处的可见边，如图 3-16c 所示。

5）检查后描深，完成作图，结果如图 3-16d 所示。

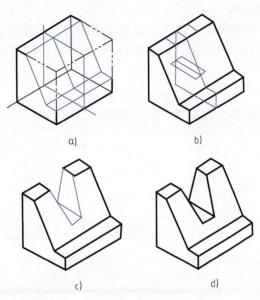

图 3-16 V 型块正等轴测图的作图步骤

任务二　绘制曲面体的正等轴测图

任务描述

图 3-17 所示的轴套属于曲面切割体。曲面体的最大特点是都含有圆，圆的正等轴测图为椭圆。本任务主要介绍曲面体轴测图的特点、椭圆的画法及典型的曲面体轴测图的绘制方法，绘制轴套的正等轴测图。

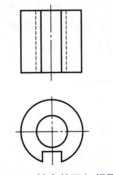

图 3-17　轴套的已知视图

相关知识

一、曲面体上圆的正等轴测图的画法

绘制曲面体轴测图的关键是画好不同方向的椭圆，而不同方向的椭圆，除了长、短轴的方向不同外，画法都是相同的。

1. 圆的正等轴测图的画法

为简化作图,圆的正等轴测图(椭圆)通常采用四段圆弧连接成近似椭圆的方法(四心圆弧法)作出。XOY 坐标面(水平面)上用四心圆弧法画椭圆正等轴测图的方法与步骤见表3-1。

表3-1 圆的正等轴测图的画法

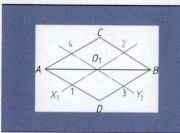	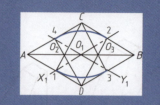	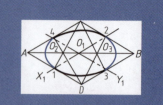
画出 O_1X_1、O_1Y_1 和圆的外切正方形的轴测图,定出它们的交点1、2、3、4及 A、B、C、D,画出椭圆的长轴 AB	连接 C1、C3、D2、D4,分别交于 AB 上的 O_2、O_3;再分别以 C、D 为圆心,以 C1 为半径画圆弧 $\widehat{13}$、$\widehat{24}$	分别以 O_2、O_3 为圆心,以 $O_2 1$ 为半径画圆弧 $\widehat{14}$、$\widehat{23}$,即得椭圆

2. 椭圆长短轴的方向

画圆的正等轴测图时,必须弄清椭圆的长、短轴方向。如图3-18 所示(图中的菱形为与圆外切的正方形的轴测投影),椭圆长轴的方向与菱形的长对角线重合,短轴的方向垂直于椭圆的长轴,即与菱形的短对角线重合。

通过分析可以看出,椭圆的长、短轴和轴测轴有关,即:圆所在的平面平行于 XOY 面(水平面)时,椭圆的长轴垂直 O_1Z_1 轴,短轴平行 O_1Z_1 轴;圆所在的平面平行于 XOZ 面(正面)时,椭圆的长轴垂直 O_1Y_1 轴,短轴平行 O_1Y_1 轴;圆所在平面平行于 ZOY 面(侧面)时,椭圆的长轴垂直 O_1X_1 轴,短轴平行 O_1X_1 轴。

图3-18 三种不同位置圆柱的正等轴测图

二、典型曲面体正等轴测图的画法

1. 直立圆台正等轴测图的画法

分析:图3-19a 所示是圆台的已知主视图和俯视图。圆台的轴线垂直于水平面,顶面和底面为水平面的同心圆,在轴测图中均为椭圆。坐标原点选在底面的圆心处。作图时,先作出圆台顶面和底面圆的正等轴测图——椭圆,再作出两椭圆的左、右公切线即可。

作图步骤:

1)在已知视图上标出原点及坐标轴,在俯视图上画出底面圆的外切正方形,如图3-19a 所示。

2)画出轴测轴,并按椭圆的画法画出底面的椭圆,再将圆心上移高度 h,作出顶面的椭圆,如图3-19b 所示。

3)作出与上、下椭圆相切的公切线,如图3-19c 所示。

4）检查后擦去多余的图线，加深全图，即完成直立圆台的正等轴测图，如图 3-19d 所示。

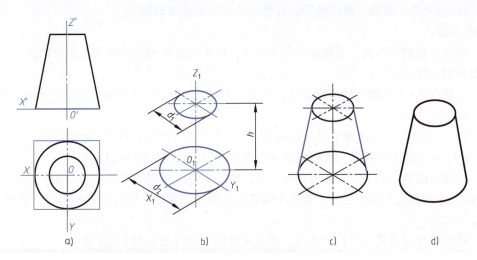

图 3-19　直立圆台正等轴测图的作图步骤

2. 带孔 U 形柱体正等轴测图的画法

分析：图 3-20a 所示是 U 形柱体的已知主视图和俯视图。U 形柱体的上半部是半圆柱体，下半部是四棱柱体，其中半圆柱体的直径与四棱柱体的长度尺寸相同，中间还有一个小孔，与半圆柱体同心。半圆柱体的轴线垂直于正面，半圆柱体与圆孔在轴测图中均为椭圆。坐标原点选在半圆柱体与圆孔的圆心处。作图时，先作出含半圆柱体高度尺寸的四棱柱体的正等轴测图，再作出半圆柱体与圆孔的轴测图即可。

作图步骤：

1）在已知视图上标出原点及坐标轴，如图 3-20a 所示。

2）画出含半圆柱体高度尺寸的四棱柱体的正等轴测图，如图 3-20b 所示。

3）按椭圆的画法画出半圆柱体前面的椭圆，如图 3-20c 所示。

4）将圆心 O_1、O_2 后移宽度 t，作出后面的椭圆，如图 3-20d 所示。

5）作出圆孔的轴测图，如图 3-20e 所示。

6）检查后擦去多余的图线，加深全图，即完成带孔 U 形柱体的正等轴测图，如图 3-20f 所示。

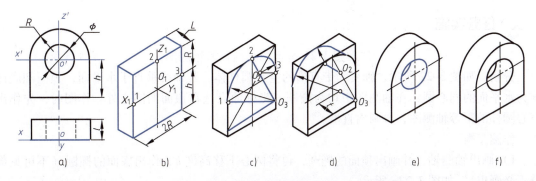

图 3-20　带孔 U 形柱体正等轴测图的作图步骤

3. 带圆角底板正等轴测图的画法

分析：如图 3-21a 所示，带圆角的底板是在矩形平板前方的左右位置都带有圆角，圆角可以看作是四分之一圆弧。可用椭圆的近似画法画出其正等轴测图。

作图步骤：

1) 作出平板的轴测图，并根据圆角半径 R，在平板顶面相应的棱线上作出切点 1、2、3、4，如图 3-21b 所示。

2) 过切点 1、2 作相应棱线的垂线，得交点 O_1；过切点 3、4 作相应棱线的垂线，得交点 O_2，如图 3-21c 所示。

3) 以 O_1 为圆心，$O_1 1$ 为半径，在两切点 1、2 之画大圆弧；以 O_2 为圆心，$O_2 3$ 为半径，在两切点 3、4 之间画小圆弧，即得底板顶面的正等轴测图，如图 3-21d 所示。

4) 将圆弧的圆心向下平移平板的厚度 h，再用与顶面相同的圆弧半径分别作出下表面上两个圆角，并在平板右端作上、下表面小圆弧的公切线，便得底板的正等轴测图，如图 3-21e 所示。

5) 检查后加深可见部分的轮廓线，即完成作图，其结果如图 3-21f 所示。

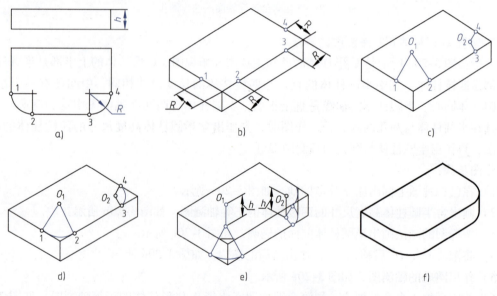

图 3-21 底板正等轴测图的作图步骤

任务实施

作出图 3-22 所示轴套的正等轴测图

分析：如图 3-22 所示，轴套为带直槽的空心圆柱体，其轴线垂直于水平面，顶面和底面均为水平面的同心圆，在轴测图中均为椭圆。坐标原点选在顶面的圆心处。作图时，先作出空心圆柱的正等轴测图，再画出直槽。

作图步骤

1) 画出轴测轴，并画出顶面的椭圆，再将圆心下移高度 h，作出底面的椭圆（不可见部分不必画出），如图 3-23a 所示。

2)作出与上、下椭圆相切的公切线及轴孔,如图3-23b所示。

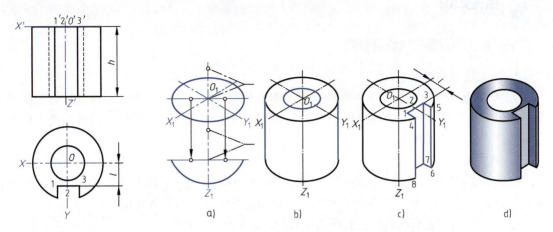

图 3-22 轴套的坐标的选择

图 3-23 轴套正等轴测图的作图步骤

3)根据尺寸 l 定出 2 点,过 2 点作 O_1X_1 的平行线,在平行线上定出 1、3 点;过 1、3 点作 O_1Y_1 的平行线,与椭圆相交得出 4、5 点;再过顶面上的 3、4、5 作 O_1Z_1 轴的平行线,并在平行线上定出可见的 6、7、8 点,画出直槽,如图 3-23c 所示。

4)检查后加深可见轮廓线,完成轴套的正等轴测图,如图 3-23d 所示。

任务三 绘制斜二轴测图

任务描述

轴测图除了正等轴测图以外,常用的还有斜二轴测图(简称斜二测),图 3-24 所示分别是 U 形柱体的正等轴测图和斜二轴测图。从图中可以看出,物体上的圆和圆弧在斜二轴测图中没有发生变化,所以斜二轴测图具有作图简单、快捷的特点。

本任务主要介绍斜二轴测图的基本参数、特点及其画法,根据图 3-25 所示连杆的两面视图,绘制斜二轴测图。

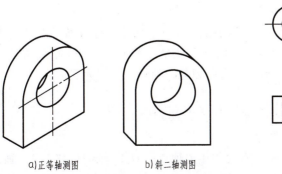

a)正等轴测图   b)斜二轴测图

图 3-24 U 形柱体正等轴测图与斜二轴测图的比较

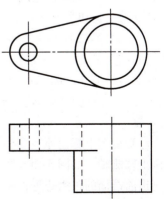

图 3-25 连杆的两面视图

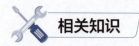

相关知识

一、斜二轴测图的形成及参数

1. 斜二轴测图的形成

如图 3-26 所示,投射方向 S 与轴测投影面 P 倾斜,为了便于作图,一般选取轴测投影面平行于某一坐标面(图中的轴测投影面 P 与 XOZ 坐标面平行),这样得到的轴测投影称为斜二轴测图,简称斜二测。

2. 斜二轴测图的参数

如图 3-26 所示,在斜二轴测图中,由于 XOZ 坐标面平行于轴测投影面 P,所以轴测轴 O_1X_1、O_1Z_1 仍分别为水平方向和铅垂方向。轴间角及轴向伸缩系数分别为:

(1) 轴间角 $\angle X_1O_1Y_1 = \angle Y_1O_1Z_1 = 135°$,$\angle X_1O_1Z_1 = 90°$。

(2) 轴向伸缩系数 三个轴向伸缩系数分别为 $p_1 = r_1 = 1$,$q_1 = 0.5$。

轴间角及轴测轴的画法如图 3-27 所示。

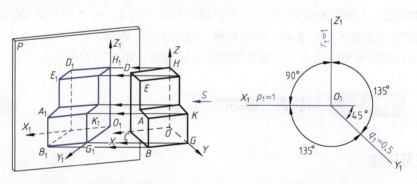

图 3-26 斜二轴测图的形成　　图 3-27 斜二轴测轴的参数

二、典型物体斜二轴测图的画法

斜二轴测图的画法与正等轴测图的画法基本相似,区别在于轴间角不同以及斜二轴测图沿 O_1Y_1 轴的尺寸只取投影图上的一半。在斜二轴测图中,物体上平行于 XOZ 坐标面的直线和平面图形均反映实长和实形。

1. 带孔六棱柱斜二轴测图的画法

分析:如图 3-28a 所示,带孔六棱柱的前(后)端面平行于正面,反映其形状特征,在轴测投影面上形状不变。确定直角坐标系时,可使坐标轴 OY 与圆孔轴线重合,坐标面 XOZ 与前端面重合,原点选在圆心处,则正六边形和圆的轴测投影均为实形。

作图步骤:

1)在已知视图上标出原点及坐标轴,如图 3-28a 所示。

2)画出轴测轴,如图 3-28b 所示。

3)画出前端面的正六边形,由正六边的相关顶点沿 O_1Y_1 轴向后移 $h/2$,画出可见棱线及后端面的可见轮廓,如图 3-28c 所示。

4)根据圆孔直径 ϕ 在前端面上画圆,再将前面的圆心 O_1 沿 O_1Y_1 轴向后移 $h/2$ 得 O_2,作出后端面圆的可见部分，如图3-28d所示。

5）检查并加深轮廓线，完成作图，其结果如图3-28e所示。

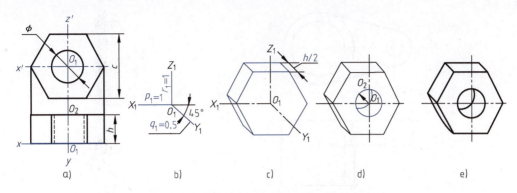

图3-28 带孔六棱柱斜二轴测图的作图步骤

2. 支座斜二轴测图的画法

分析：如图3-29a所示，支座由竖板和底板两部分组成，竖板和底板的正面都比较复杂，且反映支座的形状特征。将竖板的前、后端面平行于正面放置，并将竖板前端面作为坐标面 XOZ，原点选在竖板和底板相交的对称中心线上。

作图步骤：

1）在已知视图上标出原点及坐标轴，如图3-29a所示。

2）画出轴测轴，并画出竖板的斜二轴测图，如图3-29b所示。

3）由 O_1 沿 O_1Y_1 轴向前移底板宽度一半尺寸，画出底板外形的斜二轴测图，如图3-29c所示。

4）画出底板上的矩形槽及竖板上的圆孔，如图3-29d所示。

5）检查后加深轮廓线，完成作图，其结果如图3-29e所示。

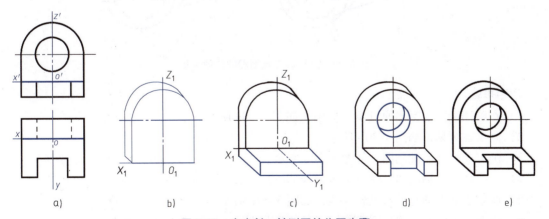

图3-29 支座斜二轴测图的作图步骤

绘制图3-30所示连杆的斜二轴测图

分析：连杆分为两个组成部分，左方为带孔的连杆臂，右方为圆筒，各圆及孔均与正投影面平行。坐标原点选在后端面与圆筒轴线的相交处,坐标面与后端面重合。

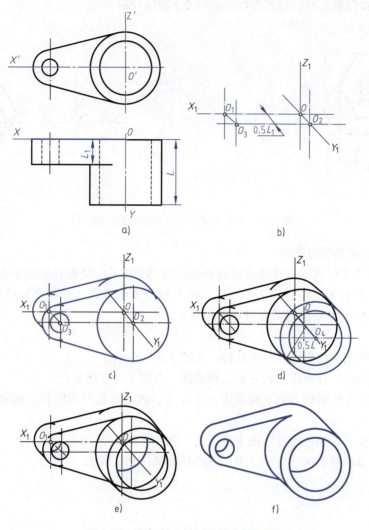

图 3-30 连杆斜二轴测图的作图步骤

作图步骤:
1)在已知视图上标出原点及坐标轴,如图 3-30a 所示。
2)画出轴测轴,如图 3-30b 所示。
3)画出连杆臂的轴测图,如图 3-30c 所示。
4)画出圆筒的轴测图,注意两侧切线的画法,如图 3-30d 所示。
5)画后端面上圆孔的可见轮廓线,如图 3-30e 所示。
6)检查后加深轮廓线,完成作图,其结果如图 3-30f 所示。

 项目小结

用正投影法绘制的三视图,能准确地表达物体的形状,但缺乏立体感。而轴测图是一种直观性强、极富立体感的图形。掌握轴测图的绘制方法,可以帮助大家想象物体的形状,培养和提高空间形体的想象能力和构思能力。

　　轴测图的尺寸是沿轴量取的。正等轴测图的三个轴间角均为120°，三个轴向伸缩系数均为1；而斜二轴测图中有两个轴间角均为135°，一个为90°，X轴和Z轴的伸缩系数为1，而Y轴伸缩系数为0.5，画图时一定要有所区分。

　　轴测图的绘制方法主要有坐标法和切割法。当物体为较复杂的柱体时，用"特征面加厚法"绘制比较简单，当物体一个方向的形状比较复杂，或者圆和圆弧比较多的时候，选用斜二轴测图绘制比较方便。

项目四

绘制与识读组合体的视图

由两个及以上的基本体组合而成的整体,称为组合体。组合体可以理解为忽略了工艺结构的机械零件抽象而成的几何模型。

任何机械零件,从形体的角度分析,都可以看成是由一些简单的基本体经过叠加、切割或穿孔等方式组合而成的。图 4-1 所示的典型汽车零件,都可以看成是由圆柱体、圆锥体、六棱柱体、工字形柱体等基本形体组成,有些零件上还有圆柱孔、半圆柱孔等内部结构。本项目将主要介绍组合体的组合形式、绘制与识读组合体视图的方法、标注与识读组合体的尺寸等内容,为识读零件图奠定基础。

图 4-1 典型的汽车零件

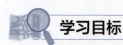

学习目标

1. 会分析组合体形体表面间的连接关系,并掌握其画法。
2. 能正确运用形体分析法分解形体,并绘制组合体的三视图。
3. 会运用形体分析法和线面分析法识读组合体视图。

4. 能根据已知的视图补画缺线，或根据已知的两面视图补画第三视图。
5. 会分析组合体的尺寸基准并识读组合体的尺寸。

任务一　绘制组合体的三视图

任务描述

本任务主要介绍组合体的组合形式、表面之间的连接关系及画法，组合体的形体分析法及绘制组合体三视图的方法。根据图 4-2 所示支座的轴测图，通过分析形体、选择主视图，正确绘制三视图。

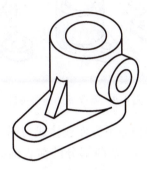

图 4-2　支座

相关知识

一、组合体的组合形式及表面间的连接关系和画法

1. 组合体的组合形式

组合体按其构成和组合方式，可分为叠加型、切割型和综合型三类。

（1）**叠加型组合体**　如图 4-3a 所示：叠加型组合体是由若干基本体叠加而成，是实形体与实形体之间的组合。图示的螺栓毛坯，是由圆柱体和六棱柱体组合而成的。

（2）**切割型组合体**　如图 4-3b 所示：切割型组合体是由基本体经过切割、穿孔、切槽以后形成的；是从实形体中挖去一个实形体，被挖去的部分就形成空形体（孔洞、槽等）；或者

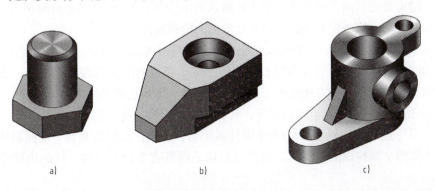

a)　　　　　　　　　　b)　　　　　　　　　　c)

图 4-3　组合体的组合形式

是在实形体上切掉一部分，使被切的实形体成为不完整的基本形体。图示的组合体是四棱柱经过左方切角、下部切台阶、右方钻孔等多次切割以后形成的。

（3）综合型组合体 如图4-3c所示：综合型组合体既有叠加又有切割，是叠加和切割的综合类型。图示组合体是由底板、肋板、空心圆柱体、凸台及耳板叠加以后，又在底板、凸台及耳板上钻孔而形成的。

2. 组合体上相邻表面的连接关系及画法

组合体中的基本形体经过叠加、切割或穿孔以后，各形体相邻表面之间的连接关系可分为共面、不共面、相切、相交四种类型，如图4-4所示。

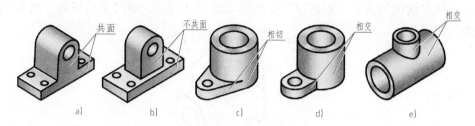

图4-4 两表面的连接关系

（1）共面 共面指相邻两表面相互平齐而连接成为同一表面。两表面共面时，结合处不画分界线。图4-5所示的组合体，A、B两部分的前表面共面，在主视图上不应画分界线。图c是常见的错误画法。

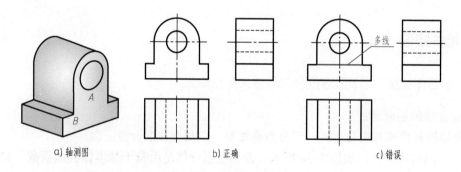

图4-5 表面共面及画法

（2）不共面 不共面指的是相邻两表面在某方向错开而处在不同位置的平面上。两表面不共面时，结合处必须画出分界线。图4-6所示的组合体，A、B两部分的前表面不共面，前后错开，在主视图上应画出分界线。图c是常见的错误画法。

（3）相切 相切指相邻两表面之间光滑过渡。当两表面相切时，在相切处不画分界线。图4-7所示的组合体，它由底板和空心圆柱体组成。底板的侧面与圆柱面相切，在相切处形成光滑过渡，因此主视图和左视图中相切处均不画线。图c是常见的错误画法。

图4-8a所示为圆柱面与半球面相切，其表面应是光滑过渡，切线的投影不画。但有一种特殊情况必须注意，图4-8b所示的两个圆柱面相切，当圆柱面的公共切平面倾斜或平行于投影面时，不画两个圆柱面的分界线，而当公共切平面垂直于投影面时，应画出两个圆柱面的分界线。

（4）相交 相交是指相邻两表面之间以各种角度结合或相贯形式结合。当两形体的相邻

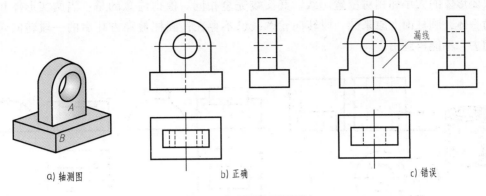

a) 轴测图　　　　　b) 正确　　　　　c) 错误

图 4-6　表面不共面及画法

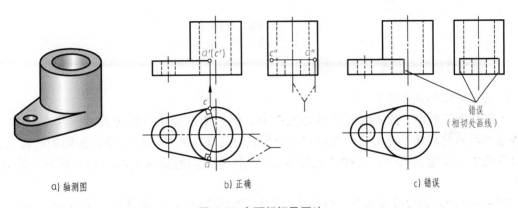

a) 轴测图　　　　　b) 正确　　　　　c) 错误

图 4-7　表面相切及画法

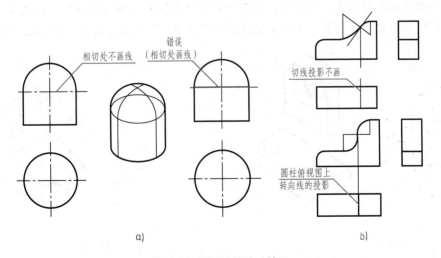

a)　　　　　　　　　　b)

图 4-8　相切及其特殊情况

表面相交时，在相交处必须画出分界线。

图 4-9a 所示的组合体，它也是由底板和空心圆柱体组成，但本例中底板的侧面与圆柱面是相交关系，故在主、左视图中的相交处应画出交线。

如图 4-9b 所示，无论是实形体与实形体相邻表面相交，还是实形体与空形体相邻表面相交，只要形体的大小和相对位置一致，其交线完全相同。值得注意的是：当两实形体相交时已融为一体，圆柱面上原来的一段转向轮廓线已不存在；圆柱被穿方孔后的一段转向轮廓线已被切去，不能再画出。

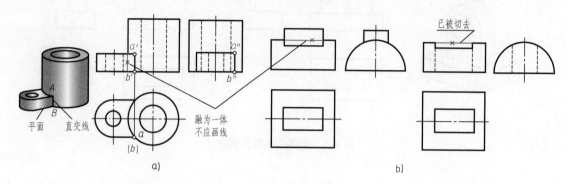

图 4-9　表面相交的画法

二、组合体的形体分析及主视图的选择

1. 组合体的形体分析

在组合体的画图、读图和尺寸标注过程中，假想把组合体分解为若干个基本形体，分清各基本形体的形状，确定它们之间的组合形式、各部分的相对位置及表面间的连接关系，从而形成组合体完整概念，这种"化整为零"，使复杂问题简单化的分析方法称为形体分析法。

图 4-10a 所示的以叠加为主的组合体，是由带圆角的底板Ⅰ、带孔的 U 形柱竖板Ⅱ、三棱柱形的肋板Ⅲ三个部分组成。在底板Ⅰ上又挖切两个圆柱体Ⅴ而形成两个孔洞，在竖板Ⅱ上又挖切一个圆柱体Ⅳ而形成一个孔洞；它们之间的组合形式及相对位置是：底板Ⅰ、竖板Ⅱ和肋板Ⅲ左右居中叠加，竖版Ⅱ与底板Ⅰ在后面形成共面，肋板Ⅲ与底板Ⅰ和竖板Ⅱ相交。

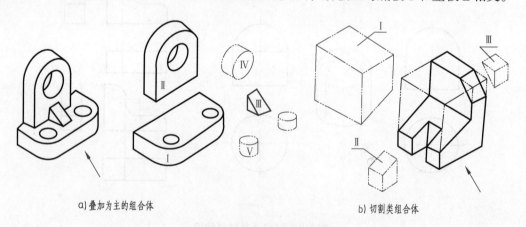

图 4-10　组合体的形体分析

又如图 4-10b 所示的切割类组合体，是由一个四棱柱体经过三次切割以后形成的。第一次在左上角切去一个梯形块Ⅰ，第二次在左方中间的位置切去一个梯形块Ⅱ，第三次在右上前角切去一个三棱柱Ⅲ而形成的。

由上述分析可知，运用形体分析法分解组合体，可以把画、看比较复杂的组合体视图的问题，转化为画、看比较简单的基本体或简单组合体视图的问题。如果能在理解的基础上记忆一些常见形体的三视图，就能保证正确而迅速地画图和看图。形体分析法是学习画组合体视图、看组合体视图或尺寸标注的基本方法。

2. 组合体主视图的选择

画组合体视图之前，首先要选择好主视图。下面以图4-11所示的组合体为例，说明主视图选择应遵循的原则。

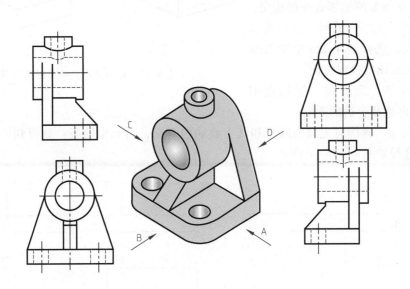

图4-11 选择主视图

1）将主视图放成最稳定的自然状态。对于图4-11的组合体，应使底板平行于水平面放置。

2）选择反映形状特征和位置特征的投射方向。按图4-11所示的位置安放以后，可以从A、B、C、D四个方向进行投射，A向和C向作为主视图，反映出的形状特征和位置特征相同；B向和D向作为主视图，反映出的形状特征和位置特征也相同。

3）在三个视图上的细虚线最少。若以A向和C向作为主视图，其细虚线相同，但C向作为主视图，则左视图上会出现较多细虚线；若以B向和D向作为主视图，在其他两个视图上的细虚线相同，但D向在主视图的细虚线最多，而B向在主视图上的细虚线最少。

经过比较，选择A向作为主视图较合理。

三、组合体三视图的绘制方法

因为组合体的形状一般都比较复杂，在画图之前，应首先对组合体进行分析，选择主视图，再根据组合体的实际大小，选择合适的作图比例，最后画底图、检查、加深线型。

1. 绘制叠加型组合体的三视图

图4-12所示为叠加型的组合体。绘制叠加型组合体的三视图时，一般先按形体分析的方法，把组合体分解成几个组成部分，再按组合特点，逐一画出每一部分的三视图。画图的过程中，要注意相邻表面间的连接关系。

（1）形体分析 图4-12a所示为叠加型的组合体，由四棱柱形的底板Ⅰ、立板Ⅱ、三棱柱形的肋板Ⅲ三个部分组成，如图4-12b所示。它们之间的组合形式及相对位置是：立板Ⅱ在底板Ⅰ的右上方，肋板Ⅲ在底板Ⅰ的右上方，在立板Ⅱ的左方，前后居中叠加。其中立板Ⅱ与底板Ⅰ的右面及前后面形成共面，肋板Ⅲ的各表面与底板Ⅰ、立板Ⅱ的相邻表面都相交。

（2）选择主视图　根据形体分析和组合体的特点，选择图4-12a中箭头所指方向作为主视图的投射方向。

（3）选比例、定图幅　尽量选用1∶1的比例，再选择合适的图幅。

（4）画底图　画图时先画出底板和其上叠加的立板，再画出肋板，就得到该组合体的三视图。作图过程如图4-13a～c所示。

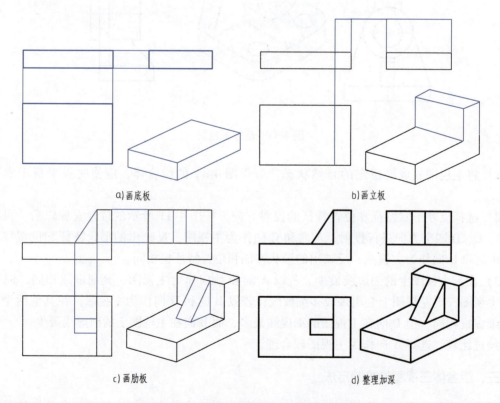

图4-12　叠加型组合体及形体分析

图4-13　绘制叠加型组合体三视图的步骤

（5）检查、加深　经仔细检查，确认无误后，按规定的图线加深全图，作图结果如图4-13d所示。

2. 绘制切割型组合体的三视图

图4-14a所示的燕尾块为典型的切割型组合体。画切割型组合体的三视图时，一般先画出切割以前形体的三视图作为画图的基础，再逐一进行切割，将每一次切割产生的交线画出

来。对于某一部分具体的切割部位，先画切口的形状特征视图，再画另外两个视图。

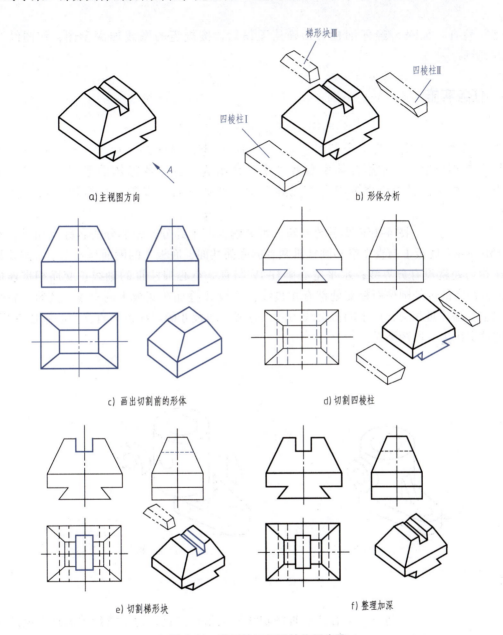

图 4-14 燕尾块三视图的作图步骤

(1) **形体分析** 图 4-14a 所示的燕尾块，是四棱柱上叠加四棱台，在左下角和右下角切掉四棱柱Ⅰ、Ⅱ，再在上部中间的位置切掉梯形块Ⅲ以后所形成，切割部分与四棱柱和四棱台表面都有交线，如图 4-14b 所示。

(2) **选择主视图** 如图 4-14a 所示：为了清楚地表达燕尾块切掉部分的形状和位置，减少视图中的细虚线，选择图示箭头所指的 A 向作为主视图的投射方向。

(3) **选比例、定图幅** 尽量选用 1:1 的比例，再选择合适的图幅。

(4) **画底图** 画图时可以先画出四棱柱和其上叠加的四棱台，再按切割的顺序及切割的部位依次画出被切掉的部分，就得到燕尾块的三视图。作图过程如图 4-14c～e 所示。

（5）**检查、加深**　经仔细检查，确认无误后，按规定的图线加深全图，作图结果如图 4-14f 所示。

绘制图 4-15 所示支座的三视图

图 4-15 所示的支座为综合型组合体。绘制综合型组合体的三视图，先要对组合体进行形体分析和分解，了解组合体由哪些基本形体组成，分析各形体的形状、它们之间的组合方式、相对位置等，再按组合情况逐个画出各部分的三视图，最后便得到组合体的三视图。

（1）**形体分析**　图 4-15a 所示的支座，可分解为四个部分，各部分的名称及相对位置如图 4-15b 所示：底板Ⅰ与直立空心圆柱Ⅲ两者的底面共面，底板Ⅰ的侧面与直立空心圆柱Ⅲ相切，在相切处就没有分界线；水平空心圆柱Ⅳ与直立空心圆柱Ⅲ的轴线正交而相贯连成一体，因此两者的内外圆柱面相交处都有相贯线；肋板Ⅱ叠加在底板Ⅰ的上方，其前、后侧面与直立空心圆柱Ⅲ相交，产生的截交线为两条直线，肋板Ⅱ的斜面也与直立空心圆柱Ⅲ相交，产生的截交线为一段椭圆弧。

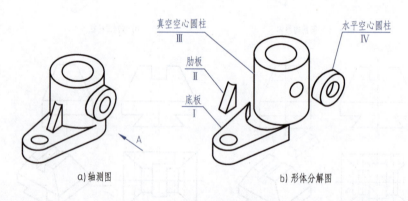

图 4-15　支座的形体分析

（2）**选择主视图**　将直立空心圆柱Ⅲ的轴线放成铅垂位置，为了清楚地表达支座的形状和位置，并减少视图中的细虚线，将水平空心圆柱Ⅳ放在前，经比较，选择 A 向作为主视图的投射方向。主视图确定后，其他视图也就随之而定。

（3）**选比例、定图幅**　尽量选用 1:1 的比例，再根据组合体的复杂程度和尺寸大小，选择合适的图幅。

（4）**布图、画底图**　布图时，应将三个视图均匀地布置在图纸的幅面上，各视图间的距离应保证标注全部尺寸；画图时，先画作图基准线，即对称中心线、轴线和较大的平面等，如图 4-16a 所示。再画底图：按组合顺序及各形体之间的相对位置，逐个画出它们的投影以及它们之间的表面交线，综合起来即得到完整组合体的三视图，如图 4-16b～e 所示。

(5) 检查、描深 经仔细检查，确认无误后，按规定的图线描深全图，作图结果如图 4-16f 所示。

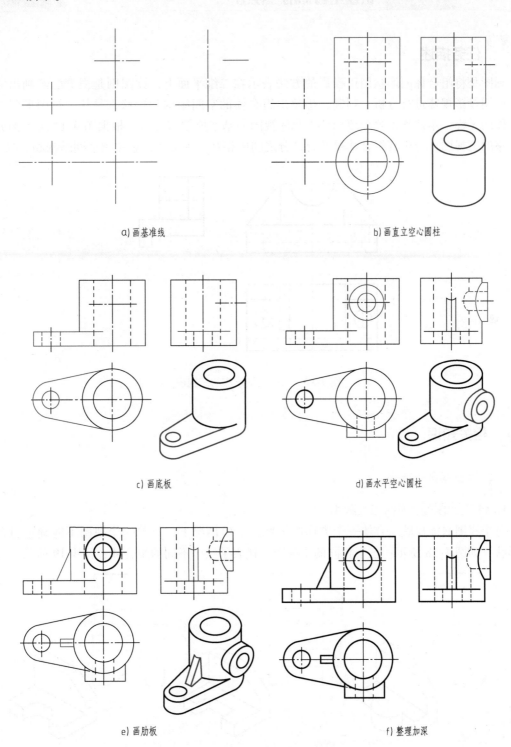

a) 画基准线　　b) 画直立空心圆柱

c) 画底板　　d) 画水平空心圆柱

e) 画肋板　　f) 整理加深

图 4-16　支座三视图的作图步骤

任务二　识读组合体的三视图

　任务描述

画图是将组合体的形状用正投影的方法表示在二维平面上，读图则是根据已经画出的视图，运用投影规律进行分析、判断，想象出组合体的空间结构和形状，是从二维图形建立三维立体的过程。本任务主要介绍识读组合体视图的基本要领与方法，根据图 4-17 所示剖分式轴承座的三视图，分析其组合情况及各部分之间的相互位置关系，想象出空间结构和形状。

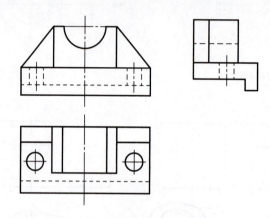

图 4-17　剖分式轴承座的三视图

　**相关知识**

一、读图的基本要领

1. 将已知的几个视图相互联系

每个视图只能反映组合体一个方向的形状。一般情况下，只看一个视图不能确定组合体的形状，如图 4-18 所示：三个相同的主视图，代表了三个不同的组合体；图 4-19 所示为三个

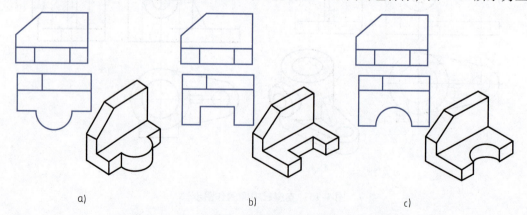

图 4-18　三个相同的主视图、左视图表达的不同组合体

相同的主视图、俯视图，也代表了三个形状各异的组合体，因此，必须把已知的几个视图联系起来识读。

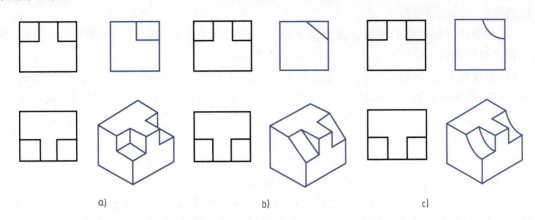

图 4-19　三个相同的主视图、俯视图表达的不同组合体

2. 明确视图中图线和线框的含义

图 4-20 所示的组合体，是由底板、肋板和空心圆柱体三部分组成的，其中各图线和图框所表示的含义如下：

（1）视图中图线的含义　视图中一条线表示的含义如图 4-20a 所示：

1）积聚性表面（平面、斜面或曲面）的投影，其中平面的投影是直线，斜面的投影是斜线，曲面的投影是曲线。图中的直线 1′表示平面（水平面）的投影，斜线 3′表示斜面（正垂面）的投影，直线 5′表示平面（侧平面）的投影，直线 7 表示平面（正平面）的投影，曲线 8 表示曲面（圆柱面）的投影。

2）两个面（平面、斜面或曲面）交线的投影。图中的直线 4′表示平面与曲面交线的投影，6 表示斜面与平面交线的投影。

3）曲面转向轮廓线的投影。图中的直线 2′表示圆柱面上转向轮廓线的投影。

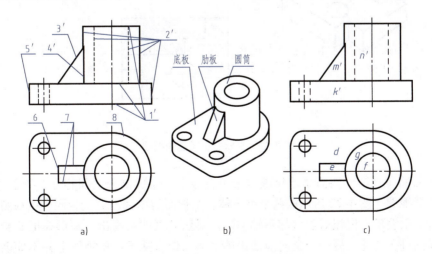

图 4-20　视图中图线和线框的含义

（2）视图中线框的含义　视图中不同线框表示的含义如图 4-20c 所示：

1)一个封闭线框,表示组合体上一个表面(平面、曲面或二者相切而组合的面)的投影。如图中的线框 m'、d、g 为平面的投影,e 为斜面的投影,n' 为曲面的投影,k' 为平面与曲面相切而组合的面的投影。

2)相邻两线框,则表示组合体上相交或某向错位两个表面的投影。如图中的 m' 和 n' 为两个相交面的投影,k' 和 m'、n' 为前后错位面的投影。

3)大线框里有小线框,则表示组合体上某向错位或经过挖切而形成的孔或槽的投影。如俯视图中的大线框 d 和环形线框 g 为上下错位的两个面的投影,环形线框 g 里面的圆形线框 f 为圆柱体经过挖切而形成孔的投影。

3. 从反映形体特征的视图看起

特征视图就是把组合体的形状特征及相对位置反映得最充分的那个视图。一般情况下,找到了这个视图,再配合其他视图,就能较快地认清组合体了。

(1)形状特征视图 能够清楚地反映组合体及各组成部分形状特征的视图,称为形状特征视图,如图4-21b中的主视图,反映该组合体的形状特征比较明显。但由于组合体的组成方式不同,各组成部分的形状特征并非总是集中在某一个视图中,而是分散于不同的视图上。在图4-21b中,形体Ⅱ、Ⅲ的形状特征在主视图上反映,形体Ⅰ的形状特征在俯视图上反映,而形体Ⅳ的形状特征则在左视图上反映。看图时必须要善于找出反映形状特征的视图,这样才便于想象其形状。

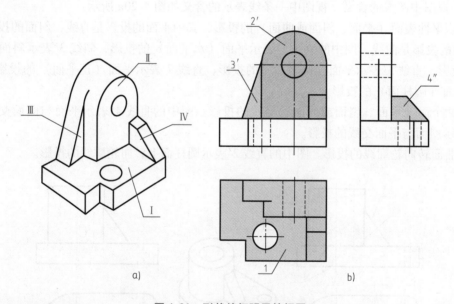

图4-21 形状特征明显的视图

(2)位置特征视图 能清楚地反映构成组合体中各组成部分之间相互位置关系的视图,称为位置特征视图。图4-22所示的两个组合体,主视图与俯视图完全相同,主视图中三个线框的形状特征很明显,但相对位置却不够明确。对照俯视图可看出,圆形线框Ⅱ和矩形线框Ⅲ,一个是凹进去的孔,另一个是向前凸出的实体。但仅从主、俯视图上并不能确定哪个是凹进去的孔,哪个是向前凸出的实体,只有对照主、左视图识读才能分清两个不同的组合体。显然,左视图是反映该组合体中各组成部分之间相对位置特征最明显的视图。

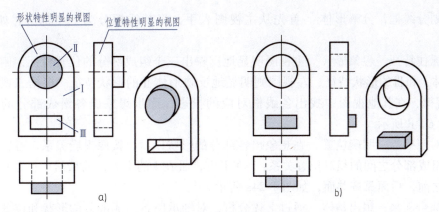

图 4-22　位置特征明显的视图

二、读图的基本方法

读图的基本方法与画图一样，主要运用形体分析法，对于比较复杂的切割类组合体，在运用形体分析法的同时，还要用线面分析法来帮助想象和读懂不容易看明白的局部结构，还可以用切橡皮泥的方法帮助读图。

1. 形体分析法

根据组合体已知视图的特点，将其大致分成几个组成部分，并逐个将每一部分的几个投影对照起来进行分析，想象出其形状；再分析各组成部分的相互位置关系，最后想象出组合体的整体结构形状，这种读图方法称为形体分析法。

下面以图 4-23 所示的轴承座为例，介绍用形体分析法读图的方法与步骤。

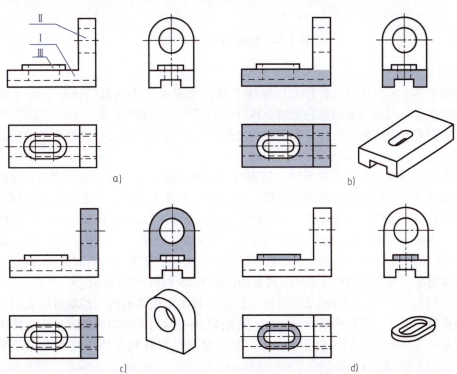

图 4-23　用形体分析法识读轴承座的视图

(1) 划分线框，分解形体　　首先从主视图入手，将其线框分为三个部分，如图 4-23a 所示。

(2) 抓住特征，想象形状　　主视图明显地反映出三个组成部分的位置特征，俯视图明显地反映形体 Ⅰ 和 Ⅲ 的形状特征，左视图则明显地反映形体 Ⅱ 的形状特征。根据三视图之间的"三等"规律，在其他视图中找出各线框对应的投影，逐步想象出各组成部分的形状，如图 4-23b、c、d 所示。

(3) 对照投影，明确位置　　在想象出各部分的形状以后，按照投影关系，可进一步分析并明确各组成部分之间的相对位置关系：Ⅰ 在下方，Ⅲ 在 Ⅰ 的上方，前后居中；Ⅱ 在 Ⅰ 的右上方，且与之前、后面靠齐共面，如图 4-24a 所示。

(4) 综合起来，想出整体　　通过上述分析，对轴承座各组成部分的形状和位置有了一个完整的印象，再综合起来，便可想象出轴承座的整体形状，如图 4-24b 所示。

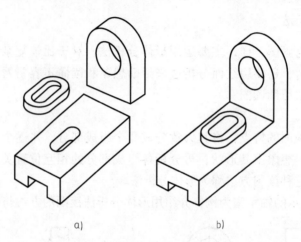

图 4-24　想象出的位置和形状

2. 线面分析法

构成组合体的各形体可以看作是由形体上的若干表面（平面或曲面）和线（直线或曲线）围成的实体。线面分析法就是把组合体分解为若干表面和线，从"面""线"的角度分析形体的表面或表面间的交线，并确定它们之间的相对位置，以及它们相对于投影面位置的方法。

(1) 分析组合体上各表面的形状　　运用线面分析法读图时，应注意利用面、线投影的积聚性、真实性和类似性来分析和解决问题。构成物体的各个表面，不论其形状如何，它们的投影如果不具有积聚性，一般都是一个封闭的线框。分析时，应将视图中的一个线框看作物体上的一个表面（平面、曲面或二者相切而组合的表面）的投影，利用投影关系，在其他视图上找到对应的图形，再分析这个面的投影特性（真实性，积聚性，类似性），确定这些面的形状，从而想象出组合体的整体形状。典型图如图 4-25 和图 4-26 所示。

(2) 分析组合体上相邻表面之间的相对位置　　视图中相邻的两个线框可能表示相交的两个面，或前后、上下、左右错开的两个面。图 4-27 中，给出了四组视图。分析视图中的线框及投影关系，并区分出它们的前后、上下、左右相对位置和相交等连接关系，可帮助想象形体。

按相邻两个封闭线框表示不同位置的两个面的判别方法，从图中可以归纳得出：主视图

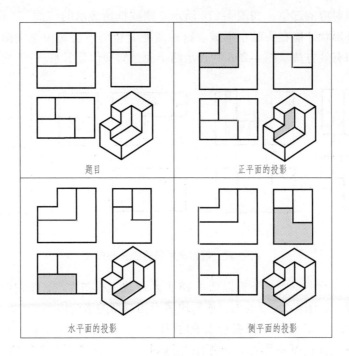

图 4-25　投影面平行面

图 4-26　投影面垂直面和一般位置面

不反映"面"的前后位置，俯视图不反映"面"的上下位置，左视图不反映"面"的左右位置。若明确这种关系，只有将主视图中的线框向前拉至与俯视图对应的部位，如图 4-27a 所示；将俯视图中的线框向上拉至与主视图对应的部位，如图 4-27b 所示；将左视图中的线框向左拉至与主视图对应的部位，如图 4-27c 所示，则线框所表示的"面"（或"体"）的相对位置才能确定，其形状才能在头脑中形成。这种线框分析的方法是由平面图形想象物体空间形状的根本途径和有效方法。图 4-27d 则表示两个面是斜交位置关系。

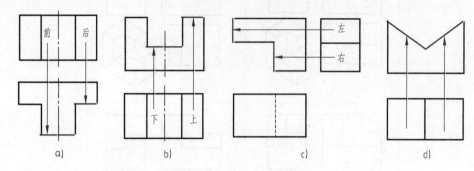

图 4-27 相邻表面间的位置关系

(3) 线面分析法读图举例 下面以图 4-28 所示压块三视图为例，来说明线面分析法看图的具体方法与步骤。从图 4-28 可看出，该压块属于切割型的组合体。

1) 划分线框，认识大体。根据已知的视图，可以大致看出切割以前的基本形体；再把组合体划分为几个线框，便可分析出组合体是在什么位置用什么平面切割的。图 4-28 所示压块的外形都是矩形切角的图形，所以可以大致确定切割以前的基本形体是四棱柱体。

2) 细读线面，明确结构。如图 4-29a 所示，从主视图的斜线 p' 出发，按长对正、高平齐的投影关系，在俯、左视图中对应出边数相等的两个类似形 p 和 p''，则三个视图的投影特征是"两框一斜线"，可判断该面为垂直面，又因"斜线"在正面，所以 P 面垂直于正面，是正垂面。

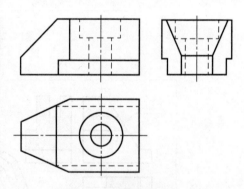

图 4-28 压块的三视图

如图 4-29b 所示，从俯视图中的斜线 q（q_1）出发，按长对正、宽相等的投影关系，在主、左视图中对应出边数相等的类似形 q'（q_1' 与 q' 重合）及 q''（q_1''），则三个视图的投影特征也是"两框一斜线"，该面为垂直面，因"斜线"在水平面，所以 Q（Q_1）面垂直于水平面，是铅垂面。

如图 4-29c 所示，从主视图中的两个矩形线框 m' 和 n' 出发，按长对正和高平齐的投影关系，在俯、左视图中对应出直线 m、n 及 m''、n''，则三个视图的投影特征是"一框两直线"，M、N 面为平行面，因"框"在正面，所以 M、N 面平行于正面，是正平面。

如图 4-29d 所示，从主视图中的直线 s' 出发，按长对正和高平齐的投影关系，在俯、左视图中对应出一线框 s 及直线 s''，则三个视图的投影特征是"一框两直线"，S 面为平行面，因"框"在水平面上，所以 S 面是水平面。

3) 综合起来，想象整体。通过上面的分析可知，此压块左上角的缺角是被正垂面 P 所切，左方前后对称的缺角是被两个铅垂面 Q 和 Q_1 所切，前后下方的缺块分别被正平面 N 和水平面 S 所切。在弄清了压块各表面的形状与空间位置的基础上，就可以想象出整体形状，如

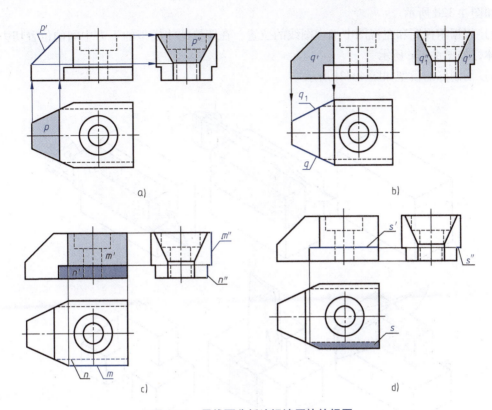

图 4-29 用线面分析法识读压块的视图

图 4-30 所示。

3. 切割模型法

识读组合体视图时，对于比较难以想象的切割类组合体，可以利用橡皮泥进行切割，帮助想象出其形状和结构。

识读图 4-31 所示弯块的三视图，想象形状结构。

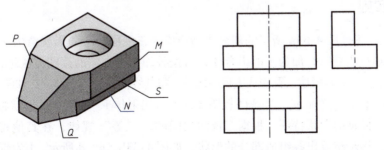

图 4-30 想象出压块的形状　　　图 4-31 弯块的三视图

1）因已知的三个图形都是由大小不同的矩形框所组成，可以想象出该弯块的基本形状为四棱柱体。这时可用橡皮泥，切出一个四棱柱体模型，如图 4-32a 所示。

2）根据俯视图和左视图中图线的位置，在四棱柱体模型的前上方切去一四棱柱体，如图 4-32b、c 所示。

3）根据主视图和俯视图中图线的位置，将四棱柱体模型后上方的左右两块小四棱柱切去，如图 4-32d 所示。

4）根据俯视图和左视图中细虚图线的位置，在四棱柱体模型的下方中间的位置切去一四棱柱体，如图 4-32e 所示。

5）切制好的模型如图 4-32f 所示。

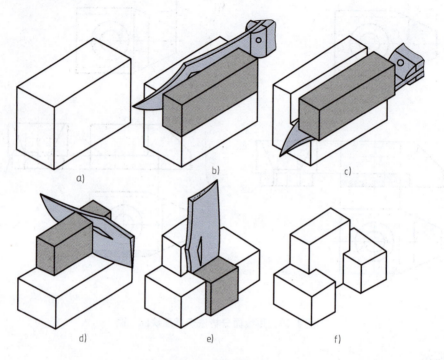

图 4-32　切制模型的方法

用做模型或切割模型来帮助识图，验证想象出来的物体形状是否正确，对初学者来说，是一种很好的学习方法。

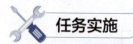

任务实施

识读图 4-33a 所示的剖分式轴承座的三视图，想象形状结构

分析： 该轴承座是以叠加为主的组合体，可按叠加类组合体的读图方法进行识读。

(1) **划分线框，分解形体**　首先从主视图入手，将其线框分为四个部分，如图 4-33a 所示。

(2) **抓住特征，想象形状**　主视图较明显地反映出形体Ⅰ、Ⅱ、Ⅳ的形状特征，左视图则明显地反映出形体Ⅲ的形状特征。根据三视图之间的"三等"规律，在其他视图中找出各线框对应的投影，逐步想象出各组成部分的形状，如图 4-33b、c、d 所示。Ⅰ为带半圆槽的 U 形柱体；Ⅲ为带弯边的 L 形底板，上面挖切了两个圆孔，俯视图反映两孔的相对位置；Ⅱ和Ⅳ为三棱柱形的肋板。

(3) **对照投影，明确位置**　在想象出各部分的形状以后，按照投影关系，可进一步分析并明确各组成部分之间的相对位置关系：带半圆槽的 U 形柱体Ⅰ在底板Ⅲ的后上方，两形体的对称面重合且后面靠齐共面；肋板Ⅱ、Ⅳ对称地分布在带半圆槽的 U 形柱体Ⅰ的左右两侧，且与其相接，后面靠齐共面，如图 4-34a 所示。

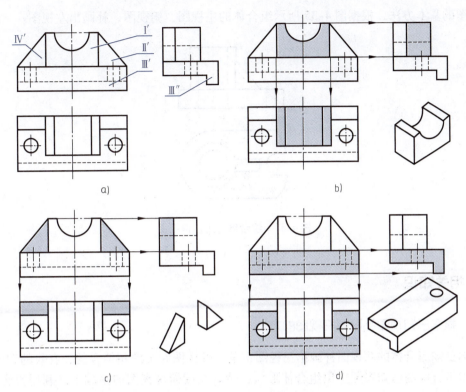

图 4-33 识读剖分式轴承座的过程

（4）综合起来，想出整体 通过上述分析，对组合体各组成部分的形状和位置有了一个完整的印象，再综合起来，便可想象出轴承座的整体形状，如图 4-34b 所示。

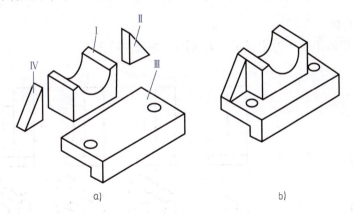

图 4-34 想象出剖分式轴承座的结构形状

任务三　补画组合体的视图

任务描述

根据组合体的两面视图补画第三视图，是检验读懂组合体视图的有效途径。本任务主要介绍补图的基本方法，根据图4-35所示组合体的主视图、俯视图，补画出左视图。

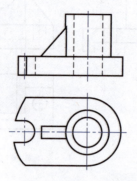

图4-35 组合体的主、俯视图

一、根据已知视图补画第三视图的方法

根据已知组合体的两视图补画第三视图，是一种读图和画图相结合的、有效的训练方法。首先根据组合体的已知视图想象组合体形状，然后在读懂两视图的基础上，利用投影对应关系逐步补画出第三视图。在读图的过程中，还可以边想象、边徒手画轴测草图，及时记录构思过程，帮助读懂视图。

二、典型组合体的补图示例

1. 叠加类组合体

根据图4-36所示组合体的主视图、俯视图，补画左视图。

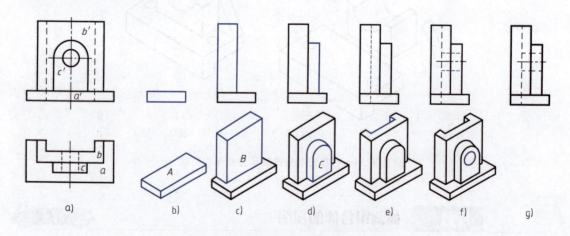

图4-36 补画叠加类组合体的左视图

分析：根据图4-36a所示的主视图、俯视图可以判断，该组合体属于叠加为主的组合体。将主视图划分成三个主要的封闭线框 a'、b' 和 c'，根据投影规律，在俯视图中找到对应的线框

a、b 和 c。由此可知，形体 A 是一块水平方向放置的底板，其后方有竖直方向的通槽；形体 B 为四棱柱形的立板，并带有竖直方向通槽及水平方向的圆柱孔；形体 C 是一竖立的 U 形柱体，并带有水平方向的圆柱孔。

三个形体的位置比较明确：底板 A 在下方，立板 B 在底板的上后方，左右居中，U 形柱体 C 在底板的上前方，立板的正前方，左右居中。

作图步骤：按形体分析的情况，想象出组合体的整体形状，逐个画出三个基本形体的三视图。按先整体、后细节的原则，通槽和圆柱孔最后画出。对照检查已补画出的左视图，修正错误，擦去多余图线，加深轮廓线。作图过程如图 4-36 所示。

1）补画出底板 A 的左视图，如图 4-36b 所示。
2）补画出立板 B 的左视图，如图 4-36c 所示。
3）补画出 U 形柱体 C 的左视图，如图 4-36d 所示。
4）补画出通槽的左视图，如图 4-36e 所示。
5）补画出小孔的左视图，如图 4-36f 所示。
6）检查无误后，加深轮廓线，补图结果如图 4-36g 所示。

2. 切割类组合体

根据图 4-37 所示的主视图、俯视图，补画左视图。

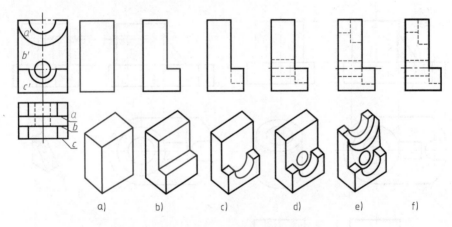

图 4-37　补画切割类组合体的左视图

分析：由已知的两个视图可以看出，该组合体属于切割类，未切割以前的基本形体是四棱柱体。在主视图中有 3 个封闭线框，由主、俯视图对投影可以看出，3 个线框分别表示组合体上 3 个不同位置的表面。a' 线框是一个半圆形槽，处于组合体的后方；b' 线框的中间还有一个小圆线框，与俯视图中的两条细虚线对应，可想象出是在四棱柱上穿了一个圆孔，它处于组合体的中间位置；c' 线框的上部有个半圆槽，在俯视图上可找到对应的两条粗实线，处于组合体的最前方。由此看来，主视图中的 3 个线框实际上是组合体的前、中、后三个正平面的投影。

作图步骤：
1）补画出左视图的外形轮廓，如图 4-37a 所示。
2）在前方切出矩形缺口，补画出左视图，如图 4-37b 所示。
3）在下方切出半圆槽，补画出左视图，如图 4-37c 所示。

4）在中层下方钻出小圆孔，画出细虚线，如图 4-37d 所示。

5）在中层上方切出半圆槽和半圆孔，画出细虚线，如图 4-37e 所示。

6）检查、修改，加深轮廓线，即完成作图，如图 4-37f 所示。

任务实施

识读图 4-38a 所示组合体的主视图、俯视图，想象形状，并补画左视图

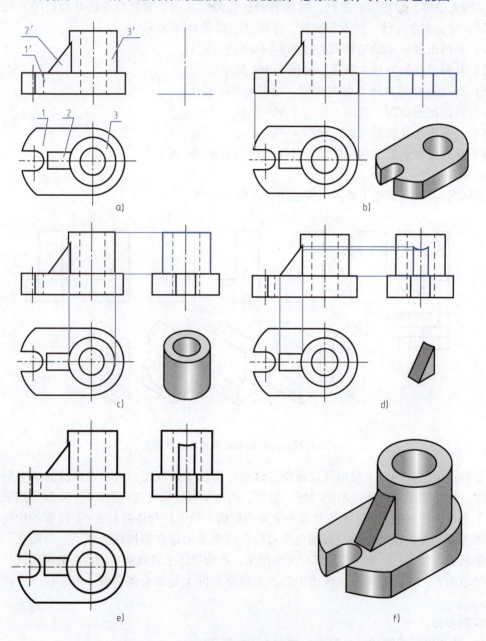

图 4-38　补画组合体左视图的作图步骤

分析：由已知的两视图可以看出，该组合体属于综合型。从主视图入手，可划分成三个

主要的封闭线框 1′、2′和 3′。把主视图和俯视图对应起来分析，根据投影规律，可在俯视图中找到对应的线框 1、2 和 3。由此可知，形体Ⅰ为两端带圆弧、左方有直槽、右方有圆孔的底板；形体Ⅱ是一竖立的三棱柱肋板；形体Ⅲ是空心圆柱体。这样，对图 4-38a 所示组合体的整体形状有了一个初步的认识。

作图步骤：
1）补画出底板Ⅰ的左视图，如图 4-38b 所示。
2）补画出空心圆柱体Ⅲ的左视图，如图 4-38c 所示。
3）补画出肋板Ⅱ的左视图，如图 4-38d 所示。
4）检查无误后，加深轮廓线，结果如图 4-38e 所示。
想象出的组合体形状如图 4-38f 所示。

任务四　补画组合体视图中的缺线

任务描述

根据已知的视图补画图中所缺的图线也是检验读懂组合体视图的有效途径。本任务主要介绍视图上缺线的部位及补线的基本方法，学会补画图 4-39 所示凸块三视图中的缺线。

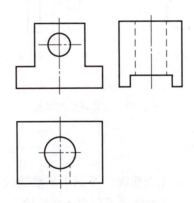

图 4-39　凸块的三视图

相关知识

一、视图上缺线的部位及类型

1. 视图上缺线的部位

对于叠加类的组合体说来，视图中的缺线常常出现在两形体衔接处的投影部位；而对于切割类的组合体而言，视图中的缺线常常出现在有缺口的投影部位，还有图中的孔、槽等结构的部位。

2. 视图上缺线的类型

可将其归纳为以下四种类型，如图 4-40 所示。其中各组的左图中箭头所指之处均表示缺线，各组右图中的箭头表示补线的方法。

（1）叠加型　如果两体不共面或相交，中间必有线，如图 4-40a 所示。
（2）相切型　切线要画到切点处，如图 4-40b 所示。
（3）相交型　两体相交时，表面所产生交线的投影应画出，如图 4-40c 所示。
（4）切割型　对于切割型的组合体，表面交线的投影必画出，如图 4-40d 所示。

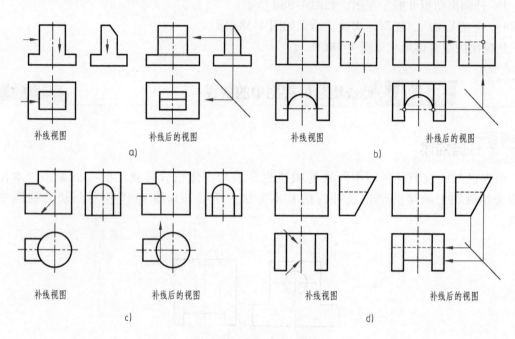

图 4-40　常见缺线的类型

二、补画缺线应注意的问题

根据已知视图补画缺线时，首先应明确，视图中虽然缺线，但组合体的形状通常是唯一的。所以，补线时不可节外生枝，添加原本不存在的新结构。

从图 4-41a 所示组合体的已知视图可知，该组合体为切割类的组合体。切割以前的基本形体是四棱柱体，在前上方切掉一角，在上方中间的位置切出矩形槽，下方左右各切出一直角，在切掉的这些部位不能补线。

缺线存在于相邻表面的结合处、切角处、直槽和两个直角的相交处。

作图时，应从视图中的形状、位置特征明显之处出发，在另外两个视图中找出与其对应的投影，先想出组合体的大致形状，再按组合体的组成情况一部分一部分地看，发现一处补画出一处。补线完成后，再将想象出的形状与三视图相对照，若相互都"吻合"，说明补线齐全、图形正确、完整。否则，需再推敲、修正，直到"完全吻合"为止。

作图步骤：
1）补画前上方切掉一角后的主视图、俯视图，如图 4-41b 所示。
2）补画上方中间切出矩形槽后的俯视图、左视图（应先按高平齐的投影关系补画出左视图中的缺线，再按长对正、宽相等的投影关系补画出俯视图）中的缺线，如图 4-41c 所示。

3）补画下方左右切出直角后的主视图、左视图（应先按宽相等的投影关系补画出左视图中的缺线，再按长对正、高平齐的关系补画出主视图）中的缺线，如图 4-41d 所示。

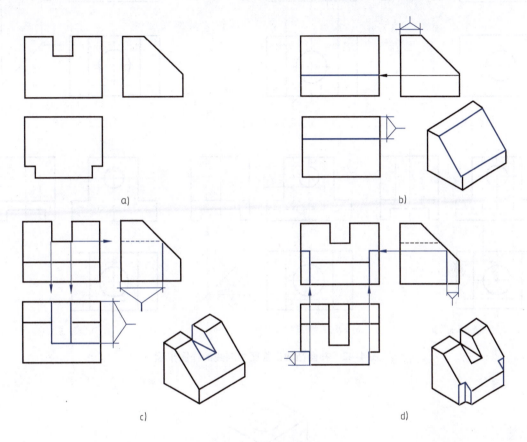

图 4-41 补缺线示例

根据图 4-42a 所示凸块的三视图，补画图中所缺的图线

（1）分析 根据已知的三视图，可以看出该凸块属于综合型组合体，由两个四棱柱叠加而成。在下部前后方向中间的位置有一个左右方向的直槽，在上部左右中间的位置有一个轴线为正垂线的小孔，在前后、左右对称处有一个轴线为铅垂线的大孔，两孔的轴线互相垂直且相交（正交）。在相邻表面的结合处及直槽和两个圆孔的相交处都应有交线。

（2）作图步骤 具体补线过程如图 4-42b～d 所示。

补线完成以后，要像看完整的三视图一样，按组成部分逐个检查，注意相邻两形体结合处（共面、不共面、相切、相交）的投影是否补齐。图 4-43 所示为想象出的凸块立体形状。

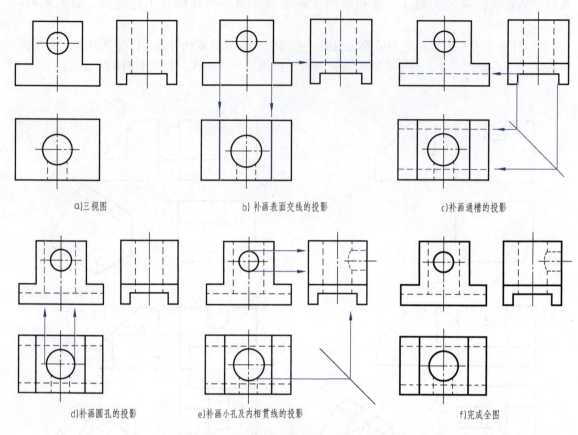

a)三视图　　　　　　b)补画表面交线的投影　　　　　c)补画通槽的投影

d)补画圆孔的投影　　e)补画小孔及内相贯线的投影　　f)完成全图

图 4-42　补画凸块三视图中缺线的作图步骤

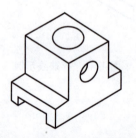

图 4-43　想象出凸块的立体形状

任务五　标注与识读组合体的尺寸

 任务描述

视图只能表达组合体的形状，而各部分的大小及相对位置则要通过标注出的尺寸来确定。本任务主要介绍组合体的尺寸分类、尺寸基准的选择原则、尺寸标注的方法与步骤。学会标注图 4-44 所示支架的尺寸，识读图 4-45 所示轴承座的尺寸。

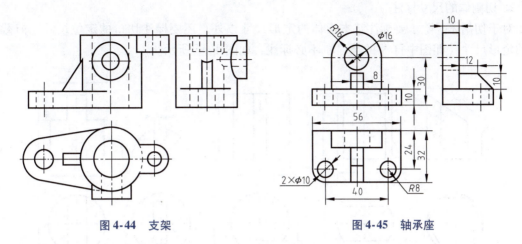

图 4-44 支架　　　　　　　　　　图 4-45 轴承座

标注组合体尺寸的基本要求是：正确、完整、清晰。正确是指尺寸注法符合国家标准规定；完整是指所注尺寸不多、不少，也不重复；清晰是指尺寸标注在明显部位，排列整齐，便于看图。

一、常见简单形体的尺寸标注

因为组合体是由不同的基本体、切割体和相贯体等简单形体组合而成的。因此，要标注和识读组合体的尺寸，必须首先明确和熟悉简单形体的尺寸标注。

1. 基本体的尺寸标注

一些常见基本体的尺寸标注已形成固定形式，具体见表 4-1。

表 4-1　常见基本体的尺寸标注

三棱柱	四棱柱	六棱柱	四棱锥

四棱台	圆柱	圆锥	圆球

2. 切割体的尺寸标注

对于切割体，除了要标注基本形体的定形尺寸以外，还要标注切口的定位尺寸。但截交线的定形尺寸（即图中打 X 的尺寸）不必标注，如图 4-46 所示。

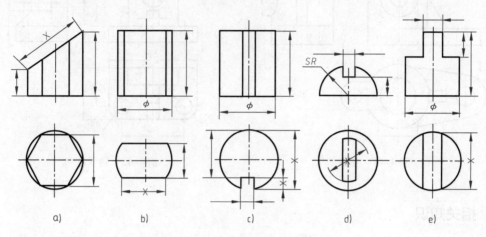

图 4-46 常见切割体的尺寸标注

3. 相贯体的尺寸标注

对于相贯体，除了要标注基本形体的定形尺寸以外，还要标注相关的定位尺寸。但相贯线的定形尺寸不必标注，如图 4-47 所示。

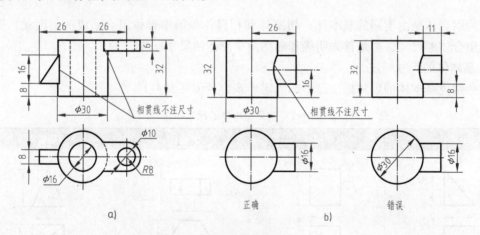

图 4-47 常见相贯体的尺寸标注

二、组合体的尺寸标注

1. 组合体的尺寸分类

组合体的尺寸分为三类：定形尺寸，定位尺寸和总体尺寸。

（1）定形尺寸 确定组合体各组成部分形状大小的尺寸。定形尺寸一般包括长、宽、高三个方向的尺寸。标注组合体的定形尺寸，应按形体分析法将组合体分解为若干组成部分，标注出各组成部分的定形尺寸。

图 4-48 所示的组合体分为两大组成部分，即立板和底板。定形尺寸的标注如图 4-48a 所示：尺寸 20mm、7mm、22mm 确定立板的长、宽、高，φ9 确定立板上圆柱孔的大小；40mm、

24mm、8mm 这三个尺寸确定底板的长、宽、高，R6mm、2×φ6mm 分别确定底板上圆角和四个圆柱孔的大小。

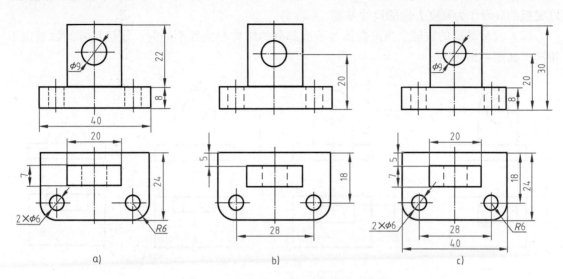

图 4-48 组合体的尺寸分类及尺寸基准分析

（2）定位尺寸 确定组合体各组成部分之间相对位置的尺寸。定位尺寸的标注如图 4-48b 所示：尺寸 28mm、18mm 确定底板上两个圆柱孔的圆心位置，尺寸 20mm 确定立板上圆柱孔的圆心位置，尺寸 5mm 确定立板的前后位置。

（3）总体尺寸 总体尺寸是指组合体外形的总长、总宽、总高尺寸。如图 4-48c 所示，总体尺寸是：总长 40mm，总宽 24mm，总高 30mm。

需要指出的是，当组合体外形在某个方向为圆形（圆柱或圆球）时，在这个方向就不必标注总体尺寸。图 4-49 中的总高尺寸就不必标注。

2. 组合体的尺寸基准

由于组合体的定位尺寸是确定各组成部分的相对位置的尺寸，所以在长、宽、高三方向上，至少都应该有一个尺寸基准，图 4-50 所示。

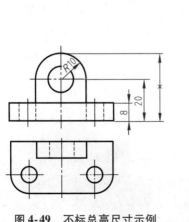

图 4-49 不标总高尺寸示例

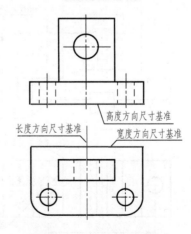

图 4-50 组合体的尺寸基准

（1）尺寸基准的选择 对于组合体，一般选择对称面、主要轴线、大的表面等作为尺寸基准。

图 4-50 中以左右对称面作为长度方向的尺寸基准，以底板后面为宽度方向的尺寸基准，以底板的底面作为高度方向的尺寸基准。

（2）尺寸基准的数量　当组合体各组成部分的结构和位置不同时，定位尺寸的数量也不相同，如图 4-51 所示。

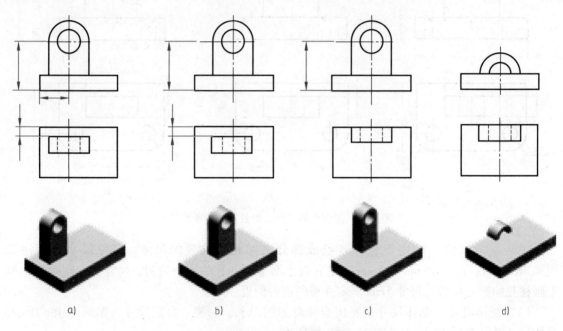

图 4-51　定位尺寸的数量

当组合体的形状比较复杂时，一个方向可能会有多个基准。常把标注主要尺寸的基准称为主要基准，其他基准称为辅助基准，主要基准和辅助基准之间应有尺寸联系。如图 4-52 所示，其中尺寸 30mm 为主要基准和辅助基准之间的联系尺寸。

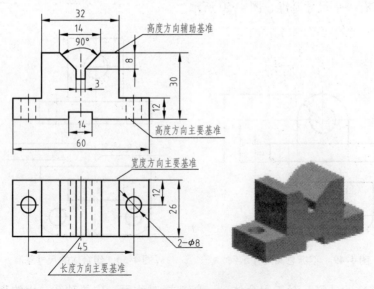

图 4-52　主要基准和辅助基准

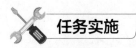

1. 标注图 4-53 所示支架的尺寸

标注组合体的尺寸时，仍然要运用形体分析法。即先将其分解为几个简单的组成部分，确定和标注出各组成部分的尺寸；再根据组合体的结构特点，选择出尺寸基准，标注出各组成部分之间的定位尺寸；最后检查、校对，调整必要的尺寸，标注出总体尺寸。

（1）形体分析　利用形体分析法，将支架分为五个组成部分，如图 4-53 所示。再按照读组合体视图的方法，仔细分析三视图。Ⅰ为带孔的底板，处于最下方；Ⅱ为三棱柱形的肋板，在底板之上；Ⅲ为空心圆柱体，在底板之上、肋板之右，与底板相切；Ⅳ是凸台，在空心圆柱体之前，与之相贯；Ⅴ为耳板，在空心圆柱体之右上方，二者顶面平齐。

经过仔细分析，可以想象出支架的形状如图 4-54 所示。

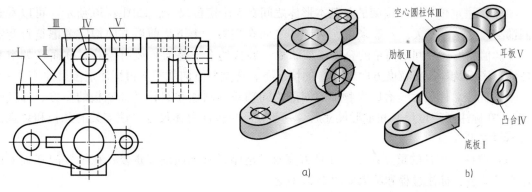

图 4-53　分析视图　　　　　　　　图 4-54　想象出的形状

（2）标注定形尺寸　根据各组成部分的形体特点，标注出定形尺寸，如图 4-55 所示。

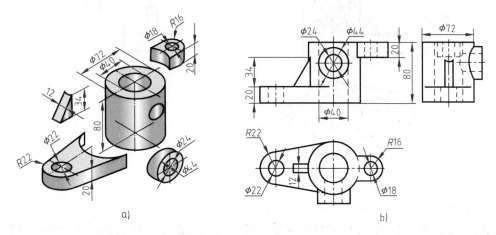

图 4-55　定形尺寸

（3）选定尺寸基准　由形体组合情况看，中间的空心圆柱体是主要结构，故长度方向的尺寸基准为空心圆柱体的轴线；高度方向的主要尺寸基准为空心圆柱体与底板的公共底面，辅助基准为空心圆柱体与耳板的公共顶面；因宽度方向基本对称，所以宽度方向的尺寸基准选择前后的基本对称面，如图 4-56a 所示。

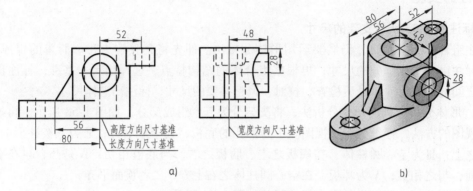

图 4-56 尺寸基准及定位尺寸

（4）标注定位尺寸　支架的各基本形体之间有 5 个定位尺寸，如图 4-56 所示。可以看到它们都与尺寸基准有关。一般来说，两形体之间在左右、上下、前后方向均应考虑是否有定位尺寸。但当形体之间为简单的叠加（如肋板与底板的上下叠加）或有公共对称面（如空心圆柱体与底板及耳板在宽度方向对称）的情况下，在这些方向就不必再标注定位尺寸了。

（5）标注总体尺寸　有时当物体的端部为同轴线的圆柱和圆孔（如底板的左方、耳板的右方），在标注了定位尺寸和定形尺寸后，一般就不再标注总体尺寸。该支架的总长和总宽尺寸就不再注出。

（6）校核　校核的重点是：尺寸是否完整、清晰，有无遗漏或重复；在校核的基础上进行适当的调整，标注过程和结果如图 4-57 所示。

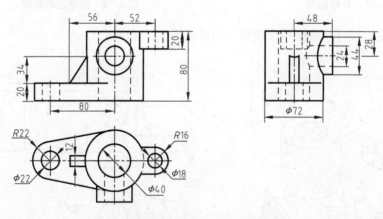

图 4-57 支架的尺寸标注

2. 识读图 4-58 所示轴承座的尺寸

识读组合体的尺寸与标注组合体的尺寸一样，首先要对组合体进行形体分解与分析，再按组成部分分析其尺寸。

（1）形体分析　利用形体分析法，将图 4-58 所示的轴承座分为三个组成部分，即底板、立板和肋板。再仔细分析每一部分的细节：底板是在四棱柱体上经过切割两个圆角和两个圆柱体以后形成的；立板是由一个 U 形柱体再切掉一个圆柱体以后形成的，肋板是一个直角梯形块。经过分析，可以想象出轴承座的立体形状，如图 4-59 所示。

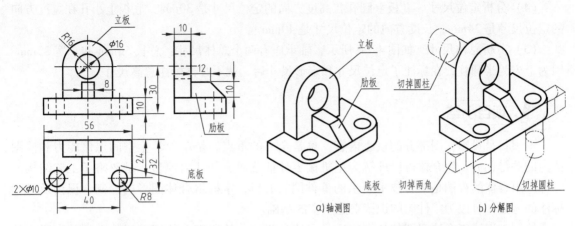

图 4-58 轴承座的形体分析　　　　　图 4-59 想象出轴承座的形状

(2) 分析各组成部分的尺寸　根据每一部分的结构特点，分解出每一组成部分的尺寸，如图 4-60 所示。

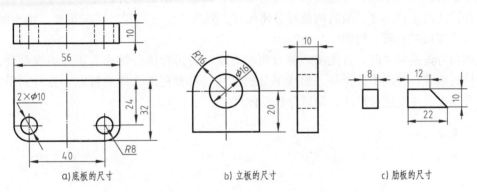

a) 底板的尺寸　　　　b) 立板的尺寸　　　　c) 肋板的尺寸

图 4-60 各组成部分的尺寸

(3) 分析尺寸基准　由形体组合情况看，该轴承座左右对称，故长度方向的基准是左右对称面；高度方向的基准是底板的底面；宽度方向的基准是底板与立板的公共后表面，如图 4-61 所示。

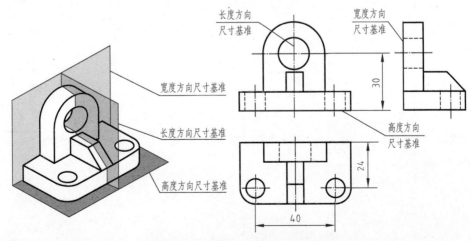

图 4-61 分析尺寸基准和定位尺寸

(4)分析定位尺寸　立板上圆孔在高度方向的定位尺寸是30mm,底板上小孔在宽度方向的定位尺寸是24mm,长度方向的定位尺寸是40mm。

(5)分析总体尺寸　如图4-60所示,轴承座有两个总体尺寸:总长56mm和总宽32mm。因为上方为半圆柱,在标注了定位尺寸和定形尺寸后,就不必再标注总高尺寸。

项目小结

本项目是投影作图部分的核心内容,也是全书的重点,是培养学生空间想象能力和读图能力的关键部分。组合体可以理解为把机械零件抽象而成的几何模型,是忽略了工艺结构的零件。组合体的视图是不含技术要求的零件图。所以,掌握组合体图形的绘制、识读及尺寸标注的方法,可以为零件图的识读奠定坚实的基础。

绘制与识读组合体视图的基本方法是形体分析法。绘制组合体视图时,必须首先明确相邻表面间的连接关系及画法;识读组合体视图时,必须清楚图形中的每一条线及每一个封闭线框的含义。

标注组合体的尺寸时,首先应按形体分析法,标注各组成部分的定形尺寸,再选定尺寸基准,并标注出定位尺寸,最后调整好总体尺寸。要注意标注的尺寸不能重复,也不能遗漏,还要使尺寸布局的合理、清晰。

识读组合体的尺寸时,首先按形体分析的方法,将组合体分解为若干个组成部分,想象出组合体的形状,并逐步分析每一组成部分的尺寸。再根据组合体的特点,分析三个方向的主要尺寸基准及主要定位尺寸,最后分析总体尺寸。

项目五 选择与识读机件的基本表达方法

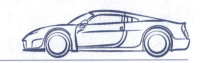

在实际生产中,有些零件的形状比较简单,仅用一个或者两个视图就能表达清楚;而有些零件的结构和形状都很复杂,如果还用三个视图就难以表达清楚。因此,必须增加新的表示方法,扩充表达手段。国家标准《技术制图》与《机械制图》的相应规定为确切地表达各种机件提供了依据。本项目主要介绍其中的视图、剖视图、断面图、局部放大图等基本表达方法。

 学习目标

1. 明确机件各种表达方法的特点、画法要点、识读要点及标注方法。
2. 能根据机件的结构特点,选择适当的表达方案。
3. 学会绘制机件的剖视图。
4. 能根据机件的具体表达方法进行综合分析。
5. 会识读机件的表达方法,并想象出机件的形状。

任务一　选择机件的视图表达方法

 任务描述

视图是指根据有关标准和规定,用正投影法所绘制出机件的图形,主要用来表达机件的外部结构形状。一般只表示可见部分,必要时才用细虚线画出其不可见部分。本任务主要介绍视图的类型、不同视图的特点、应用场合及标注方法等内容。根据图 5-1 所示的压紧杆的三视图,想象形状,重新选择表达方案。

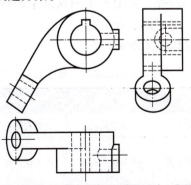

图 5-1　压紧杆的三视图

国家标准规定视图的类型有基本视图、向视图、局部视图和斜视图四种。

一、基本视图（GB/T 13361—2012、GB/T 17451—1998）

将机件向基本投影面投射所得的视图，称为基本视图。

1. 基本视图的形成

在原有三个投影面的基础上，再增设三个互相垂直的投影面，构成一个正六面体，正六面体的六个面称为基本投影面，如图 5-2a 所示。将机件放在正六面体中间，分别向六个投影面投射，即得到六个基本视图，除原来的三个视图外，新增加的视图为右视图、后视图、仰视图，如图 5-2b 所示。

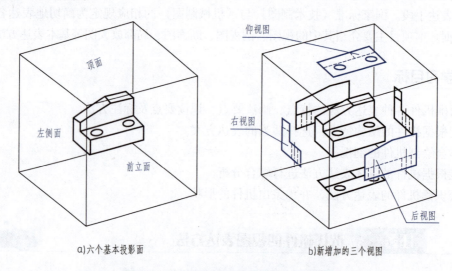

a) 六个基本投影面　　　　　　　　b) 新增加的三个视图

图 5-2　基本投影面及新增加的三个视图

六个基本投影面的展开方式如图 5-3a 所示，即保持正投影面不动，其余各投影面按箭头所指方向展开，使之与正投影面共处一面，便得六个基本视图。

展开后各视图的配置如图 5-3b 所示。按此位置配置，画在一张图纸内的六个基本视图，一律不标注视图名称。

从图中可以看出，除后视图以外，其他各视图靠近主视图的一侧表示机件的后方，远离主视图的一侧表示机件的前方，即"远前近后"。

六个基本视图的投射方向及位置配置见表 5-1。

表 5-1　六个基本视图的名称、投射方向、位置配置

视图名称	主视图	俯视图	左视图	右视图	仰视图	后视图
投射方向	自前向后	自上向下	自左向右	自右向左	自下向上	自后向前
位置配置	基准	在主视图下方	在主视图右方	在主视图左方	在主视图上方	在左视图右方

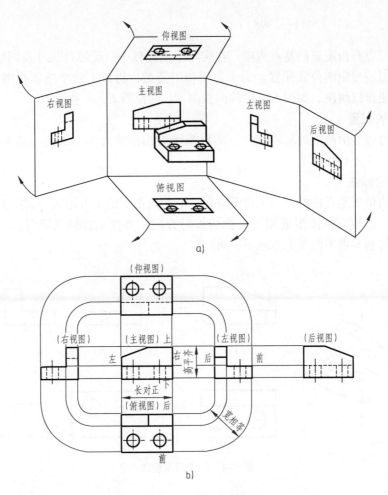

图 5-3 基本视图

2. 基本视图的投影规律

如图 5-3b 所示，六个基本视图之间仍保持着与三视图相同的"长对正、高平齐、宽相等"的投影规律，即主视图、俯视图与后视图、仰视图长对正；主视图、左视图与后视图、右视图高平齐；俯视图、左视图与仰视图、右视图宽相等。

可概括为：主、俯、后、仰视图——长对正，
　　　　　主、左、后、右视图——高平齐，
　　　　　俯、左、仰、右视图——宽相等。

3. 识读基本视图的要点

实际应用时，不是所有的机件都需要用六个基本视图表达，而是根据其结构特点和复杂程度，按实际需要选择基本视图的数量。总的要求是表达完整、清晰，又不重复，使视图的数量最少。

识读基本视图时应掌握其特点：即按投影关系配置和图形完整。在看某一视图时，一定要弄清楚该视图是从零件的那个方向投射的，再和其他有关的视图进行对应识读，不能孤立地看某一视图。

二、向视图 (GB/T 17451—1998)

向视图是可以自由配置的基本视图。在实际绘图过程中，受零件尺寸及图纸幅面的限制，难以将六个视图按规定的位置配置。为了合理利用图纸，将以上六个基本视图的位置可以自由配置，问题便得以解决，如图5-4中的向视图E、向视图F、向视图D。

1. 向视图的配置

向视图是可以自由配置的基本视图，即根据图纸幅面的大小，将某一基本视图平移到图纸的适当位置（但不能旋转）。

2. 向视图的标注

因向视图的位置是自由的，为了读图方便，应在向视图的上方用大写的拉丁字母"X"标注视图的名称，在相应视图附近用箭头指明投射方向，并注上相同的字母，如图5-4所示，其投射方向应与基本视图的投射方向一一对应。

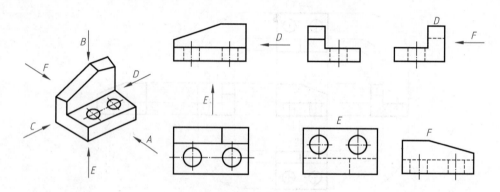

图5-4　向视图及标注

3. 向视图的识读要点

识读向视图时，应首先在视图上方找出大写的拉丁字母"X"所表示的视图名称，并在相应视图附近找出箭头所标明的投射方向及相同的字母，相互对照。但要注意向视图与基本视图的区别。

三、局部视图 (GB/T 17451—1998、GB/T 4458.1—2002)

将机件的某一部分向基本投影面投射所得的视图称为局部视图，如图5-5所示。

局部视图是不完整的基本视图，利用局部视图可以减少基本视图的数量，使表达更为简洁，重点突出。例如图5-5所示的机件，在画出了主视图和俯视图以后，已将工件主体部分的形状表达清楚，只有左右两边的凸台形状没有表达，就采用了两个局部视图。

1. 局部视图的配置

局部视图可按基本视图配置，如图5-5c所示，以直接保持投影联系；也可以按向视图配置，如图5-5d所示；或按第三角画法（将在本项目任务三中介绍）配置在视图上需要表示的局部结构附近，并用细点画线连接两图形，此时不需另行标注，如图5-6所示。

2. 局部视图的标注

在局部视图上方正中位置用大写的拉丁字母标出视图名称"X"，在相应视图附近用箭头指明投射方向，并注上相同的字母，如图 5-5d 所示。当局部视图按投影关系配置，中间又无其他图形隔开时，允许省略标注，如图 5-5c 所示。

3. 局部视图的画法要点

局部视图的范围用波浪线表示，如图 5-5c 所示；但所表示图形的外形轮廓完整且又封闭时，则波浪线可省略，如图 5-5d 所示。波浪线的错误画法如图 5-5e 所示。

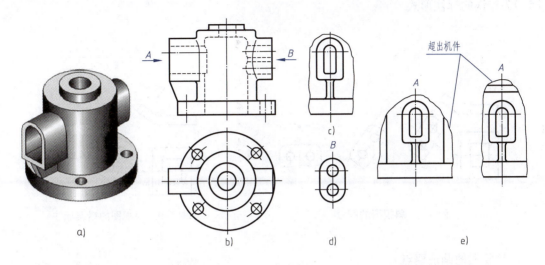

图 5-5　局部视图

4. 局部视图的识读要点

识读局部视图时应掌握其特点：即图形不完整且有波浪线，或图形完整但轮廓范围小；看图时，首先要在局部视图上方找到字母，再在相关的视图上找到带箭头的相同字母一一对照，进行识读。

四、斜视图（GB/T 17451—1998）

将机件向不平行于任何基本投影面的平面投射，所得到的视图称为斜视图。

斜视图适用于表达机件上倾斜结构的外形。如图 5-7 所示，机件右方的倾斜部分在俯视图和左视图上的投影均不反映实形。如果增加一个平行于该倾斜部分（并垂直于一个基本投影面）的辅助投影面，在该投影面上就可以得到倾斜部分的实形投影即斜视图，如图 5-8b 中的 A 图。

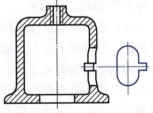

图 5-6　按第三角画法配置

1. 斜视图的标注与配置

斜视图必须进行标注：在斜视图上方正中位置用大写拉丁字母标出视图名称"X"，在相应视图附近用箭头指明投射方向，并注上相同的字母，如图 5-8 所示。字母一律水平书写，箭头垂直倾斜结构。

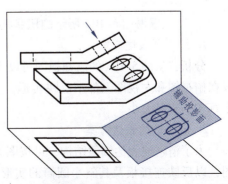

图 5-7　斜视图的形成

2. 斜视图的配置

斜视图尽可能配置在与基本视图直接保持投影联系的位置,如图5-8a所示;也可以平移到图纸内的适当地方,如图5-8b所示;为了画图方便,也可以旋转,但必须在斜视图上方注明旋转符号,旋转符号的箭头方向应与斜视图的旋转方向一致,表示该视图名称的大写拉丁字母应靠近旋转符号的箭头端,如图5-8c所示。图5-9为错误的标注形式。

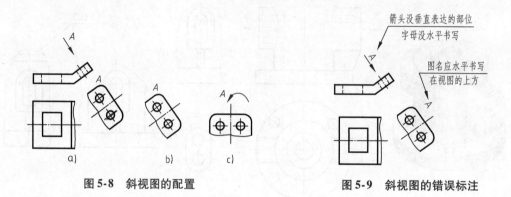

图5-8 斜视图的配置　　　　图5-9 斜视图的错误标注

3. 斜视图的画法要点

(1) 画波浪线　因增设的投影面只垂直于一个基本投影面,因此,机件上原来平行于基本投影面的一些结构,在斜视图上应以波浪线为界而省略不画,以避免出现失真的投影。

(2) 符合投影关系　斜视图上反映实形的有关尺寸,分别在主、俯两个视图上量取。

4. 斜视图的识读要点

识读斜视图时应根据斜视图的特点:图形和箭头都是倾斜的,且图形不完整;或者图形是放正的,但图形上方有带旋转符号的箭头。先找到用大写拉丁字母表示的图形名称,再找到带有相同字母的箭头表达的倾斜部位,相互对照。

以上介绍的基本视图、向视图、局部视图和斜视图,在实际应用时,应根据机件的复杂程度和表达需要,灵活选用上述的各种表达方法。

任务实施

根据图5-10a所示的压紧杆的三视图,想象形状,重新选择表达方案

1. 分析原表达方案

分析:从图5-10a的已知视图可以看出,压紧杆由四部分组成。由于连接板是倾斜的,所以在俯视图和左视图上都不反映实形,连接板下方圆的投影变成椭圆,画图繁琐,且表达不出真实的直径大小。

2. 选择新的表达方案

为了清晰地表达倾斜结构,可按图5-10b所示的在平行于连接板的正垂面上作出其斜视图,以反映连接板及其斜小圆筒的实形。因为斜视图只是表达压紧杆倾斜部分结构的局部形

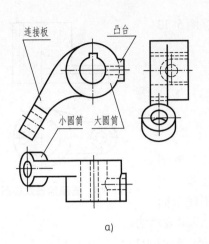
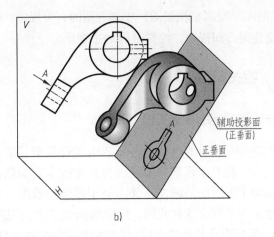

图 5-10 压紧杆的三视图

状,所以画出左端的实形后,用波浪线断开,其余部分的轮廓线不必画出。

如图 5-11 所示:采用一个基本视图——主视图、一个配置在俯视图位置上的局部视图、一个旋转配置的斜视图——A,以及画在右端凸台附近按第三角画法配置的局部视图。主视图与配置在俯视图位置上的局部视图因中间没有其他视图隔开,不必标注;旋转配置的斜视图要标注旋转符号和名称;按第三角画法配置的局部视图,用细点画线与主视图相连,不必标注。

3. 想象结构形状

通过上述分析,便可想象出压紧杆的结构形状,如图 5-12 所示。

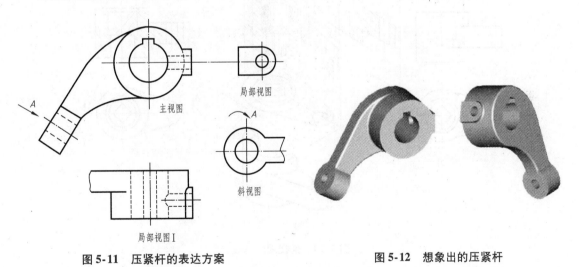

图 5-11 压紧杆的表达方案　　　　　　　图 5-12 想象出的压紧杆

任务二　绘制机件的剖视图

任务描述

剖视图主要表达机件的内部结构和形状。本任务主要介绍剖视图的形成及其国家标准

135

《技术制图》与《机械制图》中剖视图的有关规定。根据图 5-13 所示支座的已知视图,绘制全剖的主视图。

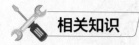

相关知识

一、剖视图的基础知识

图 5-14a 所示的机件,内部结构比较复杂,主视图中的细虚线较多,甚至出现部分细虚线与粗实线相互交错的现象,大大地影响了图形的清晰度,既不便于画图、看图,也不便于标注尺寸。为了解决这些问题,国家标准规定了剖视图的基本表示法。

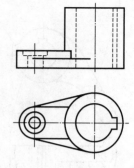

图 5-13 支座的已知视图

1. 剖视图及其形成(GB/T 17452—1998、GB/T 4458.6—2002)

(1)剖视图 假想用剖切平面剖开机件,将处在观察者和剖切平面之间的部分移去,而将其余部分向投影面投射所得的图形称为剖视图(简称剖视)。

(2)剖视图的形成 按照图 5-14b 所示的方法,假想用剖切平面沿机件的前后对称平面把它剖开,拿走剖切平面之前的部分,将剩余部分向正投影面投射,便得到了一个剖视的主视图,如图 5-14c 所示。

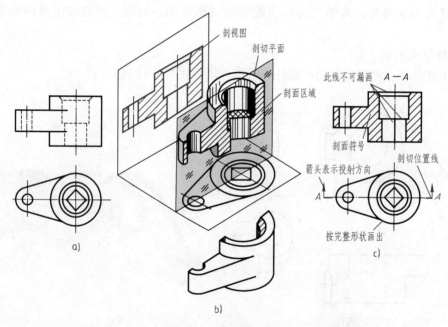

图 5-14 剖视图的形成

将视图与剖视图相比较可以看出:由于主视图采用了剖视的画法,机件内部不可见的部分变成了可见,图中原有的细虚线变成了粗实线,再加上剖面线的作用,使机件内部结构形状的表达既清晰,又有层次感。同时,画图、看图、标注尺寸也将更为方便。

2. 剖视图的画法要点

(1)剖切位置要适当 使剖切平面尽量通过较多的内部结构(孔、槽等)的轴线或对称平面,并平行(或垂直)于选定的投影面。图 5-14 所示是以机件的前后对称面为剖切平面,该面平行于正投影面。

(2) 内外轮廓要画齐 机件剖开后,处在剖切平面之后的所有可见轮廓线都应画齐,不得遗漏,也不能多线;对于已表达清楚的结构,剖视图中的细虚线可省略;而未表达清楚的结构则需要画出细虚线,如图 5-15 所示。

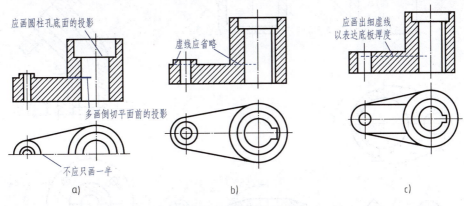

图 5-15 剖视图的画法要点

(3) 其他图形应完整 因为剖视图是假想剖切的,并不是真的切开机件拿走一部分,所以一个视图剖开后,其他的相关视图仍保持完整。图 5-15a 所示的俯视图是错误的画法。

3. 剖面区域的画法(GB/T 17453—2005、GB/T 4457.5—2013)

机件上凡与剖切面接触的实体部分称为剖面区域。为了增强剖视图的表达效果和层次感,区分机件上实体部分与空心部分,应在剖面区域内画出剖面符号。表 5-2 列出了国家标准《机械制图》规定的常用材料的剖面符号。

表 5-2 常用材料的剖面符号

材料名称	剖面符号	材料名称	剖面符号
金属材料		钢筋混凝土	
线圈绕组元件		砖	
叠钢片		格网	
非金属材料		液体	

当不需要在剖面区域中表示材料的类别时,剖面符号可采用通用的剖面线表示。通用的剖面线为间隔相等的平行细实线,一般应画成与主要轮廓或剖面区域的对称线成45°方向,如图 5-16a、b 图所示;剖面线之间的距离视剖面区域的大小而异,通常可取 2~4mm;同一零件的各个剖面区域其剖面线的间隔与方向应一致。

当图形的主要轮廓线或剖面区域的对称线与水平方向成45°或接近45°时,该图形的剖面线可画成与主要轮廓线或剖面区域对称线成30°或60°的平行线,其倾斜方向仍应与其他图形中剖面线的倾斜方向一致,如图 5-16c 所示。

4. 剖视图的配置

剖视图可按基本视图的规定配置,如图 5-16a 所示;必要时允许配置在其他适当位置。

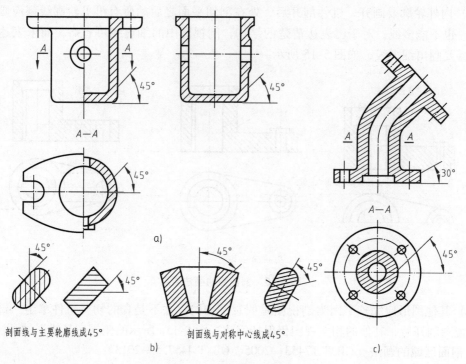

图 5-16 剖面线的方向

5. 剖视图的标注

看图时为了便于找出剖视图与其他视图的对应关系,应对剖视图进行标注。剖视图的标注一般应包括以下三个要素,如图 5-16a 所示。

(1) 剖切符号 指明剖切面起止和转折处的位置符号。剖切符号用粗实线的短画表示,线长约为 5mm,投射方向用箭头表示。

(2) 投射方向 在剖切符号的两端外侧,用箭头指明剖切后的投射方向。

(3) 字母 表示剖视图的名称,用大写拉丁字母注写在剖视图的上方及剖切符号的两端,标注的形式为 A—A、B—B…等。

在下列情况下,剖视图的标注内容可以简化或省略。

1) 当剖视图按基本视图或投影关系配置时,可省略箭头,如图 5-16c 中的 A—A。

2) 当单一剖切平面通过机件的对称平面或基本对称平面,且剖视图按投影关系配置,中间又没有其他图形隔开时,可省略标注,如图 5-16a 中的主视图、左视图。

二、剖视图的种类

根据剖切范围的大小,剖视图可分为全剖视图、半剖视图和局部剖视图三种。

1. 全剖视图

用剖切平面完全剖开机件所得到的剖视图,称为全剖视图。

(1) 全剖视图的应用 全剖视图一般用于表达外部形状比较简单,内部结构比较复杂的不对称机件,如图 5-17 所示的泵盖,外形比较简单,左右不对称,且内部有不同结构的各种孔需要表达,主视图就采用了全剖视图。

(2) 全剖视图的标注 按前所述剖视图的标注方法标注。

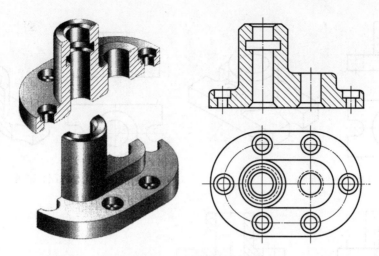

图 5-17　泵盖的全剖视图

2. 半剖视图

当机件具有对称平面时,以对称平面为界,用剖切平面剖开一半所得的剖视图,称为半剖视图。

图 5-18a 所示的轴承座:用主、俯两个视图表达时,主视图中的细虚线较多。如果主视图取全剖视,前方的外形(凸台和圆孔)被剖掉了,其形状和位置在主视图上都无法显示,如图 5-18b 所示。根据轴承座左右对称的特点,以对称中心线为界,选取表达外形的半个视图和表达内形的半个剖视图,从而组合成了半剖视图,如图 5-18c 所示。

半剖视图的优点在于:一半剖视图能够表达内部结构,另一半视图可以表达外形。由于机件是对称的,通过半剖视图很容易想象出整个轴承座的内外形状。

(1) 半剖视图的应用　半剖视图主要用于表达内外形状都比较复杂的对称机件,如图 5-19a 所示;当机件的形状接近对称,且不对称部分已在其他视图上表达清楚时,也可用半剖视图表示,如图 5-19b 所示。

(2) 半剖视图的标注　半剖视图的标注方法与全剖视图相同。

(3) 半剖视图的画法要点

1) 半剖视图中视图与剖视图的分界线为细点画线,不能画成粗实线。

2) 机件的内部结构在剖视图部分已表示清楚,在表达外形的视图部分不必再画出细虚线。

3. 局部剖视图

用剖切面局部地剖开机件所得的剖视图称为局部剖视图,如图 5-20 所示。

(1) 局部剖视图的应用　局部剖视图通常用于下列情况:

1) 只有局部结构的内形需要表示,又要保留外形的机件,如图 5-20a 所示。

2) 对称图形的轮廓线与中心线重合,不宜采用半剖视的机件,如图 5-20b 所示。

3) 实心轴类、杆件上面的孔或槽等局部结构需剖开表达的机件,如图 5-20c 所示。

(2) 局部剖视图的标注　局部剖视图的标注方法与全剖视图相同。如果局部剖视图的剖切位置非常明显,则可以不标注;如果不明显,则需要标注。

(3) 局部剖视图的画法要点

1) 在一个视图中,剖切位置与范围根据需要而定,但局部剖的次数不宜过多,否则就会显得零乱,甚至影响图形的清晰度。

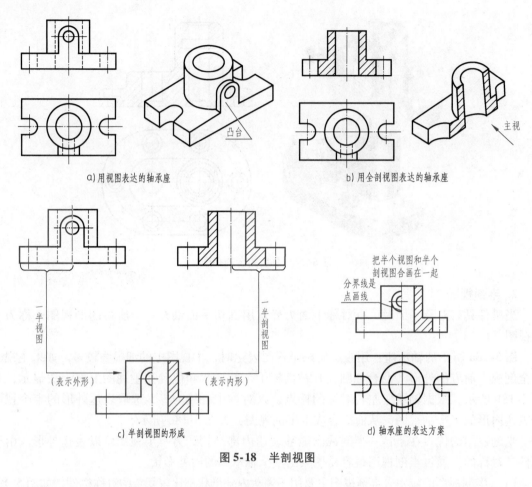

图 5-18 半剖视图

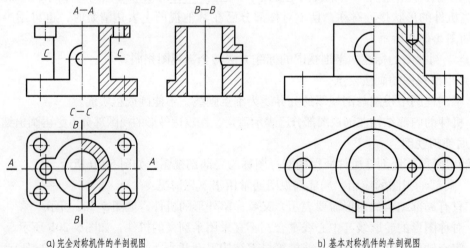

图 5-19 半剖视图的应用

2) 视图与剖视图的分界线用波浪线（或双折线）表示。波浪线不应超出视图的轮廓线，不能与轮廓线重合或画在其他轮廓线的延长线上，也不可穿空（孔、槽等）而过，其正误对比的图例如图 5-21 所示。

局部剖视图具有同时表达机件内、外结构的优点，且不受机件是否对称的限制，在什么位置剖切、剖切范围多大,均可根据需要而灵活的选用,如图 5-22 所示。

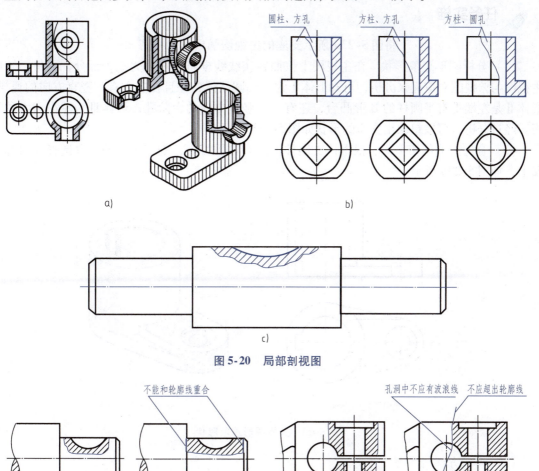

图 5-20 局部剖视图

图 5-21 局部剖视图中波浪线画法的正误对比

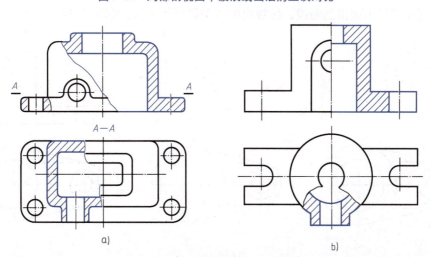

图 5-22 局部剖视图的剖切范围

 **任务实施**

将图 5-23a 所示支座的主视图画成全剖视图

（1）分析图形想象形状　在主视图上按照粗实线线框将支座分为三个部分，再将已知的主视图与俯视图对应起来分析，可知形体Ⅰ为空心圆柱体，并且在右方有一竖直方向的通槽；形体Ⅱ是左端带有半圆柱的 U 形凸台，还有一个竖直方向的台阶孔；形体Ⅲ为左小右大的底板。经过分析，可以想象出支座的形状如图 5-23b 所示。

（2）合理选取剖切平面　根据该支座件前后对称的特点，剖切平面的位置选择在对称平面上，如图 5-23a 所示。

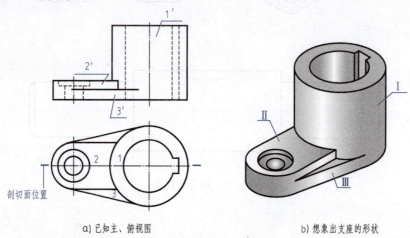

a) 已知主、俯视图　　　　　　b) 想象出支座的形状

图 5-23　分析图形想象形状

（3）画图方法与步骤

1）画出主视图的剖面区域。即画出剖切平面与机件的交线，得到剖面区域的轮廓线，如图 5-24a 所示。

2）画出剖切平面之后可见部分的投影，如图 5-24b 所示。特别注意图中台阶面的投影和键槽的轮廓线不能漏画。

3）在剖面区域内画出剖面线，按规定的线型将图线加深，如图 5-24c 所示。

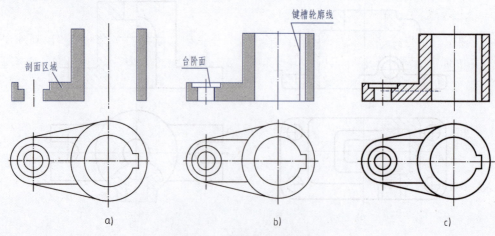

图 5-24　画支座剖视图的步骤

> **提示:**
> 1. 为了表达底板的高度，处于剖切平面之后的不可见部分，必须用细虚线画出，如图 5-25c 所示。
> 2. 因该机件前后对称，剖切平面通过前后对称面，且剖视图按投影关系配置，中间又没有其他图形隔开，可省略一切标注。
> 3. 画剖视图时，应仔细分析剖切后的结构形状和有关视图的投影特点，以免画错。

图 5-25 给出了几种结构相似的机件，请读者仔细分析各图在画法上的区别，从而想象出各机件的结构和形状特点。

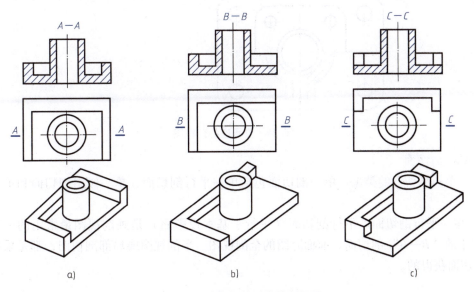

图 5-25 结构相似机件的剖视图

任务三　识读机件的剖视图

任务描述

剖视图是假想将机件剖开而得到的视图，因为机件内部形状的多样性，用剖切面剖开机件的方法也不尽相同。本任务主要介绍剖切面的种类及典型剖视图的识读方法，通过识读图 5-26 所示支承座的剖视图，学会分析、识读比较复杂的剖视图的方法与步骤，并从中学习如何灵活运用各种表达方法，完整清晰、简练地表达机件的形状。

相关知识

一、剖切面的种类及其应用

国家标准规定的剖切面有三种：单一剖切面、几个互相平行的剖切面、几个相交的剖切面。用其中任何一种剖切面都可以得到全剖视图、半剖视图和局部剖视图。

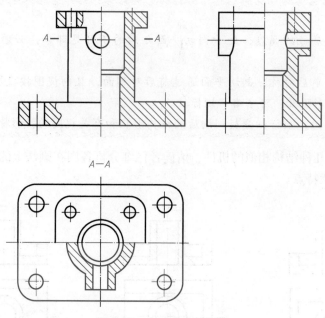

图 5-26 支承座的剖视图

1. 单一剖切面

（1）单一剖切面的类型 单一剖切面包括单一平行剖切面、单一倾斜剖切面和单一剖切柱面。

1）单一平行剖切面。平行剖切面（平行于基本投影面）是画剖视图最常用的一种，如图 5-27 中的"B—B"剖切面。前面介绍的全剖视图、半剖视图或局部剖视图，都是采用单一平行剖切面获得的。

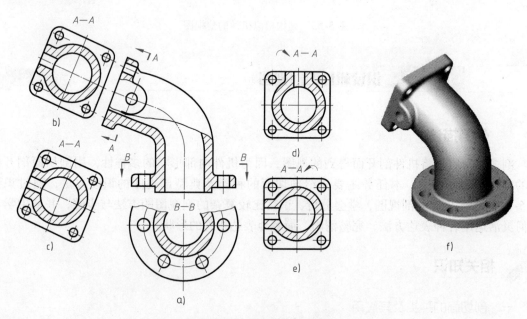

图 5-27 单一倾斜剖切面

2）单一倾斜剖切面。即不平行于基本投影面（应垂直于某一基本投影面）的剖切平面。

用于表达机件上倾斜部分的内部结构形状，如图 5-27 中的 "A—A" 剖切面，该剖切面不平行于任何一个投影面，但垂直于正面。

3）单一剖切柱面：即剖切面为圆柱形，如图 5-28 所示，主要用于表达内部结构分布在圆柱面上的机件。为了表达实形，采用柱面剖切时，机件的视图按展开方式绘制。

（2）单一剖切面的配置与标注　最好配置在与基本视图的相应部分保持直接投影关系的部位，标出剖切位置及字母，并用箭头表示投射方向，在该剖视图上方用相同的字母标明剖视图的名称，如图 5-27b 所示；也可以配置在其他位置，如图 5-27c 所示；还可以把剖视图旋转放正，但必须按规定加注旋转符号标注，如图 5-27 中的 d、e 图。

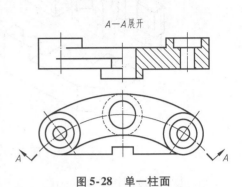

图 5-28　单一柱面

图 5-29 所示为托架的表达方案，图中 A-A 即为用单一的倾斜剖切面剖切得到的全剖视图，主要表达上部叉口部分的实形及其前后方向上不同小孔的结构细节，e 图是沿箭头所指的方向按投影关系配置的，而 f 图是按逆时针方向旋转放正后画出的图形。

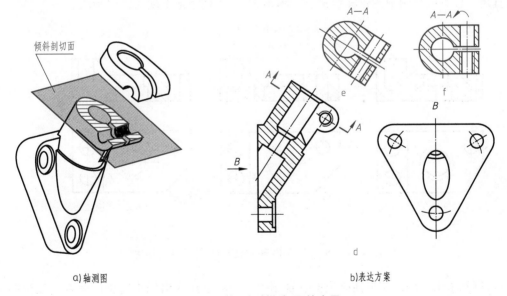

a)轴测图　　　　　　　　　　　　　　　b)表达方案

图 5-29　单一倾斜剖切面的应用

2. 几个平行的剖切平面

几个互相平行的剖切平面可能是两个或两个以上的剖切平面。图 5-30a 所示的机件，内部结构（三种不同结构的孔）的轴线分别位于三个平行的平面上，不能用单一剖切平面剖开，而是采用三个互相平行的剖切平面将其剖开，主视图为全剖视图，如图 5-30b 所示。

（1）几个平行剖切平面的标注　在剖视图上方标出相同字母的剖视图名称 "X—X"，在相应视图上用剖切符号表示剖切位置，在剖切平面的起、迄和转折处标注相同字母，剖切符号两端用箭头表示投射方向；当剖视图按投影关系配置，中间又无其他图形隔开时，可省略箭头，如图 5-30b 所示。

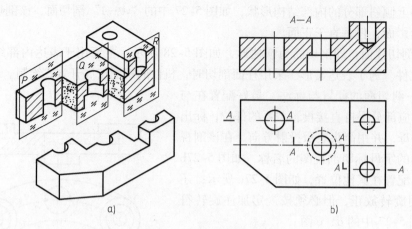

图 5-30　几个平行的剖切面

（2）几个平行剖切平面的画法要点

1）为了表达孔、槽等内部结构的实形，几个剖切平面均应通过孔的轴线或槽的对称面。

2）因剖切平面是假想的，在两个剖切平面的转折处，不能画轮廓线；剖切面的转折处要画成直角，且不应与图中的轮廓线重合，图 5-31 所示是经常出现的错误画法。

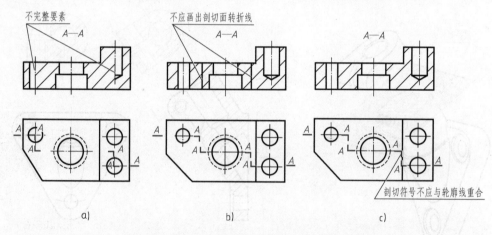

图 5-31　几个互相平行的剖切面常见的错误画法

3）用几个平行的剖切平面画出的剖视图中，一般不允许出现不完整的要素。仅当两个要素在图形上具有公共对称中心线或轴线时，允许各画一半，如图 5-32 所示。

（3）几个平行剖切平面的应用　适用于表达内部结构位于互相平行的平面内的机件。

图 5-33 所示是采用两个互相平行的剖切平面将机件剖开画出的半剖视的主视图，图中肋板的画法是采用简化画法，即肋板内不画剖面线，并用粗实线将其与相邻部分分开。

图 5-34 所示是用两个平行的剖切平面剖切得到的全剖的主视图。因为该机件左方有两个轴线相互平行的孔，中部有圆孔及 U 形槽，右方有 U 形槽均需要表达，如果采用局部剖视图会显得图形凌乱，而用两个平行的剖切平面剖切使图形更加清晰、简单。

3. 几个相交的剖切面

当机件的内部结构用一个剖切平面不能完全表达，且这个机件在整体上又具有回转轴时，可用几个相交的剖切面（交线垂直于某一基本投影面）剖开机件，并将与投影面不平行的结构及其有关部分旋转到与投影面平行后再进行投射。

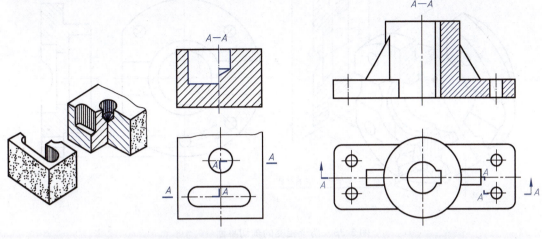

图 5-32 几个平行剖切面剖切的特例　　图 5-33 两个平行剖切面剖得的半剖视图

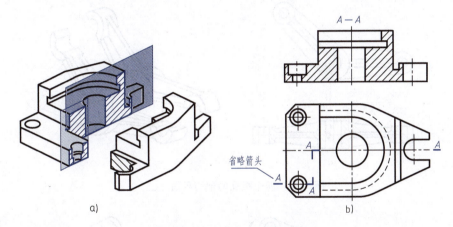

图 5-34 几个平行剖切面的应用

几个相交的剖切面可以是几个相交的平面，也可以是几个相交的平面与柱面的组合。

图 5-35 所示的法兰盘，它中间的大台阶孔和均匀分布在四周的四个小圆孔都需要表达，可以用相交于法兰盘轴线的侧平面和正垂面（交线垂直于正面）剖切。将位于正垂面上的结构绕轴线旋转到与侧面平行的位置后进行投射，就得到了全剖的左视图。

相交剖切面的画法要点：

1) 先剖切，后旋转，再投射。即先假想按剖切位置剖开机件，再将被剖切面剖开的倾斜结构及其有关部分旋转到与选定的投影面平行，最后再按旋转后的位置进行投射。

2) 处于剖切平面之后的结构要素，一般应按原来的位置画出它的投影，如图 5-36 中间的小孔。

3) 凡是被剖到的结构应一同旋转画出，如图 5-36 中的肋板和右端的孔。

当机件的结构比较复杂时，可以使用组合的剖切面剖切。图 5-37 所示是用三个组合的剖切面剖切所得到的全剖的俯视图。

以上介绍了各种剖视图与剖切面的类型。绘制剖视图时，应根据零件的具体结构，选择

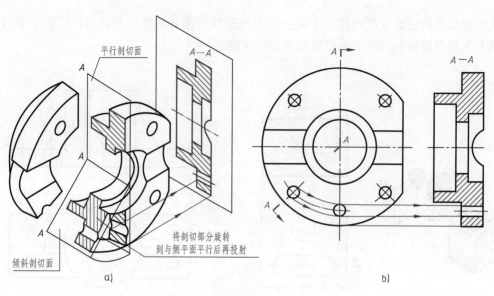

图 5-35 两个相交的剖切平面（一）

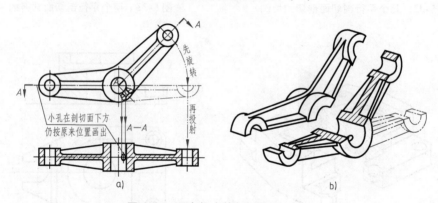

图 5-36 两个相交的剖切平面（二）

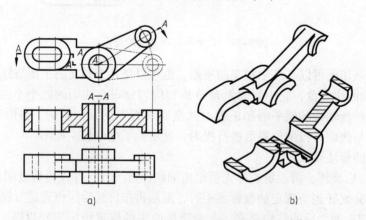

图 5-37 三个组合的剖切平面

不同的剖切面和剖视图；识读剖视图时，应根据已知图形明确剖视图和剖切面的类型。一般习惯上将用单一倾斜的剖切面剖切称为斜剖，用几个平行的剖切面剖切称为阶梯剖，用两个相交的剖切面剖切称为旋转剖，用多个组合的剖切面剖切称为复合剖。现将剖切面和剖视图的应用总结为如下的口诀：

> 外形简单用全剖，形状对称用半剖；
> 倾斜部分用斜剖，平行结构阶梯剖；
> 一个剖面切不全，采用旋转复合剖；
> 局部剖视很灵活，哪里需要哪里剖。

二、识读典型的剖视图

表5-3列出了常见的用各种剖视图表示出不同机件的图例，表5-4为表5-3中各图例的轴测图。请读者在看懂图例的基础上，在表5-4中的"图号"中填入表5-3所给图形的序号。

看图时，先看图例，分析视图的名称（基本视图、局部视图，还是斜视图；主视图，俯视图，还是其他视图；全剖视图、半剖视图还是局部剖视图）、投射方向、剖切面的种类以及标注情况等，再看说明，最后在表5-4中的"图号"中填入表5-3所给图形的序号。

表5-3 典型的剖视图识读

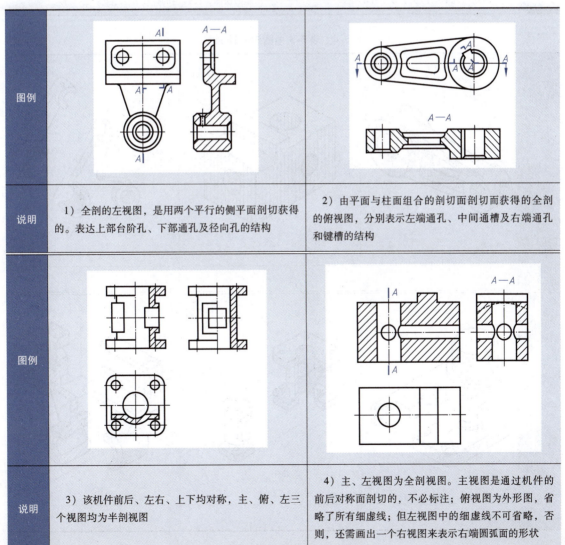

图例	说明
（图1）	1）全剖的左视图，是用两个平行的侧平面剖切获得的。表达上部台阶孔、下部通孔及径向孔的结构
（图2）	2）由平面与柱面组合的剖切面剖切而获得的全剖的俯视图，分别表示左端通孔、中间通槽及右端通孔和键槽的结构
（图3）	3）该机件前后、左右、上下均对称，主、俯、左三个视图均为半剖视图
（图4）	4）主、左视图为全剖视图。主视图是通过机件的前后对称面剖切的，不必标注；俯视图为外形图，省略了所有细虚线；但左视图中的细虚线不可省略，否则，还需画出一个右视图来表示右端圆弧面的形状

(续)

图例	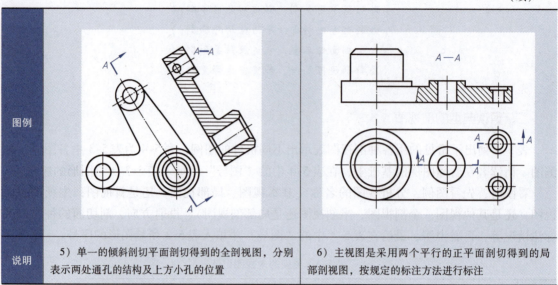	
说明	5)单一的倾斜剖切平面剖切得到的全剖视图,分别表示两处通孔的结构及上方小孔的位置	6)主视图是采用两个平行的正平面剖切得到的局部剖视图,按规定的标注方法进行标注

表 5-4　表 5-3 中图例的轴测图

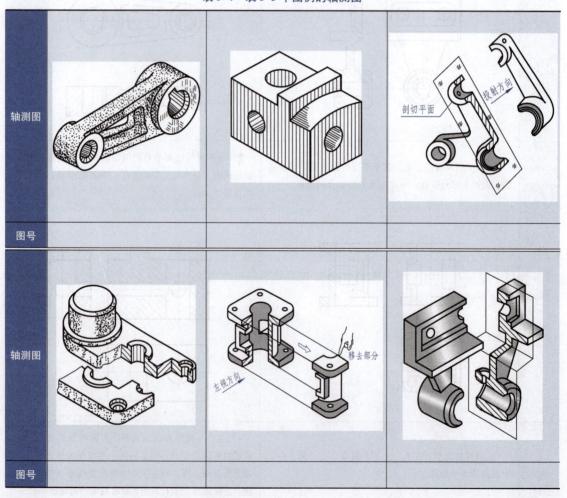

轴测图			
图号			
轴测图			
图号			

识读 5-38 所示支承座的剖视图

1. 分析表达方案

先找出主视图，然后分析共有几个视图及每个视图的名称。对于剖视图，应根据其标记，找到对应的剖切符号，并按剖切符号的位置和箭头找到相应的剖视图，再按有无剖面线分清机件的实体部分和空心部分及前后、左右、上下各层次，最后将其他各图形联系起来对照识读。表达支承座采用了三个图形。

(1) 主视图 主视图为半剖视图和局部剖视图的组合，半剖部分的剖切平面通过支承座的前后对称面，主要表达支座内部垂直方向通孔的主要结构；左半部的未剖部分主要反映上部凸台外形部分的形状特征；对于顶面和底面连接板上的小孔，采用了局部剖表达其通孔特征。因为支座前后完全对称，且主视图按投影关系放置，主视图与俯视图之间没有其他视图隔开，所以主视图不必进行标注。

(2) 俯视图 俯视图也为半剖视图，从主视图的 $A—A$ 位置剖切，前半部的剖视部分主要表达支座上部前后方向水平通孔的结构特征，后半部的未剖部分主要表达顶面和底面上小孔的形状及位置分布情况。因为支座上下不对称，且俯视图按投影关系放置，主视图与俯视图之间没有其他视图隔开，所以应标注剖切平面的位置和剖视图的名称。

(3) 左视图 左视图也为半剖视图，剖切平面通过支座左右对称面，前半部的剖视部分主要表达支座内部垂直方向通孔的主要结构及与前后方向水平通孔的联通情况；后半部的未剖部分主要表达凸台的外形特征。

2. 想象结构形状

在视图分析的基础上，通过对线条、找投影，了解零件由哪些基本形体组成。通过剖视图及剖视图中的剖面线，辨别零件内部结构的虚实，并想象出零件的内部形状。

支承座由圆筒、底板、连接板和凸台四部分组成。

(1) 圆筒 圆筒2为主体部分，主要起支撑作用，外形是等径的圆柱体，内部为两段不同直径的圆柱孔，在两圆柱孔之间为过渡的圆锥孔。内部结构主要通过主视图和左视图反映。

(2) 下连接板 下连接板1的形状特征主要从俯视图上反映，外形是带圆角的矩形板，其上有四个安装孔，用于将支座与其他部件连接在一起，四个安装孔的深度从主视图的局部剖反映，均为通孔。

(3) 上连接板 上连接板3的形状特征也从俯视图上反映，也是带圆角的矩形板，其上也有四个安装孔，用于将支座与其他部件连接在一起。四个安装孔的深度从主视图的局部剖反映，均为通孔。

(4) 凸台 凸台4的形状特征从主视图和左视图上反映，是上部为矩形、下部为半圆的U形柱体，其上还有水平方向的通孔与圆筒上垂直方向的通孔相连接。

通过上面的分析就能想象出支承座的整体形状和内部结构，如图 5-38b 所示的轴测图。

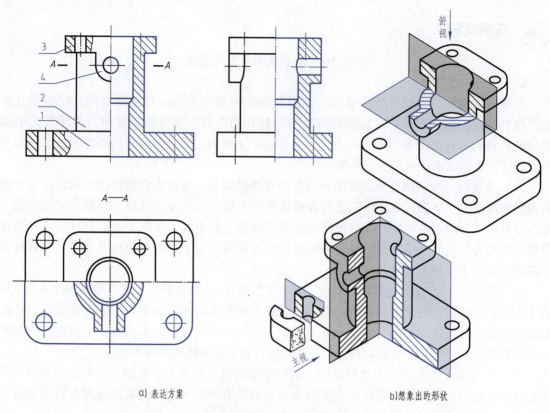

图 5-38 支承座的表达方案

任务四 认知机件的其他表达方法

任务描述

国家标准《技术制图》与《机械制图》中对机件的表达方法，除了规定有视图和剖视图以外，还有其他表达方法。本任务主要介绍断面图、局部放大图及其他简化画法，并对第三角画法作简单的介绍。识读图 5-39 所示齿轮泵轴的表达方案，想象其结构形状。

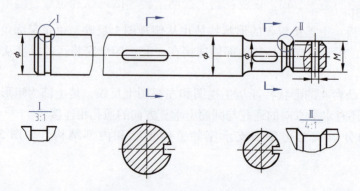

图 5-39 齿轮泵轴的表达方案

相关知识

视图和剖视图是机械零件主要的表达方法，但对于结构比较特殊的机件，国家标准又规定了其他表达方法。比如机件上的局部断面形状，可以用断面图表达；尺寸特别小的孔、倒角、斜度等，可以放大画出。细长轴类机件因受图纸幅面的限制，不能按实际尺寸绘制而采用折断画法；一个机件上多次重复出现的齿、槽等结构，为了简化作图，可以只画少数几个等。规定这些表达方法主要是为了简化图形，使表达更清晰和简洁。

一、断面图

断面图是用来表达机件某一局部断面形状的图形。国家标准 GB/T 17452—1998 和 GB/T 4458.6—2002 对断面图的画法、标注等方面作了规定。

1. 断面图的概念

假想用剖切平面将机件的某处切断，仅画出断面的图形，称为断面图（简称断面），如图 5-40a 所示。从图中可以看出，断面图实际上就是使剖切平面垂直于被剖切结构要素的中心线（轴线或主要轮廓线）进行剖切，然后将断面图形旋转 90°，使其与纸面重合而得到的。

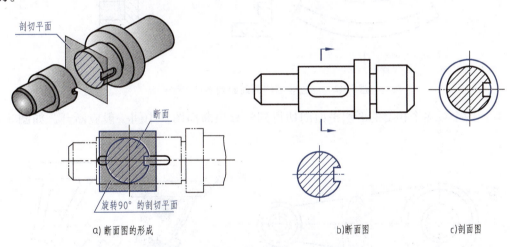

a) 断面图的形成　　　　b) 断面图　　　　c) 剖面图

图 5-40　断面图的形成及与剖视图的比较

图 5-40b 表达的是一个轴，在主视图上表明了键槽的形状和位置，键槽的深度用断面图表达，使图形更清晰、简洁，同时也便于标注尺寸和技术要求，图 c 是剖视图。

2. 断面图的分类

根据断面图配置的位置不同，分为移出断面图和重合断面图。

（1）移出断面图　画在视图轮廓之外的断面图称为移出断面图，图 5-40b 即为移出断面图。

1）移出断面图的画法要点：

① 移出断面图的轮廓线用粗实线绘制，断面上画出剖面符号。

② 当剖切平面通过由回转面形成的孔或凹坑的轴线时，这些结构按剖视绘制，如图 5-41 所示。

③ 当剖切平面通过非回转面，会导致出现完全分离的两个剖面区域时，这样的结构也应

按剖视画出，如图5-42a所示，即外形轮廓应画完整，图5-42b为剖视图。

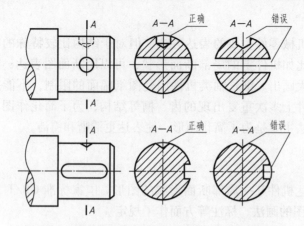

图5-41 通过圆孔等回转面的轴线时断面图的画法

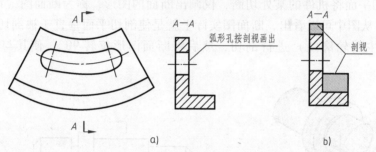

图5-42 通过非回转面时断面图的特殊画法

④ 由两个或多个相交的剖切平面剖切得到的移出断面图，中间一般应断开，如图5-43a所示。

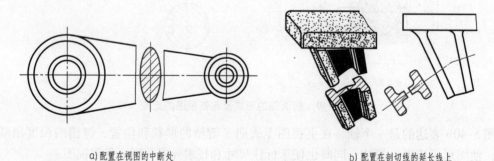

a) 配置在视图的中断处　　　　　　　　b) 配置在剖切线的延长线上

图5-43 移出断面图的配置示例

2）移出断面图的配置。移出断面通常按以下原则配置：
① 按投影关系配置。如图5-42a所示。
② 配置在剖切符号的延长线上或剖切线的延长线上，如图5-43b所示。
③ 当断面图形对称时，可配置在视图的中断处，如图5-43a所示。
④ 也可移位配置，即配置在图纸上的其他适当的位置。

3）移出断面图的标注方法。移出断面图的标注形式，应按国标规定进行。因其图形配置部位的不同及图形是否对称，标注形式也不同，具体标注方法见表5-5。

表 5-5 移出断面图的配置与标注

断面图对称性	配置	断面图的配置与标注的关系		
		配置在剖切线或剖切符号延长线上	移位配置	按投影关系配置
断面图的对称性与标注的关系	对称			
	说明	配置在剖切线延长线上的对称图形，不必标注剖切符号和字母	移位配置的对称图形，不必标注箭头	按投影关系配置的对称图形，不必标注箭头
断面图的对称性与标注的关系	不对称			
	说明	配置在剖切符号延长线上的不对称图形，不必标注字母	移位配置的不对称图形，完整标注剖切符号、箭头和字母	按投影关系配置的不对称图形，不必标注箭头

4）移出断面图的应用示例。图 5-44a 所示为机油泵轴的一组图形。机油泵轴共用了三个图形表达。一个局部剖的主视图和两个移出断面图。左方的移出断面图表达最左轴段右方圆孔的断面形状，因图形对称，且不移位（即配置剖切线的延长线上），所以省略了标注；右方的移出断面图表达中间轴段上半圆键槽的断面形状，也因图形对称，且不移位，所以省略了标注；主视图上的局部剖视，表达了半圆键槽的形状特征；主视图上的双点画线部分属于假想画法，表达了加工半圆键槽使用的刀具直径，以方便选择刀具进行加工。

经过仔细分析，便可以想象出机油泵轴的结构形状如图 5-44b 所示。

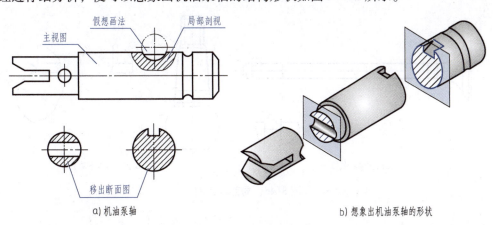

a) 机油泵轴　　　　　　　　　　　b) 想象出机油泵轴的形状

图 5-44　机油泵轴

(2) **重合断面图**　画在视图轮廓之内的断面图称为重合断面图，如图 5-45a 所示。

1）重合断面图的画法要点：

① 重合断面的轮廓线用细实线画出。

② 当重合断面的轮廓线与视图中的轮廓线重合时，视图中的轮廓线仍需完整画出，不应间断，如图 5-45b 所示。

2）重合断面图的配置与标注：

重合断面图均配置在视图轮廓之内。当图形不对称时，需标注其剖切位置和投射方向，如图 5-45b 所示；当图形对称时，一般不必标注，如图 5-45a、c 所示。

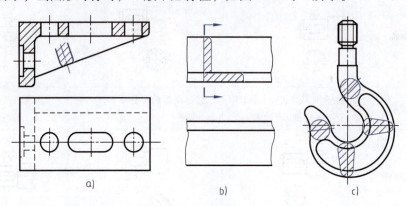

图 5-45　重合断面图的画法

二、局部放大图（GB/T 4458.1—2002）

将机件的部分结构用大于原图形所采用的比例画出的图形，称为局部放大图，如图 5-46a 所示。当同一机件上有几处需要放大时，可用细实线圈出需要被放大的部位，并用罗马数字依次编号，以区别不同的放大部位，在局部放大图的上方标注出相应的罗马数字和所采用的比例，如图 5-46b 所示。对于同一机件上的不同部位，图形相同或对称时，只需画出一个局部放大图。

局部放大图应尽量配置在被放大部位的附近，其图形可画成视图、剖视图、断面图等，它与被放大部位的原表达方法无关。

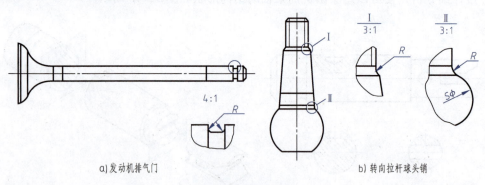

a) 发动机排气门　　　　　　　　b) 转向拉杆球头销

图 5-46　局部放大图

三、简化画法（GB/T 16675.1—2012、GB/T 4458.1—2002）

（1）肋板、轮辐及薄壁等结构　对于肋板、轮辐及薄壁等结构如纵向剖切都不画剖面线，用粗实线将它们与其相邻结构分开，但横向剖切，必须要画剖面线，如图 5-47 及图 5-48 所示。

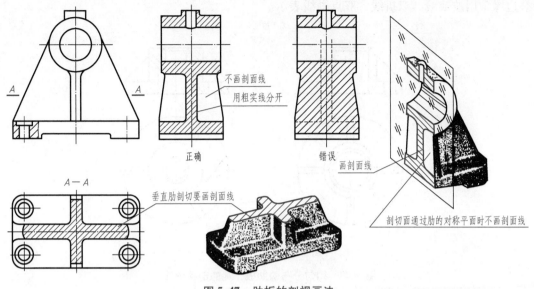

图 5-47 肋板的剖视画法

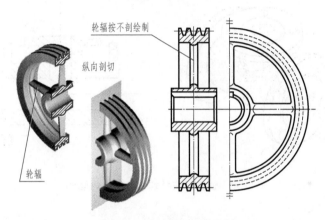

图 5-48 轮辐的剖视画法

（2）回转体上均匀分布的结构　回转体上均匀分布的肋板、孔等结构不处于剖切平面上时，可将这些结构假想旋转到剖切平面上画出，且对不对称的结构，可按对称结构画出，如图 5-49 所示。

圆盘形法兰和类似结构上在圆周均匀分布的孔，可按图 5-50 所示的方式画出。

（3）倾斜的圆和圆弧　对于机件中与投影面倾斜角度不大于 30°的圆和圆弧，手工绘图时，其投影可用圆和圆弧画出，如图 5-51 所示。

（4）平面的表示方法　当图形不能充分表达平面时，可以用平面符号（相交细实线）表示，如图 5-52 所示。

（5）相同结构　当机件上具有若干相同的结构（齿、槽、孔等），并按一定规律分布时，只需画出几个完整图形，其余用细实线相连或标明中心位置，并注明总数，如图 5-53 所示。

（6）较小结构的简化画法　在不致引起误解时，对于机件上较小的结构可以简化，例如相贯线和截交线允许用圆弧或直线代替，如图 5-54a 所示，图 5-54b 是简化以前的投影。

（7）较长机件的折断画法　较长的机件（轴、杆、型材等），沿长度方向的形状一致或按一定规律变化时，可断开缩短绘制，但必须按原来的实长标注尺寸，如图 5-55 所示，机件断裂边缘常用波浪线、双折线、双点画线表示。

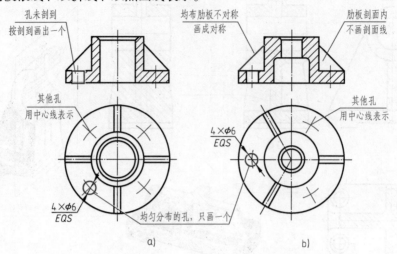

图 5-49 均匀分布的肋板、孔的剖视画法

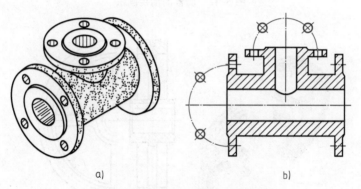

图 5-50 圆盘形法兰均匀分布孔的画法

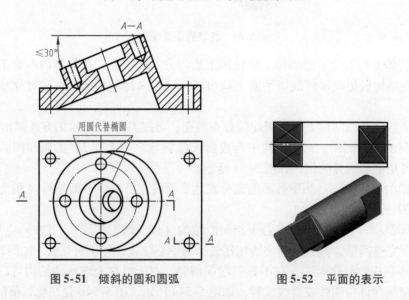

图 5-51 倾斜的圆和圆弧　　　　图 5-52 平面的表示

（8）某些结构的示意画法　网状物、编织物或机件上的滚花部分，可在轮廓线附近用粗实线示意画出，并标明其具体要求，如图 5-56 所示。

项目五 选择与识读机件的基本表达方法

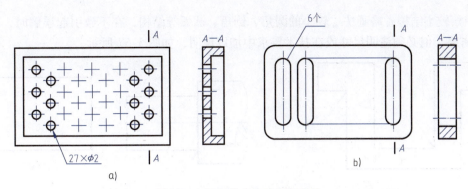

图 5-53 按规律分布的相同结构

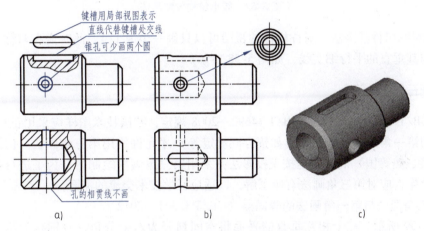

图 5-54 较小结构机件的简化画法

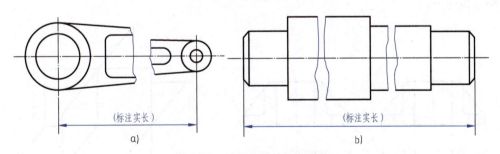

图 5-55 较长机件的折断画法

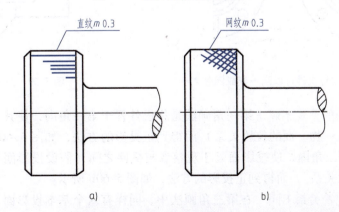

图 5-56 网状物及滚花的示意画法

159

（9）较小结构省略画法　较小的圆角、倒角、圆弧等结构，在不致引起误解时，在图形上允许省略，但必须注明尺寸或在技术要求中加以说明，如图 5-57 所示。

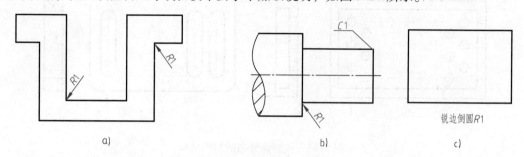

图 5-57　较小结构省略画法

（10）对称机件的画法　对称机件的视图可以只画一半或 1/4，此时需在对称中心线的两端画两条与其垂直的平行细实线，如图 5-58 所示。

四、第三角画法简介

根据 GB/T 17451—1998 和 GB/T 14692—2008 规定，我国技术图样应采用正投影法绘制，并优先采用第一角画法，必要时（如按合同规定等）才允许使用第三角画法。但国际上有些国家（如英、美等国）的图样是按正投影法并采用第三角画法绘制的。为了进行国际间的技术交流与合作，应对第三角画法有所了解，以适应科学技术交流的需要。

1. 第三角画法与第一角画法的异同点（GB/T 13361—2012）

如图 5-59 所示。三个相互垂直的平面将空间划分为八个分角，分别称为第一角、第二角、第三角……。

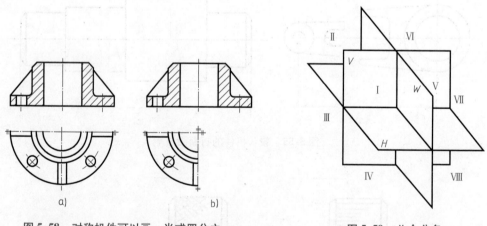

图 5-58　对称机件可以画一半或四分之一　　　图 5-59　八个分角

（1）获得投影的方式不同　第一角画法是将机件置于第一角内，使其处于观察者与投影面之间（即保持人—物—面的位置关系）而得到正投影的方法，如图 5-60a 所示；第三角画法是将机件置于第三角内，使投影面处于观察者与机件之间（假设投影面是透明的，并保持人—面—物的位置关系），而得到正投影的方法，如图 5-60b 所示。

（2）视图的配置关系不同　在第三角画法中，同样有六个基本投影面，可以得到六个基本视图，六个投影面展开方式如图 5-61 所示，六个基本视图的配置如图 5-62 所示，按此位置配置时，一律不标注视图名称。各视图的投射方向及位置配置见表5-6。

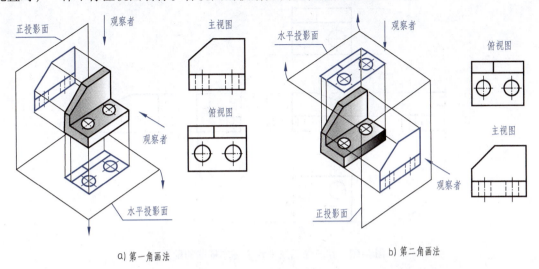

图 5-60　第一角画法和第三角画法中投影面及得到的视图比较

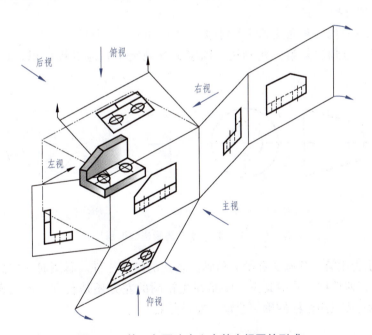

图 5-61　第三角画法中六个基本视图的形成

表 5-6　第三角画法中六个基本视图的名称、投射方向、位置配置

视图名称	主视图	俯视图	左视图	右视图	仰视图	后视图
投射方向	自前向后	自上向下	自左向右	自右向左	自下向上	自后向前
位置配置	基准	在主视图上方	在主视图左方	在主视图右方	在主视图下方	在右视图右方

将第一角画法与第三角画法比较可以看出，六个基本视图及其名称都是相同的。相应视图之间仍保持"长对正、高平齐、宽相等"的对应关系。但是由于投影面展开的方式不同，所以基本视图的配置关系不同。

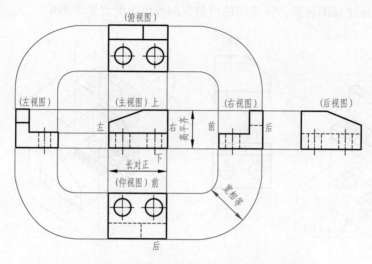

图 5-62 第三角画法中六个基本视图的配置

综上所述,第三角画法与第一角画法的异同点是:视图名称没有改变,主后视图位置不变,其他视图位置互换。

2. 第一角画法与第三角画法的识别符号(GB/T 14692—2008)

为了识别第一角画法与第三角画法,国家标准规定了相应的投影识别符号,如图 5-63 所示。

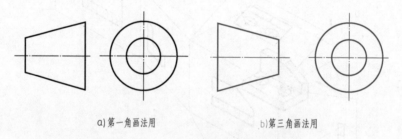

a) 第一角画法用　　　　　　　b) 第三角画法用

图 5-63 第一角和第三角画法的识别符号

图 5-64 所示为用第一角画法和第三角画法表达的轴类零件。看图时应根据实际轴上左端的特征结构——正四棱柱,分清其投影图是在主视图的左方还是右方,才能确定是第一角画法还是第三角画法及正四棱柱的确切位置(左还是右)。

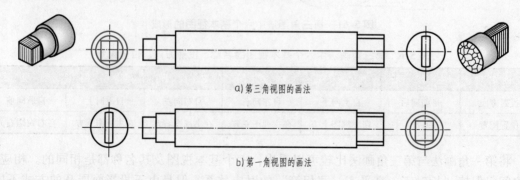

a) 第三角视图的画法

b) 第一角视图的画法

图 5-64 第一角和第三角画法表达的零件

五、典型机件的表达方案

表 5-7 列出了用不同表达方法表示出的典型机件图例，表 5-8 为表 5-7 中各图例的轴测图，请读者在看懂图例的基础上，在表 5-8 中的"图号"中填入表 5-7 所给图形的序号。

看图时，先看图例，分析视图的名称（基本视图、局部视图，还是斜视图；主视图，俯视图，还是其他视图；剖视图、断面图，还是其他表达方法）、投射方向、剖切面的种类，以及标注情况等，再看说明，最后在表 5-8 中的"图号"中填入表 5-7 所给图形的序号。

表 5-7 典型机件的表达方案

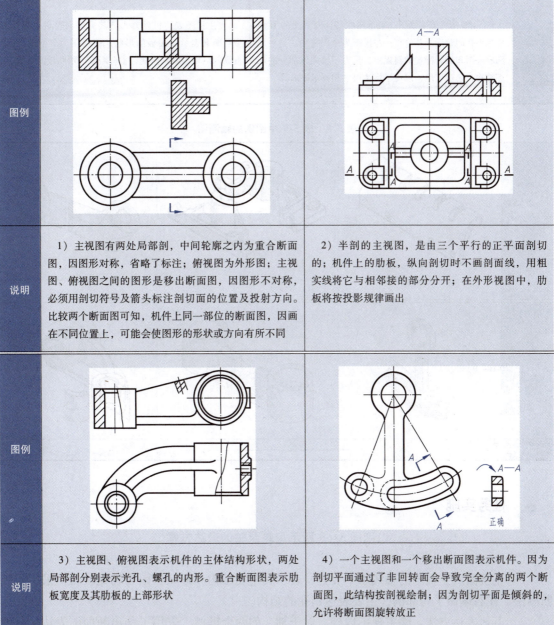

图例	（图例1）	（图例2）
说明	1）主视图有两处局部剖，中间轮廓之内为重合断面图，因图形对称，省略了标注；俯视图为外形图；主视图、俯视图之间的图形是移出断面图，因图形不对称，必须用剖切符号及箭头标注剖切面的位置及投射方向。比较两个断面图可知，机件上同一部位的断面图，因画在不同位置上，可能会使图形的形状或方向有所不同	2）半剖的主视图，是由三个平行的正平面剖切的；机件上的肋板，纵向剖切时不画剖面线，用粗实线将它与相邻接的部分分开；在外形视图中，肋板将按投影规律画出
图例	（图例3）	（图例4）
说明	3）主视图、俯视图表示机件的主体结构形状，两处局部剖分别表示光孔、螺孔的内形。重合断面图表示肋板宽度及其肋板的上部形状	4）一个主视图和一个移出断面图表示机件。因为剖切平面通过了非回转面会导致完全分离的两个断面图，此结构按剖视绘制；因为剖切平面是倾斜的，允许将断面图旋转放正

		(续)
图例	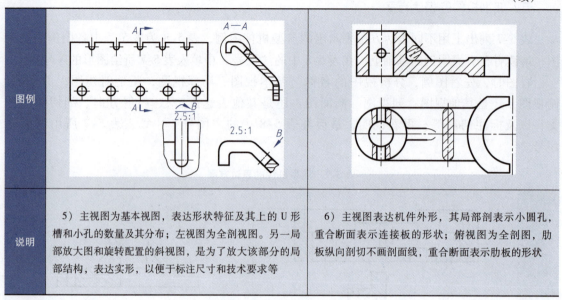	
说明	5）主视图为基本视图，表达形状特征及其上的U形槽和小孔的数量及其分布；左视图为全剖视图。另一局部放大图和旋转配置的斜视图，是为了放大该部分的局部结构，表达实形，以便于标注尺寸和技术要求等	6）主视图表达机件外形，其局部剖表示小圆孔，重合断面表示连接板的形状；俯视图为全剖图，肋板纵向剖切不画剖面线，重合断面表示肋板的形状

表5-8　表5-7中图例的轴测图

轴测图	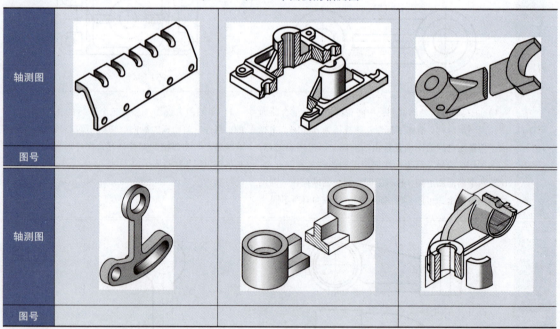		
图号			
轴测图			
图号			

任务实施

识读图5-65所示齿轮泵轴的表达方案

（1）表达方案分析

1）主视图。主视图的轴线水平放置，表示其主要结构和形状。因为轴比较长，采用了折断画法，在右端做了局部剖，主要表达销孔的结构。

2）其他表达方法。除主视图以外，对于轴上的两个键槽，采用了移出断面图表达；对两个退刀槽采用了局部放大图表达。

因基本视图只有一个，因而显得图形简单、表达清楚，同时画图、看图也方便。

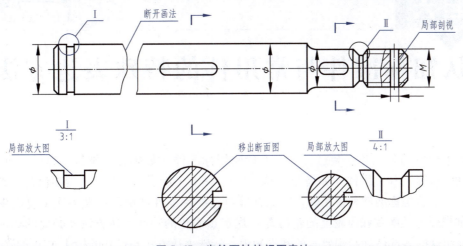

图 5-65　齿轮泵轴的视图表达

（2）结构形状分析　齿轮泵轴的主体结构为不同直径的同轴回转体，两端面有倒角，还有两处退刀槽结构和两个键槽。

项目小结

本项目是本课程承上启下的过渡性部分。上承本课程的理论基础——投影作图，下起机械图样——零件图与装配图的识读。一方面担负着在投影作图的基础上，扩大表达机件形状的知识范围，是投影作图的继续、发展和延伸；另一方面要进一步巩固与提高画图和读图能力，为零件图的学习打好基础，为装配图的学习创造条件。

本项目主要学习了表达机件的基本方法，其中表达外形的有基本视图、向视图、局部视图及斜视图；表达内形的有全剖视图、半剖视图和局部剖视图；表达断面形状的有移出断面图和重合断面图；另外还有局部放大图、简化画法等。这些表达方法是零件图和装配图表达的基础，后续部分的内容将大量引用这些表示法。

本项目与投影作图同属于机械制图的基础内容，但二者之间又有着各自不同的特点。投影作图所涉及的形体简单、画法单一、表达方法固定（均用三个视图），而本项目所涉及的形体复杂、表达方法多种多样。要把零件形状表达得正确、完整、清晰、简练，便于看图，就必须根据零件的结构形状，灵活地选取各种表达方法。

识读机件的各种表达方法时，先找到主视图，再看其他视图；对于视图表达部分，应根据其特点，分清是那种视图；对于剖视图，应先找到剖切位置和投射方向；对于断面图，应分清是移出断面图，还是重合断面图；对于放大图应明确具体放大的部位和放大倍数。

项目六

认知标准件与常用件的特殊表达方法

在汽车产品的装配和安装过程中,大量使用标准件(如螺栓、螺钉、螺母、垫圈、键、销、滚动轴承等)和常用件(如齿轮、弹簧等)。图 6-1 所示的汽车差速器中包含了螺栓、齿轮、垫圈、轴承等标准件和常用件。国家标准对这些标准件和常用件及多次重复出现的结构要素(如螺栓上的螺纹和齿轮上的轮齿等)规定了简化的特殊表达方法及必要的标注。本项目主要介绍这些零部件和结构要素的基本知识、特殊表达方法及代号的标注方法等内容。

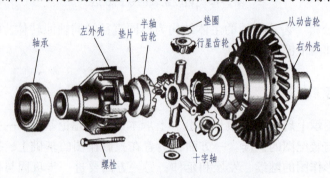

图 6-1　汽车差速器的轴测分解图

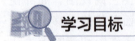

1. 认知常用件与标准件的类型及功用。
2. 明确常用件与标准件的主要参数,学会从相关标准中查阅有关数据。
3. 掌握螺纹、螺纹紧固件及其连接的规定画法、标注与识读方法。
4. 掌握齿轮的规定画法、参数计算及识读方法。
5. 学会键、销、滚动轴承和弹簧等的连接画法。

任务一　认知螺纹及其表达方法

 任务描述

螺纹是在圆柱(或圆锥)表面上,沿着螺旋线所形成的具有相同断面的连续凸起和沟槽。本任务主要介绍螺纹的参数、类型、规定画法、标注与识读方法。识读图 6-2 所示的差动螺钉的零件图。

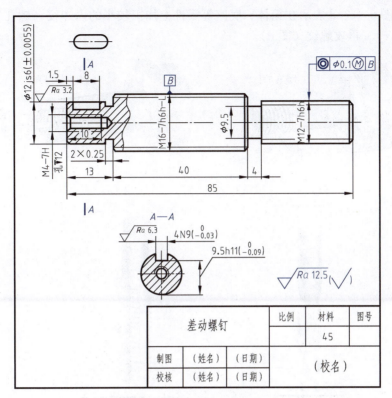

图 6-2　差动螺钉的零件图

一、螺纹的基本知识

螺纹是机械产品中最为常见的一种结构，其主要作用是用于零件间的连接、传递运动及动力。螺纹有外螺纹和内螺纹，一般成对使用。

在圆柱或圆锥外表面上加工的螺纹称外螺纹，在圆柱或圆锥内表面上加工的螺纹称内螺纹，如图 6-3 所示。

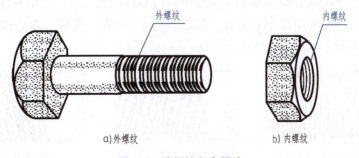

a) 外螺纹　　　b) 内螺纹

图 6-3　外螺纹和内螺纹

1. 螺纹的加工方法

螺纹的加工方法很多。图 6-4a、b 所示是在车床上加工内、外螺纹的示意图，工件作等速旋转运动，刀具沿工件轴向作等速直线移动，其合成运动使切入工件的刀尖在工件表面上切制出螺纹；图6-4c、d表示在箱体、底座等零件上加工较小的内螺纹（螺孔）的方法，一般先钻孔（图c），再攻螺纹（图d）。

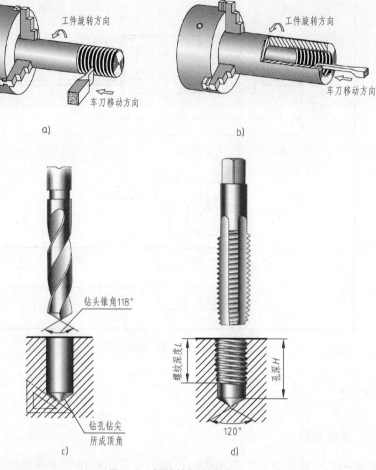

图6-4 螺纹的加工方法

2. 螺纹结构的基本要素

螺纹结构的基本要素包括牙型、直径、螺距、导程、线数和旋向等。

（1）牙型 在通过螺纹轴线断面上的螺纹轮廓形状称为牙型，它由牙顶、牙底和两牙侧构成。相邻两牙侧间的夹角称为牙型角。常见的螺纹牙型有三角形（普通螺纹、管螺纹等）、梯形、锯齿形等多种，如图6-5所示。

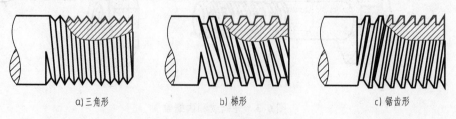

图6-5 螺纹的牙型

（2）直径 螺纹的直径有大径、小径和中径，如图6-6所示。

1）大径。大径是指与外螺纹的牙顶、内螺纹的牙底相切的假想圆柱或圆锥的直径（即螺纹的最大直径），外螺纹的大径用 d 表示，内螺纹的大径用 D 表示。

2) 小径。小径是指与外螺纹的牙底、内螺纹的牙顶相切的假想圆柱或圆锥的直径（即螺纹的最小直径），外螺纹的小径用 d_1 表示，内螺纹的小径用 D_1 表示。

3) 中径。在大径与小径之间，其母线通过牙型上沟槽和凸起宽度相等的假想圆柱或圆锥的直径。外螺纹的中径用 d_2 表示，内螺纹的中径用 D_2 表示。

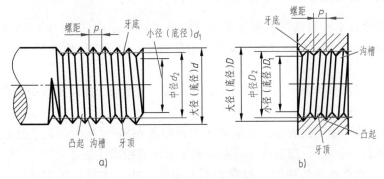

图 6-6 螺纹的结构要素

（3）线数 形成螺纹螺旋线的条数称为线数，用 n 表示。螺纹有单线和多线之分：沿一条螺旋线形成的螺纹称为单线螺纹；沿两条或两条以上螺旋线形成的螺纹称为多线螺纹，如图 6-7 所示。

（4）螺距和导程（图 6-7）

1) 螺距。相邻两牙在中径线上对应两点间的轴向距离称为螺距，用 P 表示。

2) 导程。同一条螺旋线上，相邻两牙在中径线上对应两点间的轴向距离称为导程，用 P_h 表示。

线数 n、螺距 P、导程 P_h 之间的关系为：导程(P_h) = 螺距(P) × 线数(n)

（5）旋向 螺纹分为右旋和左旋两种。顺时针旋入的螺纹是右旋螺纹，逆时针旋入的螺纹是左旋螺纹，工程上常用的是右旋螺纹。螺纹的旋向及判断方法如图 6-8 所示。

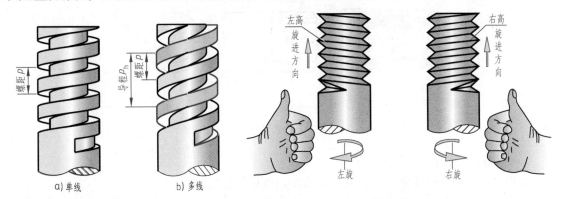

图 6-7 螺纹的线数、螺距及导程　　　　图 6-8 螺纹的旋向

3. 螺纹分类

螺纹按用途可分为四类：

（1）紧固用螺纹　紧固用螺纹简称紧固螺纹，用来连接零件的螺纹，如应用最广的普通螺纹。

（2）传动用螺纹　传动用螺纹简称传动螺纹，用来传递动力和运动的螺纹，如梯形螺纹、锯齿形螺纹和矩形螺纹等。

（3）管用螺纹 管用螺纹简称管螺纹，如55°非密封管螺纹、55°密封管螺纹、60°密封管螺纹等。

（4）专门用途螺纹 专门用途螺纹简称专用螺纹，如自攻螺钉用螺纹、气瓶专用螺纹等。

二、螺纹的规定画法

螺纹一般不按真实投影作图，而是按国家标准《机械制图》GB/T 4459.1—1995 中规定的螺纹画法绘制。按此画法作图并加以标注，就能清楚地表示螺纹的类型、规格和尺寸。

1. 外螺纹的画法（图 6-9）

1）螺纹大径用粗实线表示，小径用细实线表示，在平行于螺纹轴线的视图中，表示小径的细实线应画入倒角或倒圆内。

2）螺纹终止线用粗实线表示，在剖视图中则按图 6-9b 主视图的画法绘制（即终止线只画螺纹牙型高度的一小段），剖面线必须画到表示大径的粗实线处。

3）在垂直于螺纹轴线的视图（投影为圆的视图）中，大径画粗实线圆，小径画细实线圆，只画约 3/4 圈；表示倒角的圆省略不画。

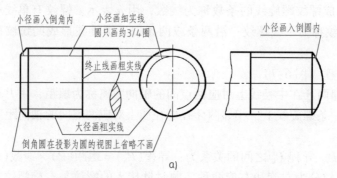

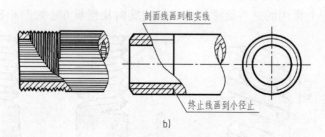

图 6-9 外螺纹的画法

2. 内螺纹的画法

在视图中，内螺纹为不可见，所有图线均用细虚线绘制。

在剖视图中，按如下规定绘制（图 6-10）。

1）螺纹小径用粗实线表示，大径用细实线表示，螺纹终止线用粗实线表示，剖面线应画到表示牙顶的粗实线处。

2）在垂直于螺纹轴线的视图（投影为圆的视图）中，小径画粗实线圆，大径画细实线圆，只画约 3/4 圈，倒角圆省略不画。

3）绘制不穿通的螺孔时，应分别画出钻孔深度 H 及螺纹深度 L，如图 6-10 所示。钻孔深

度 H 比螺纹深度 L 按深约 0.5 倍的大径绘制。钻孔时在末端形成锥面的锥角按 120°绘制。

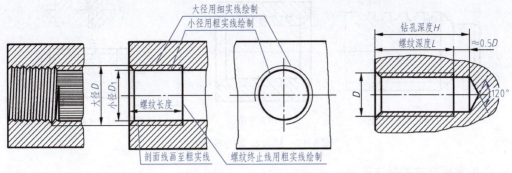

图 6-10　内螺纹的画法

3. 内、外螺纹连接的画法

内、外螺纹连接时，一般情况下画成剖视图，如图 6-11 所示。

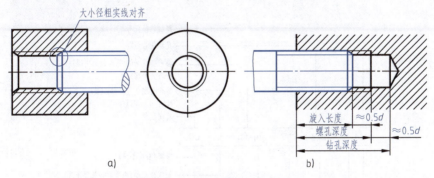

图 6-11　内、外螺纹连接的画法

1）内、外螺纹的旋合部分应按外螺纹画法绘制，其余未旋合部分按各自原有的规定画法绘制。画图时必须注意：表示大小径的粗实线和细实线应分别对齐。

2）按规定，当实心螺杆通过轴线剖切时按不剖绘制。

对螺纹的画法可概括为如下的口诀：

> 表示螺纹两种线：用手摸着来分辨；
> 摸得着画粗实线，摸不着画细实线；
> 细线画入倒角内，细图画四分之三；
> 剖面符号要画好，必须画到粗实线；
> 粗细图线要对齐，终止线画粗实线。

4. 螺纹牙型的表示法

在表达螺纹图形中一般不表示螺纹牙型，当需要表示螺纹牙型或表示非标准螺纹（如矩形螺纹）时，可按图 6-12 所示的形式绘制。在剖视图中表示几个牙形，如图 6-12a、b 所示；也可用局部放大图表示，如图 6-12c 所示。

三、螺纹的图样标注

由于各种螺纹的画法都相同，其图形不能表达出螺纹的种类和螺纹的结构要素，因此国家标准（GB/T 197—2003）规定标准螺纹用规定的标记标注，以区别不同种类的螺纹。

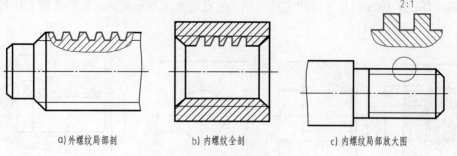

图 6-12 螺纹牙型的表示法

1. 几种常用螺纹的标注规定

（1）普通螺纹的标记　国家标准（GB/T 197—2003）规定普通螺纹的完整标记由五部分构成，即：螺纹特征代号 尺寸代号 - 公差带代号 - 旋合长度代号 - 旋向代号

例如：

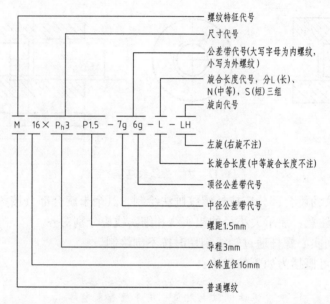

（2）梯形螺纹的标记　国家标准（GB/T 5796.4—2005）规定梯形螺纹的完整标记也由五部分构成，即：特征代号 尺寸代号 旋向代号 - 中径公差带代号 - 旋合长度代号

例如：

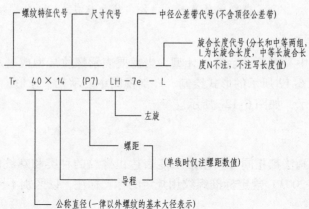

普通螺纹和梯形螺纹在图样中的标注方法是用尺寸的标注形式，注写在内、外螺纹的公称直径上。

常用的普通螺纹、梯形螺纹的有关参数可从附录 A 中的表 A-1、表 A-2 中查得。

（3）管螺纹的标记　管螺纹的完整标记由四部分构成，即：特征代号　尺寸代号　公差等级代号　旋向代号

例如：

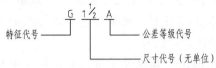

管螺纹的标记必须标注在大径的引出线上，管螺纹的尺寸代号并不是指螺纹大径，也不是管螺纹本身的任何一个直径，而是指加工管螺纹的管子的通孔直径，其大径和小径等参数可从附录 A 中的表 A-3、表 A-4 中查得。

2. 常用螺纹的标注方法和示例

常用螺纹的标注方法和示例见表 6-1。

表 6-1　常用螺纹的标注方法和示例

螺纹种类		特征代号	标记示例	说　明
连接螺纹	普通螺纹	M	粗牙	粗牙普通螺纹，公称直径为 20mm，右旋；螺纹中、大径公差带代号均为 6g；中等旋合长度
			细牙	细牙普通螺纹，公称直径为 16mm，螺距为 1.5mm，右旋；螺纹中、小径公差带代号均为 6H；长旋合长度
	管螺纹	G	55°	55°非密封圆柱内螺纹，尺寸代号为 1，公差等级为 A 级，右旋
		Rp Rc R1 R2	55°密封管螺纹	55°密封圆锥内螺纹，尺寸代号为 1/2，右旋。注意：圆柱内螺纹代号为 Rp，圆锥内螺纹代号为 Rc，R1 和 R2 分别表示与圆柱和圆锥配合的圆锥外螺纹代号
传动螺纹	梯形螺纹	Tr		梯形螺纹，公称直径为 40mm，导程为 14mm，螺距为 7mm，中径公差带代号为 8E，长旋合长度的双线左旋梯形内螺纹
	锯齿形螺纹	B		锯齿形螺纹，公称直径为 32mm，单线螺纹，螺距为 6mm，右旋；中径公差带代号为 7e，中等旋合长度

四、螺纹标注时的注事项

1) 普通螺纹分粗牙和细牙两种。粗牙螺纹不必标注螺距，细牙螺纹必须标注螺距。公称直径、导程和螺距数值的单位为 mm。

2) 右旋螺纹不必标注，左旋螺纹应标注字母"LH"。

3) 螺纹公差带代号由阿拉伯数字及拉丁字母组成，数字表示公差等级，字母表示公差带位置，其中大写表示内螺纹，小写表示外螺纹。应标注中径公差带代号和顶径公差带代号，如 5g、6g，前者表示中径公差带代号，后者表示顶径公差带代号。如果中径与顶径的公差带代号相同，则只标注一个代号。而梯形螺纹只标注中径公差带代号。

4) 表示内、外螺纹旋合时，内螺纹公差带代号在前，外螺纹公差带代号在后，中间用"/"分开。

5) 普通螺纹的旋合长度分为短（S）、中（N）、长（L）三组，当为中等旋合长度时不必标注。梯形螺纹的旋合长度规定为中、长两组，当为中等旋合长度时不必标注。

6) 最常用的中等公差精度的普通螺纹（公称直径≤1.4mm 的 5H、6h 和公称直径≥1.6mm 的 6H、6g），可以不标注公差带代号。

7) 55°非密封的内管螺纹和 55°密封管螺纹仅一种公差等级，公差等级代号省略不注，如 Rc1。55°非密封的外管螺纹有 A、B 两种公差等级，公差等级代号标注在尺寸代号之后，如 G1½A-LH。

任务实施

识读图 6-13 所示差动螺钉的零件图

1. 图形分析

表达差动螺钉共用了三个图形：

(1) 主视图　主视图为局部剖视图，表达其整体结构形状，特别是轴向各段的结构分布和尺寸特征，剖开部分主要表达左端键槽及内螺纹孔的结构和尺寸。

(2) 局部视图　局部视图表达左端键槽的形状特征，是两端带有半圆的普通键槽。

(3) 移出断面图　移出断面图表达左端键槽的深度，并便于标注键槽的尺寸和技术要求。

2. 结构分析

差动螺钉在轴向是由三段不同直径的圆柱体组成，其中左端圆柱体的直径是 ϕ12mm，圆柱面上有一长度 8mm、宽度 4mm 的键槽，内部有一 M4 的螺纹孔，右方有 2×0.25mm 退刀槽；中间和右端分别是 M16 和 M12 的外螺纹，两段螺纹之间是直径为 ϕ9.5mm、长度为 4mm 的退刀槽，螺纹端部还有倒角。

3. 螺纹分析

该差动螺钉中共有三处螺纹：左端螺纹孔的代号是"M4—7H"，表示粗牙普通螺纹，大径是 4mm，中径和顶径（小径）的公差带代号是 7H，孔深 12mm，螺纹深度是 10mm，查附录 A 表 A-1 可知，该螺纹的螺距是 0.7mm；中间部分的螺纹代号是"M16—7h6h–L"，表示粗牙普通螺纹，大径是 16mm，中径的公差带代号是 7h，顶径（大径）的公差带代号是 6h，螺纹部分的长度是 40mm，查附录 A 表 A-1 可知，该螺纹的螺距是 2mm；右端螺纹代号是"M12—7h6h"，表示粗牙普通螺纹，大径是 12mm，中径的公差带代号是 7h，顶径（大径）

的公差带代号是 6h，查附录表 A-1 可知，该螺纹的螺距是 1.75mm。

由于左右两端螺纹的直径不同，螺距也不同，因此可实现差动螺旋传动。

另外，图中还有制造差动螺钉的尺寸公差、几何精度及表面粗糙度等技术要求。

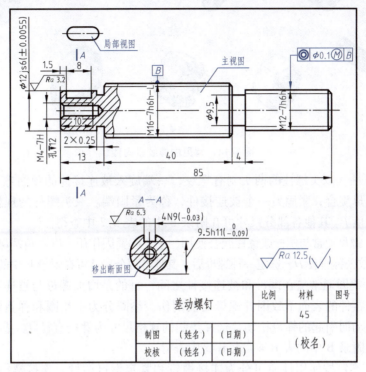

图 6-13　差动螺钉零件图

任务二　认知螺纹紧固件及其连接画法

 任务描述

在机械零部件的各种连接中，螺纹连接是应用最为广泛的一种可拆卸的连接方式，它是利用螺纹的特性来达到紧固、连接的目的，具有这种作用的零件就叫螺纹紧固件。本任务主要介绍螺纹紧固件的类型，常见螺纹紧固件的规定画法与标注方法，绘制螺栓的连接图。

 **相关知识**

一、常用螺纹紧固件的种类和标记

1. 常用螺纹紧固件的种类

常用螺纹紧固件有螺栓、双头螺柱、螺钉、螺母和垫圈等，如图 6-14 所示。

（1）**螺栓**　螺栓由头部及杆部两部分组成，头部形状以六角形的应用最广。决定螺栓的规格尺寸为螺纹的公称直径 d 及螺栓长度 l。选定一种螺栓后，其他各部分尺寸可在附录 B 中的表 B-1 中查得。

图6-14 常见的螺纹紧固件

(2) **双头螺柱** 双头螺柱的两头制有螺纹，一端旋入被连接件的预制螺孔中，称为旋入端；另一端与螺母旋合，紧固另一个被连接件，称为紧固端。双头螺柱的规格尺寸为螺柱直径 d 及紧固端长度 l，其他各部分尺寸可在附录 B 中的表 B-2 中查得。

(3) **螺母** 螺母通常与螺栓或螺柱配合使用，主要起紧固作用，以六角螺母应用最广。螺母的规格尺寸为螺纹公称直径 D。选定一种螺母后，其他各部分尺寸可在附录 B 中的表 B-3 中查得。

(4) **垫圈** 垫圈通常垫在螺母和被连接件之间，目的是增加螺母与被连接零件之间的接触面，保护被连接件的表面不致因拧螺母而被刮伤。垫圈分为平垫圈和弹簧垫圈，弹簧垫圈还可以防止因振动而引起的螺母松动。选择垫圈的规格尺寸为螺栓直径 d。垫圈选定后，其他各部分尺寸可在附录 B 中的表 B-4、表 B-5 中查得。

(5) **螺钉** 螺钉按使用性质可分为连接螺钉和紧定螺钉两种，连接螺钉的一端为螺纹，另一端为头部。紧定螺钉主要用于防止两相配零件之间发生相对运动的场合。螺钉规格尺寸为螺钉直径 d 及长度 l，可在附录 B 中的表 B-6、表 B-7 中查得。

2. 常用螺纹紧固件的标记

螺纹紧固件的结构、尺寸都已标准化，使用或绘图时，可从相应标准中查到所需的结构和尺寸。常用螺纹紧固件的名称、图例及规格尺寸、标记示例见表6-2。

表6-2 常用螺纹紧固件及标记示例

名称及标准号	图例及规格尺寸	标 记 示 例
六角头螺栓——A级和B级 GB/T 5782		螺栓 GB/T 5782 M8×40 螺纹规格 d = M8、公称长度 l = 40mm、性能等级为 8.8 级、表面氧化、产品等级为 A 级的六角头螺栓
双头螺柱——A级和B级 GB/T 897　GB/T 898 GB/T 899　GB/T 900		螺柱 GB/T 898 M8×50 两端均为粗牙普通螺纹、d = M8、l = 50mm、性能等级为 4.8 级、不经表面处理、B 型、b_m = 1.25d 的双头螺柱
I型六角螺母——A级和B级 GB/T 97.1		螺母 GB/T 6170 M8 螺纹规格 D = M8、性能等级为 10 级、不经表面处理、产品等级为 A 级的 I 型六角螺母

(续)

名称及标准号	图例及规格尺寸	标 记 示 例
平垫圈——A 级 GB/T 97.1		垫圈 GB/T 97.1 8 140 HV 标准系列、公称尺寸 d_1 = 8mm、硬度等级为 140HV 级、不经表面处理的平垫圈
标准弹簧垫圈 GB/T 93		垫圈 GB/T 93 8 规格 8mm、材料 65Mn、表面氧化的标准型弹簧垫圈
开槽沉头螺钉 GB/T 68		螺钉 GB/T M8×30 螺纹规格 d = M8、公称尺寸 l = 30mm、性能等级为 4.8 级、不经表面处理的开槽沉头螺钉

二、常用螺纹紧固件的连接画法

常用螺纹紧固件的连接形式有螺栓连接、螺柱连接、螺钉连接。

1. 螺栓连接

（1）螺栓连接的功用及其连接件　螺栓主要用于连接两个不太厚并能钻成通孔的零件。连接件有螺栓、螺母、垫圈，如图 6-15a 所示。

（2）螺栓及其连接件的画法　连接前，先在两个被连接的零件上加工出光孔（孔径比螺栓大径略大，一般按 1.1d 画出），如图 6-15b 所示。紧固件的画法一般采用比例画法绘制：即以螺栓上螺纹的公称直径（大径 d）为基准，其余各部分的结构尺寸均按与公称直径成一定比例关系选取。螺栓的公称长度按下式估算：$l \geqslant \delta_1 + \delta_2$（$\delta_1$、$\delta_2$ 为被连接零件的厚度）+ h（垫圈厚度）+ m（螺母厚度）+ a（螺栓伸出螺母的长度，取 a = 0.2d ~ 0.3d），再根据估算出的值查表，取与估算值相接近的标准长度。根据螺纹公称直径 d 按下列比例作图：

$b = 2d$　$h = 0.15d$　$m = 0.8d$　$a = 0.3d$　$k = 0.7d$　$e = 2d$　$d_2 = 2.2d$

螺栓连接的比例画法如图 6-15c 所示，简化画法如图 6-15d 所示。

（3）螺纹连接画法的基本规定　螺纹紧固件的连接画法属于简单的装配图，其画法都应遵守以下三条基本规定，如图 6-15c 所示。

1）两零件的接触面只画一条线，不接触面必须画两条线（不论间隙大小）。

2）在剖视图中，当剖切平面通过螺纹紧固件的轴线时，这些件都按不剖绘制，即只画外形，不画剖面线。必要时，可采用局部剖视。

3）相邻两被连接件的剖面线方向应相反，必要时可以相同，但间隔必须相互错开或间隔大小不同；在同一张图上，同一零件的剖面线在各个视图上，其方向和间隔必须一致。

绘制和识读螺栓连接图时应注意：螺栓上的螺纹终止线必须在垫圈之下，以显示螺母有拧紧的余地。

螺栓和螺母的比例画法如图 6-16 所示。

2. 双头螺柱连接

（1）双头螺柱连接的功用及其连接件　双头螺柱的两端均加工有螺纹，主要用于被连接件中有一个较厚，不允许或不可能钻成通孔，而另一个较薄的两零件。连接件有双头螺柱、螺母和垫圈，如图6-17a所示。

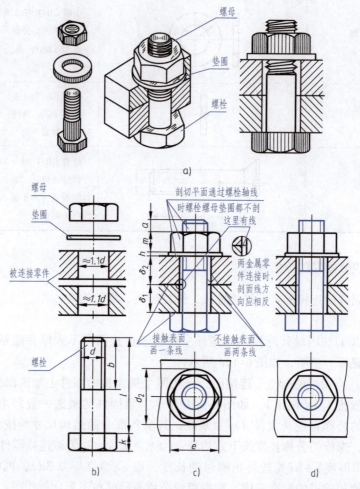

图6-15 螺栓连接图

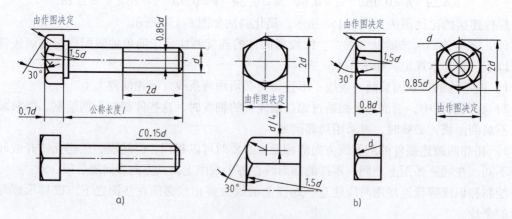

图6-16 螺栓及螺母的比例画法

（2）双头螺柱连接的画法 连接前，先在较厚的零件上加工出螺孔，在另一零件上加工出通孔，如图6-17b所示；将螺柱的一端（称旋入端）全部旋入螺孔内，在另一端（称紧固端）装上加工出通孔的零件，再套上弹簧垫圈或平垫圈，拧紧螺母，即完成了螺柱连接，连接的比例画法如图6-17c所示，图6-17d为简化画法。

为保证连接强度，螺柱旋入端的长度 b_m 随被旋入零件（机体）材料的不同而有四种规格：

对于钢或青铜：$b_m = d$（GB/T 879—1988）；

对于铸铁或铜：$b_m = 1.25d$（GB/T 898—1988）；或 $b_m = 1.5d$（GB/T 899—1988）；

对于铝或其他软材料：$b_m = 2d$（GB/T 900—1988）。

螺柱的公称长度按下式估算：$l = \delta_1 + s$（垫圈厚度）$+ m$（螺母厚度）$+ a$（螺柱伸出螺母的长度，取 $a = 0.2d \sim 0.3d$），再根据估算出的值查表，取与估算值相接近的标准长度作为 l 值。

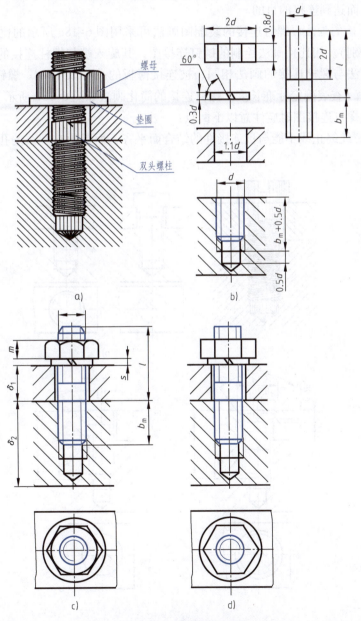

图 6-17 双头螺柱连接图

弹簧垫圈的作用是为了防松,其开槽方向为阻止螺母松动的方向,画成与轴线成60°左上斜的两条平行粗实线。按比例作图时,取 $s=0.2d$,$D=1.5d$。

旋入端的螺孔深度取 $b_m+0.5d$,钻孔深度取螺孔深度 $(b_m+0.5d)+0.5d$,如图6-17b所示。

绘制和识读双头螺柱连接图时应注意:螺柱的螺纹终止线是与螺纹孔口的端面平齐的,表示旋入端已拧紧。

3. 螺钉连接

(1) 螺钉连接的功用 螺钉连接不用螺母,而是将螺钉直接拧入零件的螺孔中,依靠螺钉头部压紧零件。主要用于连接一个较薄、一个较厚的两个零件,且受力不大和经常拆卸的场合。如图6-18a所示,装配时将螺钉直接穿过被连接零件上的通孔,再拧入另一个被连接零件的螺孔中,从而达到连接的目的。

(2) 螺钉连接的画法 螺钉连接的装配图画法可采用图6-18c所示的比例画法(注意不同头部的画法区别)。用比例画法绘制的螺钉连接图,其旋入端与螺柱连接的画法相同,被连接薄板的孔部画法与螺栓连接的画法相同,被连接薄板的孔径取 $1.1d$。螺钉的有效长度 $l=\delta+b_m$,按计算值 l 查表确定标准长度。螺钉连接的简化画法如图6-18b所示。

绘制和识读螺钉连接图时应注意以下两点:

1) 螺钉的螺纹终止线不能与被连接件的结合面平齐,而是画在螺纹的孔口之上,表示螺钉有拧紧的余地。

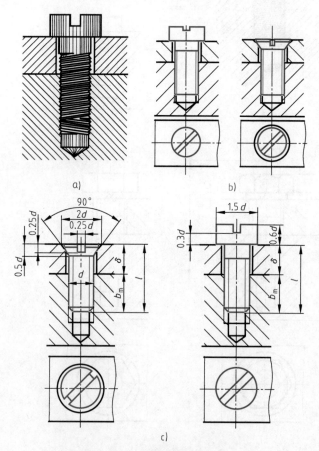

图6-18 常见螺钉连接图

2）具有直槽的螺钉头部，在主视图中应被放正，俯视图中规定画成与水平方向成 45°的右上斜方向。

（3）**紧定螺钉连接**　紧定螺钉用来固定两个零件的相对位置，防止两个相配合的零件产生相对运动。图 6-19 中的轴和齿轮（图中齿轮仅画出轮毂部分），用一个开槽锥端紧定螺钉旋入轮毂的螺孔中，使螺钉端部的 90°锥顶与轴上的 90°锥坑压紧，从而固定了轴和轮的相对位置。

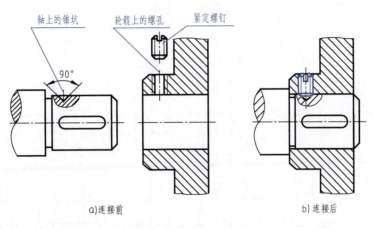

图 6-19　紧定螺钉连接图

任务实施

已知被连接的两个零件厚度分别为：$\delta_1 = 32$mm　$\delta_2 = 30$mm，螺栓的公称直径为 20mm，用比例画法绘制螺栓的连接图

1. 选择螺栓长度 l

（1）**确定紧固件尺寸**　根据螺栓的公称直径 20mm，确定垫片厚度 h、螺母厚度 m、螺栓伸出螺母的长度 a。

$$垫片厚度\ h = 0.15d = 0.15 \times 20\text{mm} = 3\text{mm}$$
$$螺母厚度\ m = 0.8d = 0.8 \times 20\text{mm} = 16\text{mm}$$
$$螺栓伸出螺母的长度\ a = (0.2 \sim 0.3)d = (0.2 \sim 0.3) \times 20\text{mm} = (4 \sim 6)\text{mm}$$

（2）**估算螺栓长度 l**　根据下式估算出螺栓长度 l。

$$l \geqslant \delta_1 + \delta_2 + h + m + a = 32 + 30 + 3 + 16 + 6 = 87(\text{mm})$$

（3）**确定螺栓长度 l**　根据估算出的螺栓长度 l 值，在附录 B 中的表 B-1 中取与估算值相接近的标准长度为 90mm。

2. 绘制螺栓连接图

绘制螺栓连接图的作图步骤如图 6-20 所示。

1）画出基准线，如图 6-20a 所示。
2）画出螺栓的主、左视图（螺纹小径暂时不画），如图 6-20b 所示。
3）画出被连接两个零件的主、左视图，如图 6-20c 所示。
4）画出被连接零件的俯视图轮廓及垫圈的三视图，如图 6-20d 所示。
5）画出螺母的三视图，并画出螺栓上的螺纹，如图 6-20e 所示。

6）画出螺母及螺栓头部的交线及剖面线，检查后按规定的线型加深，如图 6-20f 所示。

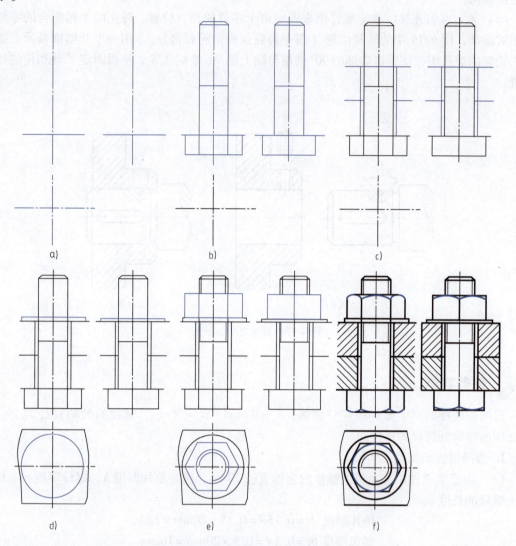

图 6-20　螺栓连接图的作图步骤

任务三　认知齿轮及其传动

任务描述

齿轮是机械传动中广泛应用的传动零件，一般成对啮合使用，主要功用是用来传递运动和动力，还可以改变转速及转动方向。本任务主要介绍齿轮传动的类型，直齿圆柱齿轮各部分的名称、代号、有关参数的计算，圆柱齿轮的规定画法等内容。识读图 6-21 所示圆柱齿轮的零件图。

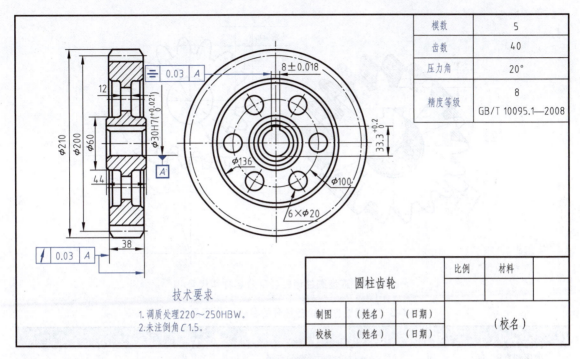

图 6-21 圆柱齿轮的零件图

 相关知识

齿轮的种类很多，按其传动情况可分为三种，如图 6-22 所示。
直齿圆柱齿轮：用于两平行轴间的传动，如图 6-22a 所示。
锥齿轮：用于两相交轴间的传动，如图 6-22b 所示。
蜗杆蜗轮：用于两交错轴间的传动，如图 6-22c 所示。

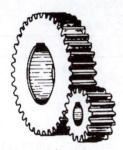  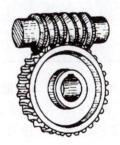

a) 直齿圆柱齿轮　　　　b) 锥齿轮　　　　c) 蜗杆蜗轮

图 6-22 齿轮传动形式

一、直齿圆柱齿轮各部分的名称、代号、主要参数及计算

1. 直齿圆柱齿轮各部分的名称及代号

直齿圆柱齿轮各部分的名称及代号如图 6-23 所示。
直齿圆柱齿轮各部分的名称、代号及含义见表 6-3。

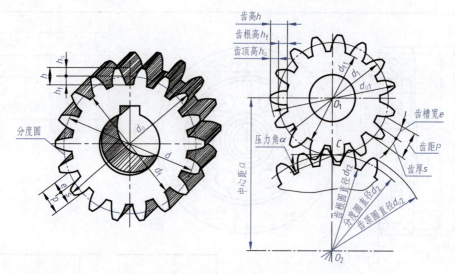

图 6-23 直齿圆柱齿轮各部分名称和代号

表 6-3 直齿圆柱齿轮各部分的名称、代号及含义

名 称	代 号	含 义
齿顶圆直径	d_a	通过轮齿顶端圆的直径
齿根圆直径	d_f	通过轮齿根部圆的直径
分度圆直径	d	在齿顶圆与齿根圆之间的一个假想圆。对于标准齿轮,此圆上齿厚 s 与齿槽宽 e 相等
齿高	h	齿顶圆与齿根圆之间的径向距离
齿顶高	h_a	齿顶圆与分度圆之间的径向距离
齿根高	h_f	齿根圆与分度圆之间的径向距离
齿距	p	在分度圆上,相邻两齿对应齿廓之间的弧长
齿厚	s	在分度圆上,一个齿的两侧齿廓之间的弧长
齿槽宽	e	在分度圆上,一个齿槽的两侧齿廓之间的弧长
中心距	a	两啮合齿轮轴线之间的距离

2. 直齿圆柱齿轮的基本参数

直齿圆柱齿轮的基本参数是齿数及模数。

(1) 齿数 z 齿轮上轮齿的个数。

(2) 模数 m 齿轮上有多少个齿,分度圆上就有多少个齿距。由于分度圆的周长 $\pi d = zp$,所以 $d = zp/\pi$,令 $m = p/\pi$,m 就称为齿轮的模数,则 $d = mz$。

模数以毫米为单位,是齿轮设计与制造的重要参数。为便于齿轮的设计与制造,减少齿轮成形刀具的规格及数量,国家标准对模数规定了标准值,见表 6-4。

表 6-4 标准渐开线圆柱齿轮模数(GB/T 1357—2008) (单位:mm)

第一系列	1,1.25,1.5,2,2.5,3,4,5,6,8,10,12,16,20,25,32,40,50
第二系列	1.75,2,2.5,2.75,(3.25),3.5,(3.75),4.5,5,(6.5),7,9,(11),14,18,22,28,36,45

3. 直齿圆柱齿轮各部分尺寸的计算

直齿圆柱齿轮的基本参数确定以后，齿轮各部分的尺寸可按表 6-5 中的公式计算。

表 6-5 标准直齿圆柱齿轮各基本尺寸计算公式及示例

名　称	代　号	计 算 公 式	例（已知 $m = 2.5$，$z = 20$）
齿顶高	h_a	$h_a = m$	$h_a = 2.5$
齿根高	h_f	$h_f = 1.25m$	$h_f = 1.25 \times 2.5 = 3.125$
齿高	h	$h = h_a + h_f = 2.25m$	$h = 2.5 + 3.125 = 5.625$
分度圆直径	d	$d = mz$	$d = mz = 2.5 \times 20 = 50$
齿顶圆直径	d_a	$d_a = m(z+2)$	$d_a = m(z+2) = 2.5 \times (20+2) = 55$
齿根圆直径	d_f	$d_f = m(z-2.5)$	$d_f = m(z-2.5) = 2.5 \times (20-2.5) = 43.75$
齿距	p	$p = \pi m$	$p = \pi m = 3.14 \times 2.5 = 7.85$
中心距	a	$a = m(z_1 + z_2)/2$	

二、圆柱齿轮的规定画法

典型直齿圆柱齿轮的结构如图 6-24 所示。齿轮的齿廓一般是渐开线曲线，其形状比较复杂，并且一个齿轮的齿数较多。如果按全部实际齿廓画图，图形很繁琐。为此，国家标准对齿轮轮齿部分的画法做了规定，即用不同的线型表示轮齿部分的不同直径，再对齿轮有关的参数用一个表格表示，而齿轮其他部分的结构，仍按投影规律画出。

1. 单个圆柱齿轮的规定画法

常用的圆柱齿轮按轮齿的方向不同，分为直齿圆柱齿轮、斜齿圆柱齿轮和人字齿圆柱齿轮。

齿轮上的轮齿是多次重复的结构，GB/T 4459.2—2003 对齿轮的画法做了如下的规定（图 6-25）：

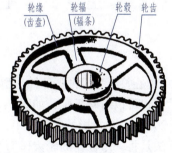

图 6-24 典型直齿圆柱齿轮的结构

1）齿顶圆和齿顶线用粗实线表示，分度圆和分度线用细点画线表示，齿根圆和齿根线用细实线表示（也可以省略不画）。

2）在剖视图中，齿根线用粗实线绘制，并不能省略，轮齿一律按不剖绘制。

3）当需要表示斜齿或人字齿的齿线方向时，用三条与齿线方向一致的细实线表示，如图 6-25c、d 所示。

4）齿轮的其他结构，仍按投影规律画出。

对单个齿轮的画法可概括如下的记忆口诀：

> 表示齿轮三种线：齿顶圆线粗实线，
> 分度圆线点画线，齿根不剖细实线，
> 齿根剖开粗实线，齿向三条细实线。

2. 圆柱齿轮啮合的画法

两标准齿轮互相啮合时，两齿轮的分度圆处于相切的位置，此时分度圆又称为节圆。两齿轮的啮合画法，关键是啮合区的画法，其他部分仍按单个齿轮的画法规定绘制。

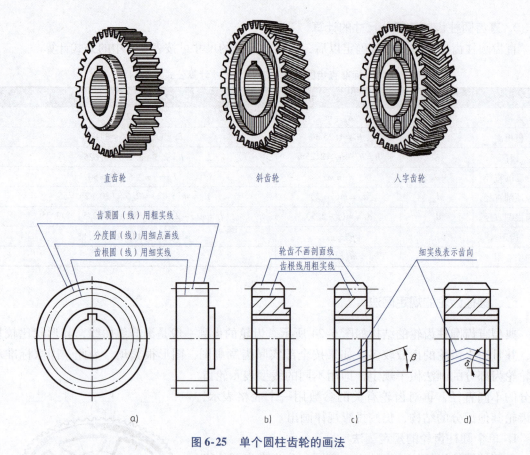

图 6-25 单个圆柱齿轮的画法

1）在投影为圆的视图中，两齿轮的节圆相切。啮合区内的齿顶圆均画成粗实线，如图 6-26a 所示，也可以省略不画，如图 6-26b 所示。

2）在非圆投影的剖视图中，两齿轮节线重合，画成细点画线，齿根线画粗实线。齿顶线的画法是将一个齿轮的轮齿作为可见画成粗实线，另一个齿轮的轮齿被遮住部分画成细虚线，如图 6-26a 所示，该细虚线也可省略不画。

3）在非圆投影的外形视图中，啮合区的齿顶线和齿根线不必画出，节线画成粗实线，如图 6-26c、d 所示。

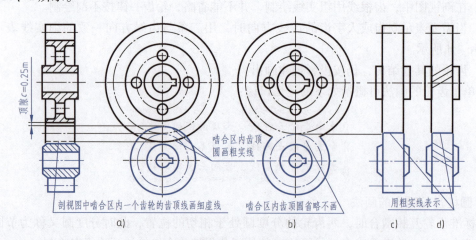

图 6-26 圆柱齿轮啮合的画法

在齿轮啮合的剖视图中，由于齿根高和齿顶高相差 $0.25m$，所以，一个齿轮的齿顶线与另一个齿轮的齿根线之间应有 $0.25m$ 的间隙，如图 6-27 所示。

对啮合区的画法可概括如下的记忆口诀（剖视图中的画法）：

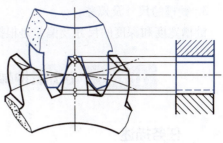

图 6-27 轮齿啮合区的间隙

> 啮合区内五条线：齿根两条粗实线，
> 主动齿顶粗实线，被动齿顶细虚线，
> 分度相切为节圆，只画一条点画线。

任务实施

识读图 6-28 所示直齿圆柱齿轮的零件图

1. 齿轮的图形表达

表达齿轮用了两个视图，即主视图与左视图。

（1）主视图　主视图采用了全剖视，轮齿不剖，齿顶线和齿根线为粗实线，分度线为细点画线。辐板上均匀分布的六个孔是采用简化画法，即将其旋转到剖切平面上画出的。

（2）左视图　左视图为齿轮的端面视图，齿顶圆为粗实线，分度圆为细点画线，齿根圆省略不画。

齿轮的其他结构都是按投影关系绘制的。

2. 齿轮的参数表

参数表位于图 6-28 的右上角，主要参数有模数 m、齿数 z、压力角 α 及齿轮的精度等级。

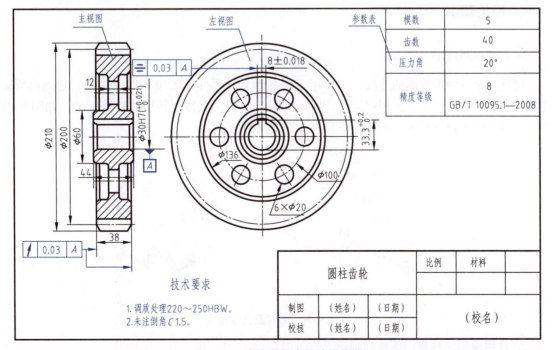

图 6-28 直齿圆柱齿轮的零件图

3. 键槽的尺寸及偏差

键槽宽度和深度的尺寸及偏差是根据轮毂轴孔的公称直径查附录 C 中的 C-2 而得到的。

任务四　认知其他标准件和常用件

任务描述

机械产品上除了大量的使用螺纹和齿轮以外，键、销、滚动轴承、弹簧等，也是必不可少的标准件和常用件。本任务主要介绍这些标准件和常用件的类型、图形特点、适应场合、主要参数等内容。认知图 6-29 所示锥齿轮轴上的标准件和常用件。

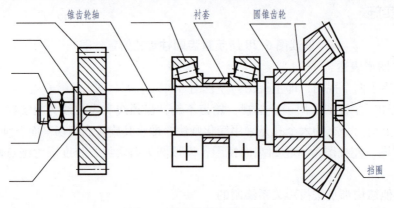

图 6-29　锥齿轮轴的装配简图

相关知识

一、键及其连接

键连接是一种可拆卸的连接，主要用于轴和轴上的零件（如带轮、齿轮等）之间的周向连接，使轴和传动件不产生相对运动，保证其同步旋转，以传递转矩和旋转运动，如图 6-30 所示。键包括单键和花键，本任务主要介绍单键及其连接。

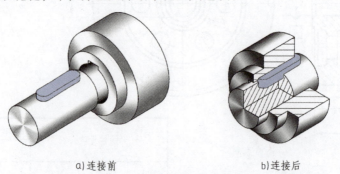

图 6-30　单键及其连接

1. 常用单键的种类、画法和标记

单键的种类很多，常用的有普通平键、半圆键和钩头楔键三种，如图 6-31 所示。常用单键的种类、画法和标记见表6-6，其尺寸与公差可在附录C中的表C-1中查得。

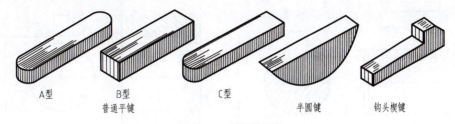

图 6-31　常用的单键

表 6-6　常用单键的形式、画法和标记

名　称	标准编号	图　例	标 记 示 例
普通平键	GB/T 1096—2003		$b=18$mm、$h=11$mm、$L=100$mm 普通 B 型平键的标记为： GB/T 1096 键 $B18\times11\times100$（左图的普通 A 型平键可不标出 A）
普通型半圆键	GB/T 1099.1—2003		$b=6$mm、$h=10$mm、$D=25$mm 普通型半圆键的标记为： GB/T 1099.1 键 $6\times10\times25$
钩头楔键	GB/T 1565—2003		$b=18$mm、$h=11$mm、$L=100$mm 钩头楔键标记为： GB/T 1565 键 18×100

2. 键槽的画法和尺寸标注

因为键是标准件，所以一般不必画出零件图，但要画出零件上与键相配合的键槽，键槽的加工方法如图6-32所示，键槽的画法如图6-33所示。键槽的宽度 b、轴上的槽深 t_1 和轮毂上的槽深 t_2 可从附录C中的表C-2中查得，键的长度 L 应小于或等于轮毂的长度。

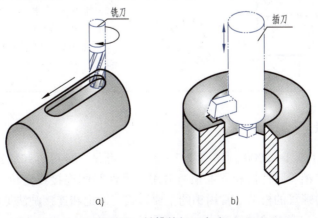

图 6-32　键槽的加工方法

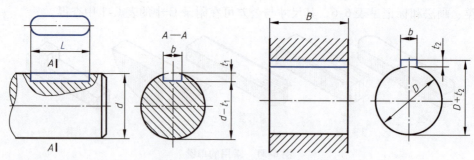

图 6-33 键槽的画法和尺寸标注

3. 键连接的画法

键连接的画法见表 6-7，从表中可以看出，键连接的主视图都是通过轴线和键的纵向对称平面剖切后画出的，键和轴均按不剖绘制。为了表示键在轴上的装配情况，都采用了局部剖视。左视图均为全剖视，其中键为横向剖切，所以要画剖面线，与相邻件的剖面线方向相反或方向相同而间隔错开。

表 6-7 键连接的画法与识读

名 称	连 接 画 法	说 明
普通平键		1）键的两侧面为工作面 2）键与轴上键槽的底面及两侧面为接触面，均应画成一条线 3）键与轮毂上键槽顶面有间隙，必须画两条线
半圆键		1）键的两侧面为工作面 2）键与轴上键槽的圆弧面及两侧面为接触面，均应画成一条线 3）键与轮毂上键槽的顶面有间隙，必须画两条线
钩头楔键		1）键的顶面、底面为工作面 2）键与轴上键槽的底面和孔上键槽的顶面为接触面，只画一条线 3）键的两侧面为非工作面，与键槽的两侧面留有间隙，必须画两条线

二、销及其连接

销连接（GB/T 119.1—2000、GB/T 117—2000）也是一种可拆卸的连接，常用的销有圆柱销、圆锥销和开口销。圆柱销和圆锥销通常用于零件间的连接或定位；开口销常用在螺纹连接的装置中，以防螺母的松动。常用销的主要形式、标记和连接画法见表 6-8。有关参数可从附录 D 中的表 D-1、表 D-2 中查得。

表 6-8 常用销的形式、标记及连接画法

名 称	图 例	标记示例	连接画法
圆柱销		销 GB/T 119.1 6m6×50 表示公称直径 $d=6$mm、公差带代号为 m6、公称长度 $L=50$mm、材料为钢、不经淬火，不经表面处理的圆柱销	
圆锥销		销 GB/T 117 10×80 表示公称直径（小端）$d=10$mm、公称长度 $L=80$mm、材料为 35 钢、热处理硬度 28—38HRC、表面氧化处理的 A 型圆锥销	
开口销		销 GB/T 91 3×20 表示公称规格为 3mm、长度 $L=20$mm、材料为低碳钢、不经表面处理的开口销	

三、滚动轴承

滚动轴承是支承旋转轴的标准组合件。由于它具有摩擦力小、结构紧凑等优点，所以被现代汽车工业广泛采用。滚动轴承的种类很多，其结构大体相同，一般由外圈、内圈、滚动体和保持架四部分组成，如图 6-34 所示。

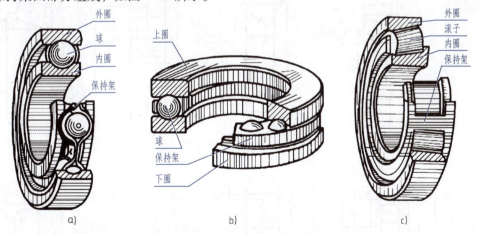

图 6-34 滚动轴承的类型及结构

在使用时，内圈装在轴上，随轴一起转动；外圈装在机体或轴承座内，一般固定不动；滚动体安装在内、外圈之间的滚道中，其形状有球形、圆柱形和圆锥形等，当内圈转动时，它们在滚道内滚动；保持架用来隔离滚动体。

1. 滚动轴承的分类

滚动轴承按其受力方向可分为三类：

（1）向心轴承　主要承受径向力，如深沟球轴承。

（2）推力轴承　只承受轴向力，如推力球轴承。

（3）向心推力轴承　同时承受径向力和轴向力，如圆锥滚子轴承。

2. 滚动轴承的画法

因滚动轴承是标准组合件，不需要画零件图。当需要在图样中表示时，其画法分为三种情况（表6-9）：需较详细地表达滚动轴承的主要结构时，可采用规定画法；只需较形象地表达滚动轴承的结构特征时，可采用特征画法；当不需要表示滚动轴承的外形轮廓、承载特性及结构特征时，采用通用画法。

常用滚动轴承的有关参数可从附录 E 中查得。

表6-9　滚动轴承的画法

名称和标准编号	画法			
	规定画法	特征画法	通用画法	装配画法
深沟球轴承 GB/T 276—2013	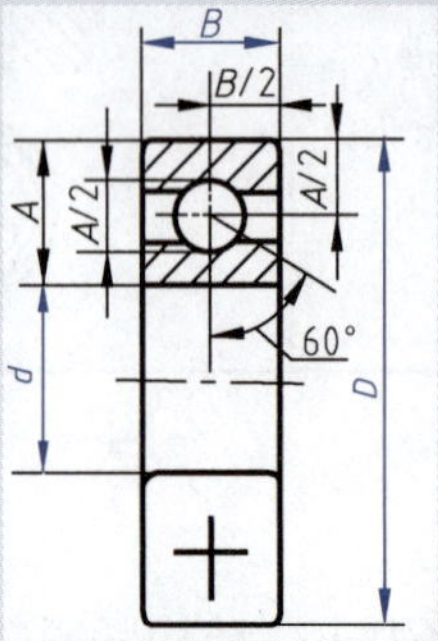	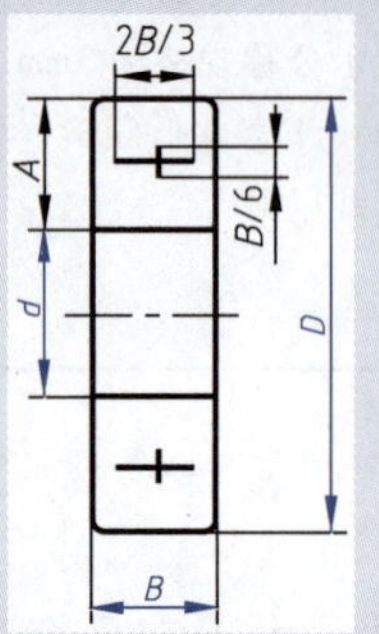		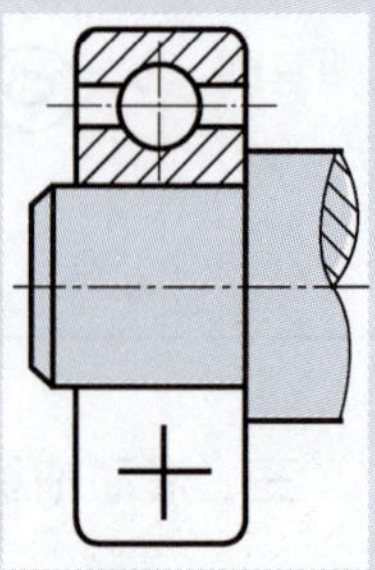
圆锥滚子轴承 GB/T 297—1994	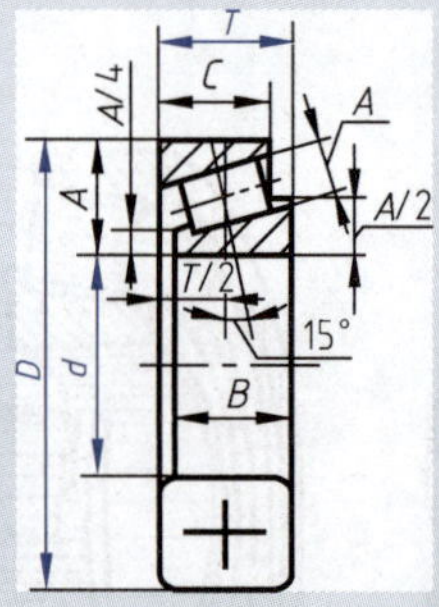	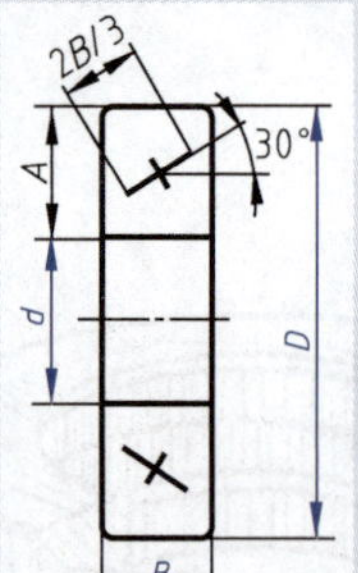	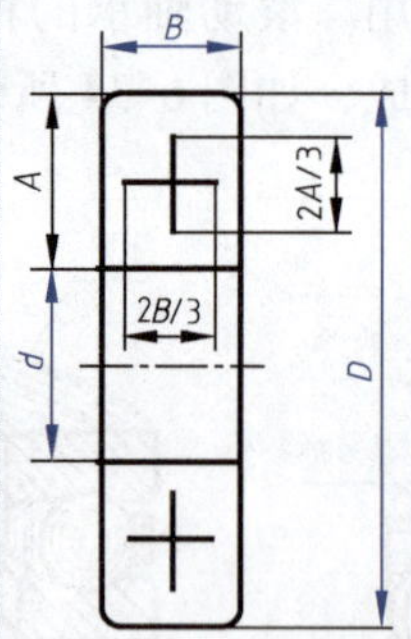	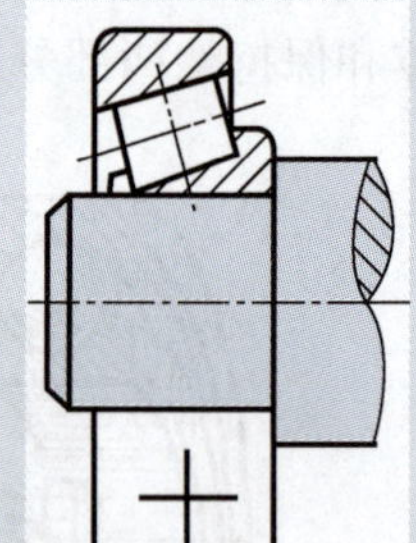
推力轴承 GB/T 28697—2012	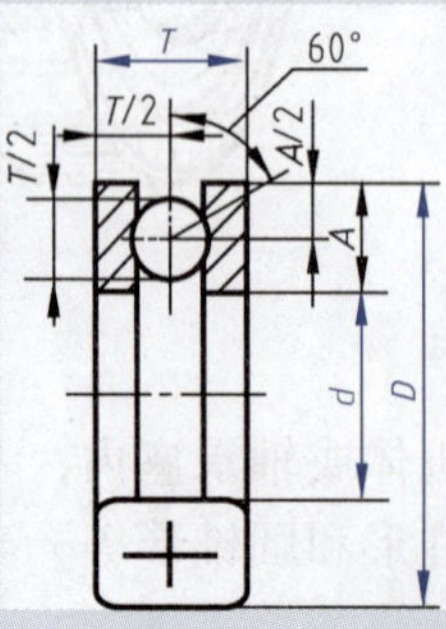	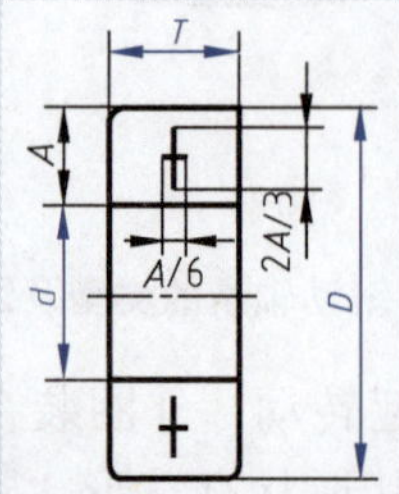		

四、弹簧

弹簧是利用材料的弹性变形和结构特点，通过变形和储存能量来工作的，当外力去除后能立即恢复原状。它属于常用件，可作为减振、夹紧、复位、调节等使用。弹簧的种类很多，常见的弹簧如图 6-35 所示。

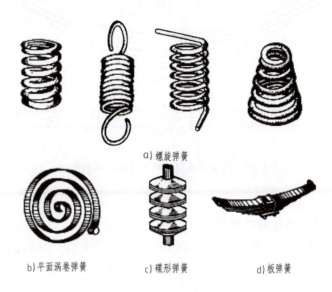

a) 螺旋弹簧

b) 平面涡卷弹簧　　c) 碟形弹簧　　d) 板弹簧

图 6-35　常见的弹簧

1. 圆柱螺旋压缩弹簧的表示方法

GB/T 4459.4—2003 对弹簧的画法作了如下规定：

1）在平行于螺旋弹簧轴线的投影面的视图中，其各圈的轮廓应画成直线。

2）有效圈数在四圈以上时，可以每端只画出 1～2 圈（支承圈除外），其余省略不画。

3）螺旋弹簧均可画成右旋，但左旋弹簧不论画成左旋或右旋，均需注写旋向"左"字。

4）螺旋压缩弹簧如要求两端并紧且磨平时，不论支承圈多少均按支承圈 2.5 圈绘制。

弹簧的表示方法可以用视图、剖视图和示意画法，如图 6-36 所示。

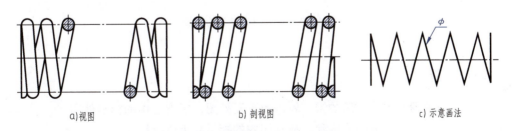

a) 视图　　　　　　　b) 剖视图　　　　　　　c) 示意画法

图 6-36　圆柱螺旋压缩弹簧的表示法

2. 汽车钢板弹簧的画法

钢板弹簧是汽车悬架中应用最为广泛的弹性组件，它由若干片不等长但等宽、等厚的合金钢弹簧片组成。图 6-37 所示是某汽车前悬架钢板弹簧的结构，组成部分的名称及画法。

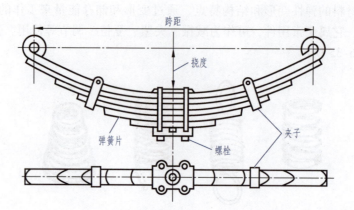

图 6-37 汽车前悬架钢板板簧的结构及画法

3. 装配图中弹簧的简化画法

在装配图中，被弹簧挡住的机件按不可见处理，可见轮廓线只画到弹簧钢丝的剖面轮廓或中心线上，如图 6-38a 所示。螺旋弹簧被剖切时，簧丝直径小于 2mm 的断面可以涂黑表示，如图 6-38b 所示；簧丝直径小于 1mm 时，采用示意画法，如图 6-38c 所示汽车气门弹簧的画法。

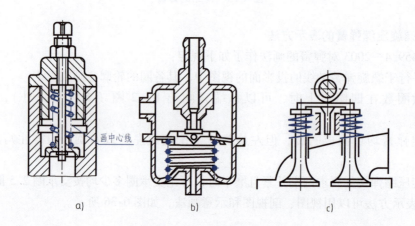

图 6-38 装配图中弹簧的画法

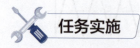

识读图 6-39a 所示的锥齿轮轴的装配简图，指出图中的标准件和常用件的名称，在 b 图中的指引线上进行标注

分析：图中含有齿轮、键、滚动轴承、螺钉、垫圈、螺纹等，各标准件和常用件的名称在图中的位置标注，如图 6-39b 所示。

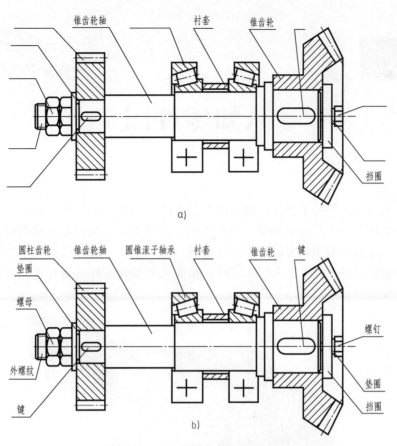

图 6-39　识读锥齿轮轴的装配简图

项目小结

本项目所介绍的螺纹及连接件、齿轮、键、销、滚动轴承等标准件和常用件，在各种机械中，有着广泛的应用，它们起着连接固定、传递运动、控制调节及能量转换等重要作用。

由于这些零部件的结构形状都比较复杂，并且由专门厂家进行大批量生产。为了减少设计和绘图的工作量，国家标准对上述的标准件和常用件及多次重复出现的结构要素（如螺钉上的螺纹和齿轮上的轮齿等）规定了简化的特殊表达方法，即不再画出它们的真实投影，也不需要标注全部尺寸，而是采用规定画法和简化画法及有关标记与代号，来说明它们的整体结构与尺寸。这部分内容既是零件图的补充，又是装配图的一个组成部分。

因为常用件及多次重复出现的结构要素采用规定画法，所以对具体的规定应牢固记忆，特别是对表示螺纹的"两种线"及表示齿轮的"三种线"会分析图形的表达方式（视图名称及剖开与否）；对于不同种类的螺纹及齿轮，因画法规定相同，则必须从代号的标注及标记上加以区分；对于螺纹的连接及齿轮的啮合画法，应重点掌握"连接处"及"啮合区"的画法规定；螺纹连接处按外螺纹的规定画法画出，齿轮啮合区必须画出五条线（剖开画法）。对于键、销、滚动轴承等，应重点掌握在装配图中的画法规定。

项目七 认知零件图

一辆汽车或汽车上的一个部件,都是由若干零部件按照一定装配关系和技术要求装配而成的,如图7-1所示的汽车后驱动桥,是由半轴、差速器、主减速器从动齿轮、主减速器壳体、半轴套管、主减速器主动齿轮等零件组成的。这些零件一般都是由汽车生产厂家设计生产的。设计师设计零件,技术工人加工零件,检验人员检验零件,所有这些过程的实施都是依靠零件图来完成的。

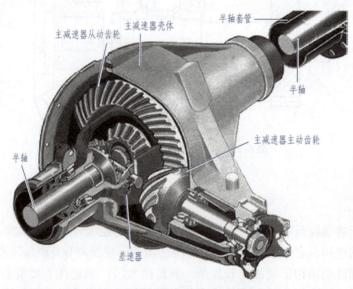

图7-1 汽车后驱动桥的主要构成

零件图是表达零件的结构形状、尺寸及技术要求的图样,是制造和检验零件的依据,是反映零件结构、大小及技术要求的载体。本项目主要介绍零件图表达方案的选择、尺寸标注的具体规定、技术要求的注写方法和工艺结构表达方法等内容,为识读零件图奠定良好的基础。

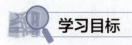

学习目标

1. 明确零件图中表达的主要内容。
2. 会根据零件的复杂程度选择合适的表达方案。
3. 明确零件图中尺寸基准的选择原则及尺寸标注的方法。
4. 懂得零件图中各项技术要求的含义。

5. 明确零件上工艺结构的类型及其表达方法。

任务一　选择零件的表达方案

任务描述

选择零件图的表达方案，就是根据零件的结构特点，综合运用前面所学到的各种表达方法，将零件的内外形状完整、清晰地表达出来。本任务主要介绍零件图的内容及零件表达方案的选择方法。根据图 7-2 所示支架的轴测图，选择合理的表达方案。

相关知识

一、零件图的内容

图 7-3 所示是汽车后驱动桥中主减速器主动齿轮的零件图，主动齿轮的结构形状是根据它在汽车后驱动桥中的位置和作用而设计的，要制造出合格的主动齿轮零件，在该零件图中必须包含有制造和检验该零件的全部技术资料。因此，一张完整的零件图所包括的内容如下。

图 7-2　支架

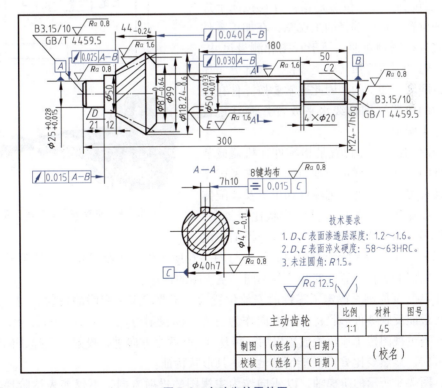

图 7-3　主动齿轮零件图

(1) 一组图形 用于正确、完整、清晰和简洁地表达出零件内外形状的图形，包括机件的各种表达方法，如视图、剖视图、断面图和简化画法等。

(2) 完整的尺寸 正确、完整、清晰、合理地标注出制造零件所需的全部尺寸。

(3) 技术要求 用规定的代号、数字、字母和文字注解说明制造和检验零件时在技术指标上应达到的要求，如表面粗糙度、尺寸公差、几何公差和硬度等。

(4) 标题栏 用于填写零件的名称、材料、比例、图号以及设计、审核人员的责任签字等。

以上各项内容中，除标题栏以外，其他内容将在本项目中详细介绍，机械零件常用材料及热处理方法参考附录G。

二、零件图表达方案的选择

汽车零件的结构和形状一般都比较复杂，要把这些零件的内、外形状和结构正确、完整、清晰地都表达清楚，必须首先选好主视图，再配合其他视图及必要的剖视图、断面图、局部放大图等表示法，确定一个合理的表达方案。

1. 选择主视图

主视图是表达零件结构形状特征最多的一个视图，所以应选择反映零件结构形状最突出和各形体结构之间相互位置关系最明显的方向作为主视图的投射方向，即零件主视图的选择应满足"合理位置"和"形状特征"两个基本原则。

(1) 合理位置原则 所谓"合理位置"，是指零件的安放状态应符合零件的加工位置或工作位置。

1) 加工位置。加工位置是指零件在机床上加工时所处的位置。这样选择的主视图，在加工零件时可以直接进行图物对照，便于看图和测量尺寸。如轴、套、轮、圆盘等回转体类零件，大部分工序是在车床或磨床上加工的，因此通常要按零件在机床上加工时的位置（即轴线水平放置）画其主视图，如图7-4所示。

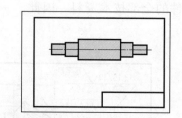

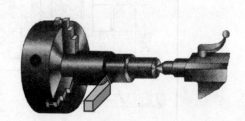

图7-4 轴类零件的加工位置

2) 工作位置。工作位置是指零件在机器或装配体中所处的位置。这样可根据装配关系来考虑零件的形状及有关尺寸，便于把零件和机器及装配体联系起来。如箱体、叉架等零件的形状比较复杂，加工工序较多，加工状态各不相同，宜选择工作位置作为主视图。如图7-5所示汽车的前拖钩与图7-6所示的起重机吊钩，尽管形状和结构类似，但由于它们的工作位置或安装位置不同，主视图的选择也不同。

(2) 形状特征原则 确定了零件的安放位置后，还要确定主视图的投射方向。形状特征原则就是将最能反映零件形状特征的方向作为主视图的投射方向。图7-7所示为空气压缩机的气缸体，当主视图按工作位置放置以后，可从 A、B 两个方向进行投射，选择 A 向作为主视图的投射方向，显然要比 B 向更能清楚地表达其形状特征。

再如，图7-8所示的阶梯轴，以 A 向作为主视图的投射方向，不仅能表达阶梯轴各段的形状和大小，而且能显示轴上键槽和圆孔的位置。若以 B 向作为主视图的投射方向，画出的主视图是不同直径的同心圆，不如 A 向清楚。

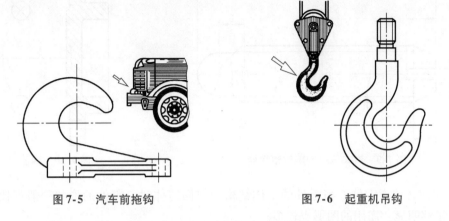

图 7-5　汽车前拖钩　　　　　　　图 7-6　起重机吊钩

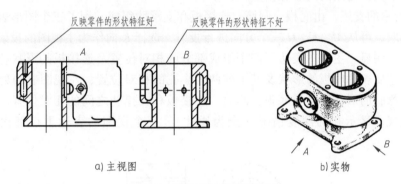

图 7-7　空气压缩机的气缸体

2. 选择其他视图

一般情况下，仅用一个主视图不能完整地反映零件的结构和形状。因此，主视图确定了以后，还应根据零件的复杂程度，选择其他视图，包括剖视图、断面图和简化画法等各种表达方法，以弥补主视图表达的不足。

选择其他视图时，首先要考虑看图方便，在完整、清晰地表达零件结构形状的前提下，应尽量减少视图数量，力求图形简单，画图、看图方便。

（1）回转体类零件　当零件的主体结构形状为回转体时，其形状特征比较明

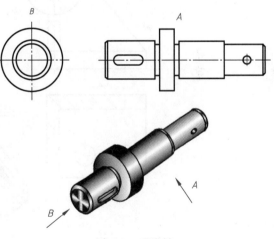

图 7-8　阶梯轴

显，表达方案也容易确定，例如轴、套、轮、圆盘等。这类零件的表达特点是：主视图按加工位置将轴线水平放置，再配合断面图、局部剖视图、局部放大图等表达局部结构和形状。

例如图 7-9 所示的气门间隙调整螺栓，仅用一个主视图，加上尺寸标注，就可表达清楚；再如图 7-10 所示的端盖，将主视图画成全剖视图，如果加上尺寸标注，其内外结构形状已基本表达清楚，将四个沿圆周均匀分布的圆孔采用简化画法表示后，左视图可省略不画。

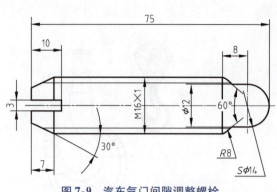
图 7-9 汽车气门间隙调整螺栓

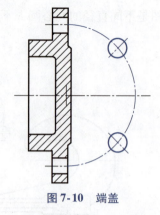
图 7-10 端盖

（2）**非回转体类零件** 当零件的主体结构为非回转体时，零件的形状一般都比较复杂，形状特征不够明显，需用的图形也较多。

图 7-11 所示的支座，由底板、圆筒、连接板和支承肋组成，用了三个图形表达，主视图按工作位置选取，可从 M、K、Q 三个方向进行投射，选择 K 向作为主视图的投射方向，表达形状和位置特征明显。主视图表达了四个组成部分的相对位置及连接板的形状特征，俯视图为全剖视图，主要表达底板的形状及其上的两个小孔的相对位置；左视图有两处采用了局部剖视，表达支撑肋的形状特征及底板、圆筒、连接板和支撑肋之间的相对位置，圆筒和小孔采用了局部剖视，显示孔的深度情况（全为通孔）。三个视图的表达重点都很明确，缺一不可。

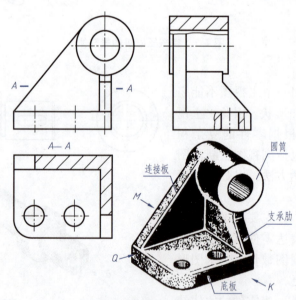

图 7-11 非回转体类零件（支座）的视图表达

选择支架的表达方案

1. 结构分析

图 7-12a 所示的支架，按形体分析的方法，将其分为三个组成部分，如图 7-12b 所示。三

个组成部分的位置是左右对称分布，底板在下，圆筒在上，连接板处于中间的位置。底板的外形为矩形，四个角为圆角并分布有四个安装孔，处于倾斜的位置；圆筒是水平放置的空心圆柱体；连接板是十字形的肋板，用于连接底板和圆筒。

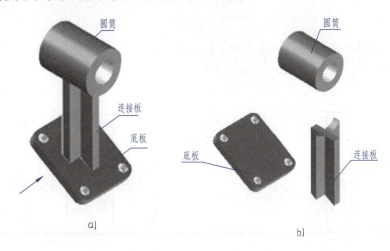

图 7-12 支架的形体分析

2. 选择表达方案

（1）选择主视图 根据支架的结构特点，选择如图 7-12a 所示的箭头所指方向为主视图的投射方向，表达了水平的圆筒、十字形的连接板和倾斜底板的外部形状及相对位置关系；通过对圆筒和小孔处作局部剖视，表达了圆筒上通孔和底板上小孔的内部形状，如图 7-13 所示。

（2）选择其他视图 为了表示倾斜底板的实形和四个小孔的分布情况，采用了旋转放置的 A 向斜视图；为了表示十字形连接板的断面形状，采用移出断面图；为了表示圆筒和十字形连接板的连接关系，采用了一个局部视图，如图 7-13 所示。

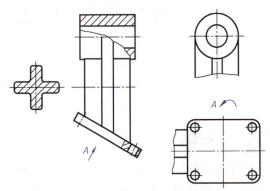

图 7-13 支架的表达方案

这样，用了四个图形完整、清晰地表达了支架的结构形状。

任务二　识读零件图的尺寸

任务描述

零件图上各部分的大小，是以图样上标注的尺寸为依据进行制造和检验的。因此，在零件图中标注尺寸时，不但要满足前面所述的正确、齐全和清晰等要求，还要考虑尺寸标注的合理性。本任务主要介绍零件图中尺寸基准的选择、合理标注尺寸的基本原则、零件上常见孔的尺寸注法。识读图 7-14 所示制动踏板座的图形表达及尺寸标注，并想象其形状。

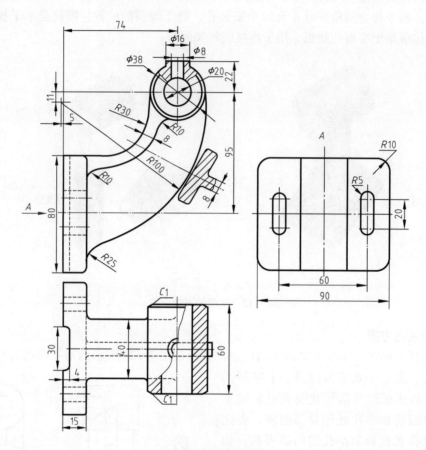

图 7-14 制动踏板座

 **相关知识**

为了合理地标注尺寸,必须了解零件的作用、该零件在机器中的装配位置及采用的加工方法等,选择恰当的尺寸基准,并按一定的原则进行标注。

一、尺寸基准的选择

每个零件都有长、宽、高三个方向的尺寸,每个方向最少要选择一个基准。一般选择零件的安装面、端面、装配时的结合面,零件的对称面,回转体的轴线等作为基准。根据作用不同,基准分为设计基准和工艺基准。

1. 设计基准

根据设计要求,用以确定零件上各结构的位置所选定的基准,称为设计基准,即主要基准。如图 7-15 所示的轴承座,由于一根轴需要用两个轴承来支承,两轴承孔的轴线应处于同一条线上,且应与基准面平行,以保证两个轴承孔的轴线距底板的底面等高,因此,选择底板的底面即轴承座的支撑面为高度方向的设计基准;为了保证底板上两个螺栓安装孔之间的中心距及其与轴承孔的对称关系,实现两轴承座安装后同轴,以轴承座的左右对称面为长度方向的设计基准;圆筒的后端面是主要加工定位面,选为宽度方向的设计基准。

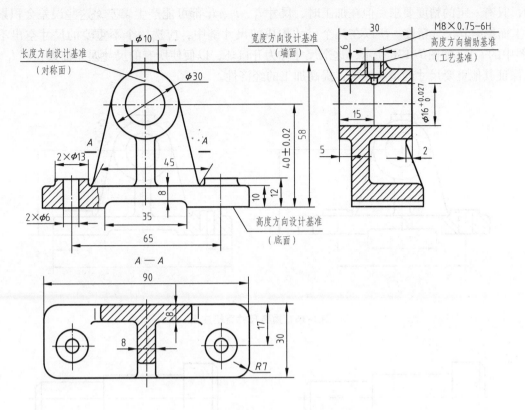

图 7-15 轴承座的尺寸标注及基准选择

2. 工艺基准

从加工工艺的角度考虑，为便于零件的加工、测量和装配而选定的基准，称为工艺基准，即辅助基准。在标注尺寸时，最好使设计基准与工艺基准重合，以减少误差的积累。

对于轴承座的主体结构，底面是设计基准，也是工艺基准，是轴承座高度方向的主要基准；而对于顶面的局部结构，凸台顶面既是螺孔深度的设计基准，又是其加工测量的工艺基准，是轴承座高度方向的辅助基准，两基准之间的联系尺寸是 58mm。

二、合理标注尺寸的基本原则

1. 重要尺寸直接注出

重要尺寸是指直接影响零件在机器中的工作性能和位置关系的尺寸，如零件之间的配合尺寸、重要的安装定位尺寸等。

如图 7-16a 中轴承孔的中心高 a 应从设计基准（底面）为起点直接注出，不能像图 7-16b 所示的那样，以 b、c 两个尺寸之和来间接得到尺寸 a。为了保证底板上两个安装孔与机座上的两个螺孔对中，必须直接注出其中心距的尺寸 l，而不能像图 7-16b 所示的那样，标注两个尺寸 e 而间接保证中心距的尺寸 l。

2. 避免出现封闭的尺寸链

封闭的尺寸链是指尺寸线首尾相接，绕成一整圈的一组尺寸。

图 7-17a 所示的台阶轴，长度方向不仅注出了各轴段的尺寸 l_1、l_2、l_3，还标注了总长 l_4，使各尺寸首尾相接，构成了封闭的尺寸链，这种情况应避免。因为尺寸 l_4 是尺寸 l_1、l_2、l_3 之

和,具有一定的精度要求。但在加工时,尺寸 l_1、l_2、l_3 都可能产生误差,这些误差会积累到 l_4 上而影响其尺寸精度。所以在几个尺寸构成的尺寸链中,应选一个不重要的尺寸空出不注(图中的 l_1),如图 7-17b 所示,这个尺寸称为开口环,以便使所有的尺寸误差都累积到 l_1 上,以保证其他重要尺寸的精度要求,提高加工的经济性。

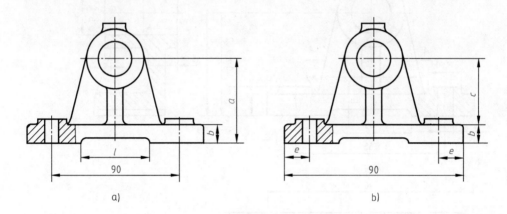

图 7-16 重要尺寸直接注出

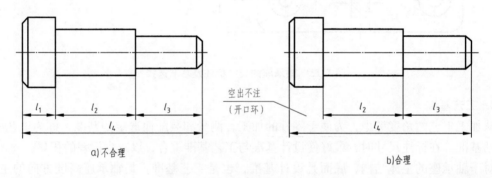

图 7-17 避免出现封闭的尺寸链

3. 符合加工顺序

图 7-18a 所示的阶梯轴,其加工的四个工步如图 7-18b ~ e 所示,加工部位及保证的轴向尺寸如下:

图 7-18b 为车两端面,保证轴向尺寸 128mm;图 7-18c 为车左端的外圆及台阶,保证轴向尺寸 23mm;图 7-18d 为车右端的外圆及大台阶,保证轴向尺寸 74mm;图 7-18e 为车右端的外圆及小台阶,保证轴向尺寸 51mm。

从图 7-18b ~ e 可以看出,图 7-18a 中标注的尺寸符合加工顺序,从下料到每一加工工步,均可从图中直接看出应保证的尺寸。

4. 考虑测量方便

图 7-19 所示的套筒,在轴向尺寸注法中,很显然图 7-19b 中所注的尺寸 B 测量就比较困难,特别是当孔很小时,根本就无法直接测量;而图 7-19a 中标注的尺寸 A 和 C 测量都很方便。

再如图 7-20 所示的轴槽及轮毂槽的断面图,图 7-20a 中所标注的尺寸均以轴线为基准,

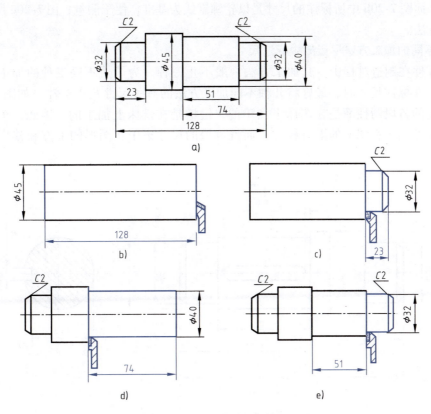

图 7-18 按工步顺序标注尺寸

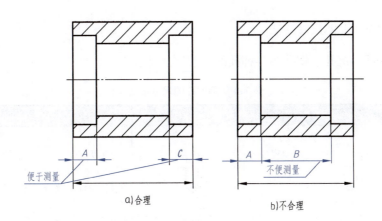

图 7-19 标注尺寸应便于测量

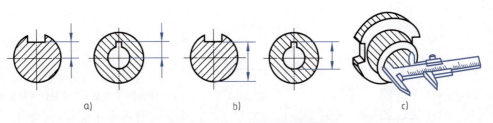

图 7-20 标注尺寸应便于测量

无法测量；而图 7-20b 中所标注的尺寸是以轮廓素线为基准，便于测量；图 7-20c 所示为测量轮毂槽的方法。

5. 按不同的加工方法尽量集中标注尺寸

一个零件在制造过程中，其加工方法一般不止一种。为了使不同工种的加工者加工时看图方便，在标注尺寸时，最好将几种不同加工方法的有关尺寸集中标注。如图 7-21 所示的轴，其上的各段圆柱面是在车床上加工的，键槽是在铣床上加工的。因此，车削时应保证的轴向尺寸集中在图形的下方标注，而铣键槽的尺寸集中在图形的上方和移出断面图上标注。

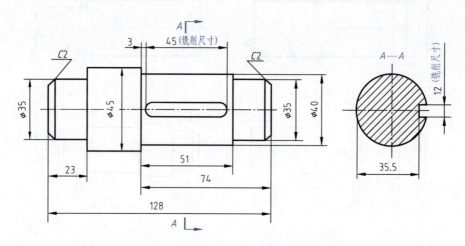

图 7-21 按不同的加工方法尽量集中标注尺寸

三、零件上常见孔的尺寸注法

零件上的光孔、沉孔、螺孔等各种孔的尺寸注法见表 7-1。

表 7-1 常见孔的尺寸注法

零件结构类型		简化注法	一般注法	说　　明
光孔	一般孔	$4×\phi5\downarrow10$　　$4×\phi5\downarrow10$	$4×\phi5$	↧深度符号 $4×\phi5$ 表示直径为 5mm 均布的 4 个光孔，孔深可与孔径连注，也可分注
光孔	精加工孔	$4×\phi5^{+0.012}_{0}\downarrow10$ 孔↧12　　$4×\phi5^{+0.012}_{0}\downarrow10$ 孔↧12	$4×\phi5^{+0.012}_{0}$	光孔深为 12mm，钻孔后需精加工至 $\phi5^{+0.012}_{0}$ mm，深度为 10mm
光孔	锥销孔	锥销孔 $\phi5$ 配作　　锥销孔 $\phi5$ 配作	锥销孔 $\phi5$ 配作	$\phi5$ 为与锥销孔相配的圆锥销小头直径（公称直径），锥销孔通常是两零件装在一起后加工的

(续)

零件结构类型		简化注法	一般注法	说　明
埋头孔		4×φ7 ∨φ13×90° ／ 4×φ7 ∨φ13×90°	90° φ13 ／ 4×φ7	∨ 埋头孔符号 4×φ7 表示直径为 7mm 均匀分布的 4 个孔。埋头孔可以旁注，也可直接注出
柱形沉孔		4×φ7 ⊔φ13▽3 ／ 4×φ7 ⊔φ13▽3	φ13 3 ／ 4×φ7	⊔ 沉孔及锪平符号 柱形沉孔的直径为 φ13mm，深度为 3mm，均需标注
锪平孔		4×φ7 ⊔φ13 ／ 4×φ7 ⊔φ13	锪平 φ13 ／ 4×φ7	锪平孔 φ13mm 的深度不必标注，一般锪平到不出现毛面为止
螺孔	通孔	2×M8 ／ 2×M8	2×M8-6H	2×M8 表示公称直径为 8mm 的 2 个螺孔（中径和顶径的公差带代号 6H 可以不注），可以旁注，也可直接注出
	不通孔	2×M8▽10 孔▽12 ／ 2×M8▽10 孔▽12	2×M8-6H 10 12	一般应分别注出螺孔和光孔的深度尺寸（中径和顶径的公差带代号 6H 可以不注）

任务实施

　　识读图 7-22 所示制动踏板座的尺寸，想象其形状
　　在分析尺寸之前，首先要对图形表达进行分析。
　　1. 表达方案分析
　　表达制动踏板座共用了 4 个图形，即主视图、俯视图、局部视图和移出断面图。
　　（1）主视图　主视图为局部剖视图，表达制动踏板座的主要形状特征及各组成部分之间的相互位置关系，上方的局部剖视，是为了表达凸台上的通孔。
　　（2）俯视图　俯视图也是局部剖视图，主要表达制动踏板座宽度方向的形状及尺寸，并补充表达各组成部分的位置关系；俯视图上作出局部剖视，是为了表达制动踏板座右上方圆筒内的通孔，同时也保留了凸台的形状特征。
　　（3）局部视图　局部视图 A 按基本视图的位置配置，相当于右视图的一部分，表达制动踏板座左方踏板的形状特征。
　　（4）移出断面图　移出断面图主要表达中间连接部分的断面形状及尺寸。
　　2. 尺寸标注分析
　　尺寸标注如图 7-22 所示。

(1) 尺寸基准

1）长度方向的尺寸基准是制动踏板座上踏板的左端面。

2）高度方向的尺寸基准是踏板在高度方向的对称面。

3）宽度方向的尺寸基准是制动踏板座前后方向的对称面。

(2) 分析主要尺寸

1）上部轴承孔的定位尺寸。上部 $\phi 20$mm 轴承孔的轴线在长度方向的定位尺寸是 74mm，在高度方向的定位尺寸是 95mm。

2）踏板上安装孔的定位尺寸。安装板上两个安装孔在宽度方向的定位尺寸为 60mm，其上 R5mm 圆弧高度方向的定位尺寸是 20mm。

3）总体尺寸。总宽尺寸为 90mm，因右上角是圆筒的缘故，未标注总长尺寸和总高尺寸。

4）主要定形尺寸。右上角圆筒外圆的定形尺寸是 $\phi 38$mm、60mm，内孔的定形尺寸是 $\phi 20$mm，其上还有凸台，尺寸是 $\phi 16$mm、$\phi 8$mm；安装板的定形尺寸是 90mm、80mm、15mm。

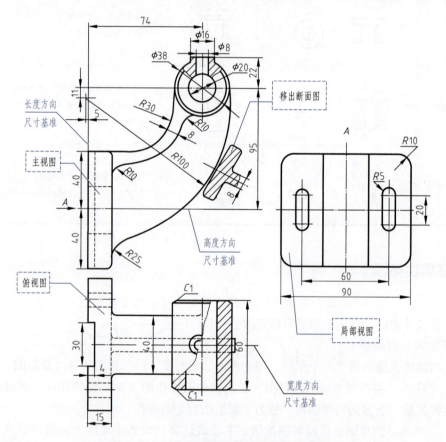

图 7-22 制动踏板座的表达方案及尺寸分析

其他尺寸请读者自行分析。

3. 想象结构形状

通过对上述各图形的分析，可以想象出制动踏板座是由三部分组成的。

(1) 踏板　踏板的形状主要由主、俯视图和局部视图 A 反映。基本形状是四角带圆弧的矩形板，其上有两个长圆孔，左端还有一个上下方向的矩形通槽。

(2) 圆筒　圆筒的形状主要由主视图、俯视图反映。基本形状是空心圆柱体，在其两端外部都有倒角，圆筒上方有凸台。

（3）**连接板** 连接板是踏板与圆筒的连接部分，其形状主要由主视图、俯视图和移出断面图反映，基本形状是弯曲的 T 形结构。

通过仔细分析，可以想象出制动踏板座的形状如图 7-23 所示。

图 7-23 想象出制动踏板座的形状

任务三 认知零件上的工艺结构

 任务描述

零件的结构和形状，除了应满足使用要求外，还应满足制造工艺的要求，即应具有合理的工艺结构。本任务主要介绍机械零件上常见的铸造工艺结构和机械加工工艺结构等知识。认知图 7-24 所示的轴承座上所具有的一些工艺结构。

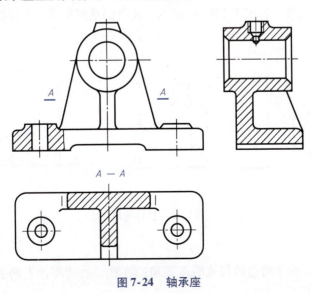

图 7-24 轴承座

实际生产中的大多数机械零件,都是通过铸造和机械加工制成的。为了满足零件制造的需要,在零件上常出现一些因制造要求而设计的结构。这些结构在零件图上能正确地反映工艺要求,称为零件的工艺结构。在识读零件图或加工时应考虑这些结构,以免因结构不合理而造成加工困难或无法加工,甚至造成废品。

一、铸造零件的工艺结构

1. 起模斜度

如图 7-25a 所示,在铸造零件毛坯时,为便于将模型从砂型中取出,一般沿木模的起模方向做出一定的斜度,称为起模斜度。

起模斜度一般为 1:20~1:10,约相当于 3°~6°(图 7-25)。在铸件的内、外壁沿起模方向也应有相应的斜度。起模斜度在制作模型时应予以考虑,零件图上一般不需注出,必要时,可在技术要求中用文字说明。

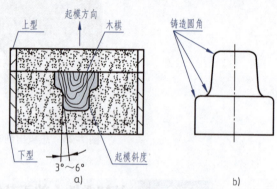

图 7-25 起模斜度与铸造圆角

2. 铸造圆角

如图 7-25b 所示,为防止浇注时砂型在尖角处产生脱落和避免铸件冷却收缩时在尖角处产生裂纹,铸件各表面相交处应设计成圆角。这种因铸造要求而设计的圆角称为铸造圆角。铸造圆角的大小一般取 $R3 \sim R5 \text{mm}$,可在技术要求中统一注明。

3. 铸件壁厚

铸件上各部分壁厚应尽量均匀。若铸件壁厚不均匀,铸件在浇注后,因各处金属冷却速度不同,薄壁处冷却快先凝固,厚壁处冷却慢,易产生缩孔,或在壁厚突变处产生裂纹。为了避免浇注后由于注件壁厚不均匀而产生如图 7-26a 所示的缩孔、裂纹等缺陷,应尽可能使铸件壁厚均匀或逐渐过渡,如图 7-26b、c 所示。铸件的壁厚尺寸一般直接注出。

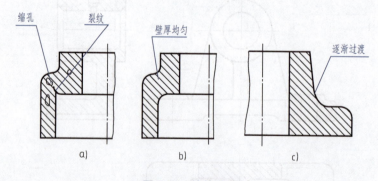

图 7-26 铸件壁厚

4. 过渡线

在铸件或锻件上,由于铸造圆角或锻造圆角的存在,就使零件上的表面交线显得不十分明显。为了便于读图及区分不同形体的表面，在零件图上仍需画出两表面的交线，这些不太明显的表面交线称为过渡线，其画法如图 7-27 所示。

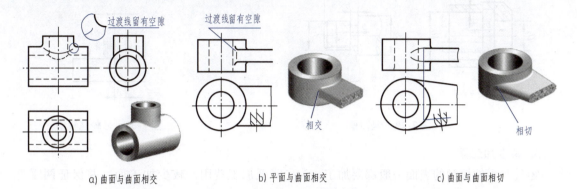

图 7-27　过渡线的画法

可见过渡线用细实线表示，不可见过渡线仍用细虚线表示。过渡线的画法与没有圆角时表面交线的画法基本相同，只是过渡线的两端与其他轮廓线之间应留有空隙。

二、机械加工工艺结构

1. 倒角和倒圆

如图 7-28 所示，为了便于装配和安全操作，轴或孔的端部应加工成倒角；为了避免应力集中而产生裂纹，常把轴肩处加工成圆角的过渡形式，称为倒圆。45°倒角的标注形式如图 7-28a、c 所示（图中符号 C 表示 45°倒角，1 表示两直角边的尺寸）。非 45°倒角的标注见图 7-28b，应分别标出角度值和轴向尺寸。倒圆的标注形式如图 7-28c 所示。

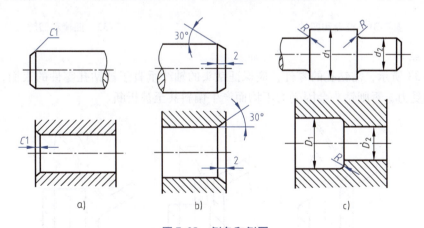

图 7-28　倒角和倒圆

2. 退刀槽或砂轮越程槽

加工时为了便于退出刀具或砂轮，在被加工面的终端预先加工出的沟槽称为退刀槽或砂轮越程槽。其结构和尺寸可根据轴、孔直径的大小，从相应的标准中可查得。尺寸注法如图 7-29 及图 7-30 所示。常见的标注形式为：按"槽宽×槽深"或"槽宽×直径"的形式集中标注。

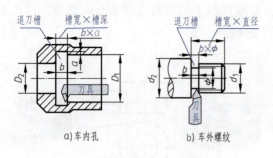
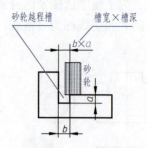

图 7-29　退刀槽　　　　　　　　　图 7-30　砂轮越程槽

3. 减少加工面

零件与零件接触的表面一般都要加工。为了降低加工费用，减少加工面，并保证两零件的表面接触良好，常将两零件的接触面做成凸台、凹坑、凹槽或凹腔等结构，如图 7-31 和图 7-32 所示。

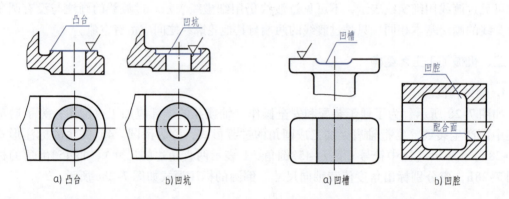

图 7-31　凸台和凹坑　　　　　　　　图 7-32　凹槽和凹腔

4. 钻孔结构

如图 7-33 所示，需钻孔的零件，应保证钻头的轴线垂直于被钻孔零件的表面，并且应避免钻头单边受力，否则钻头会因受力不均而产生偏斜甚至被折断。

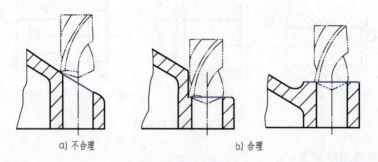

图 7-33　钻孔端面的结构

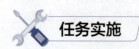

任务实施

全班分成若干小组，分析图 7-34 所示的图形中都含有哪些工艺结构。在给定的指引线上写出其工艺结构的名称，老师巡回检查指导，最后统一正确答案。

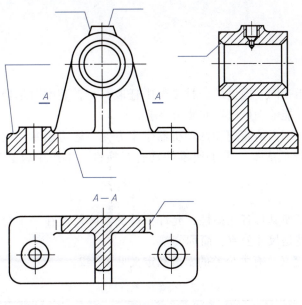

图 7-34 轴承座的三视图

任务四 识读零件图的技术要求

 任务描述

零件图作为指导生产加工的重要技术文件，除了图形和尺寸以外，还应给出制造和检验该零件必须达到的一些质量要求，这些质量要求称为技术要求。本任务主要介绍技术要求中的极限与配合、几何公差和表面粗糙度。识读图 7-35 所示气门零件图中的各项技术要求。

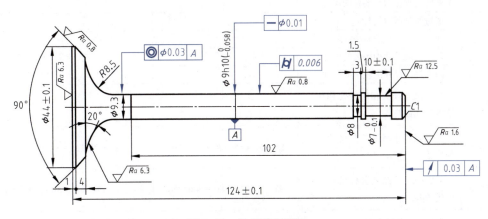

图 7-35 气门的零件图

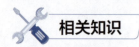

相关知识

一、极限与配合

1. 零件的互换性

所谓互换性，是指在同一规格的一批零件中任取其一，装配时不经加工与修配，就能顺利地装配到机器上，并能够满足机器的使用要求。

零件具有互换性，不但给装配和修理机器带来方便，还可用专用的设备生产，提高产品的产量和质量，同时降低成本。为了使零件具有互换性，生产中就必须制定和执行统一的标准。

2. 尺寸公差

制造零件时，为了使其具有互换性，允许零件的实际尺寸在一个合理的范围内变动。这个允许的尺寸变动量就是尺寸公差，简称公差。

（1）**基本术语和定义** 有关公差的术语和定义见表7-2。

表7-2 公差的术语和定义 （单位：mm）

术语名称	解 释	计算示例及说明（孔）	计算示例及说明（轴）
公称尺寸	GB/T 1800.1—2009，由图样规范确定的理想形状要素的尺寸	$D = \phi 80$	$d = \phi 80$
实际尺寸	通过测量所得的尺寸		
极限尺寸	允许尺寸变化的两个极限值		
上极限尺寸	两个极限尺寸中较大的尺寸	$D_{max} = 80.065$	$d_{max} = 79.970$
下极限尺寸	两个极限尺寸中较小的尺寸	$D_{min} = 80.020$	$d_{min} = 79.940$
偏差	某一尺寸减其相应的公称尺寸所得的代数差		
上极限偏差	上极限尺寸减其公称尺寸所得的代数差	$ES = 80.065 - 80 = +0.065$	$es = 79.970 - 80 = -0.030$
下极限偏差	下极限尺寸减其公称尺寸所得的代数差	$EI = 80.020 - 80 = +0.020$	$ei = 79.940 - 80 = -0.060$
尺寸公差 （简称公差）	允许尺寸的变动量 尺寸公差 = 上极限尺寸 - 下极限尺寸 尺寸公差 = 上极限偏差 - 下极限偏差	孔公差 = 80.065 - 80.020 = 0.045 孔公差 = 0.065 - 0.020 = 0.045	轴公差 = 79.970 - 79.940 = 0.030 轴公差 = (-0.030) - (-0.060) = 0.030

(续)

术语名称	解释	计算示例及说明（孔）	计算示例及说明（轴）
零线	在公差带图解中，确定正、负偏差的一条基准直线		
公差带	在公差带图解中，由代表上、下极限偏差的两条直线所限定的一个区域		

（2）**公差带的确定**　公差带由标准公差与基本偏差两个因素确定。标准公差确定公差带的大小，基本偏差确定公差带的位置，如图 7-36 所示。

1）标准公差。国家标准所列的，用以确定公差带大小的任一公差。

标准公差分为 20 个等级，其数值的大小由公称尺寸和公差等级来决定。公差等级确定尺寸的精确程度，分为 20 级，即：IT01、IT0、IT1、IT2、…、IT18。其中"IT"表示标准公差，阿拉伯数字表示公差等级。其尺寸精确程度从 IT01 到 IT18 依次降低。对于一定的公称尺寸，公差等级越高（等级数字越小），标准公差越小，尺寸的精确程度越高；反之，尺寸的精确程度越低。公称尺寸和公差等级相同的孔与轴，其标准公差相等。标准公差的具体数值见书末的附录表 F-1。

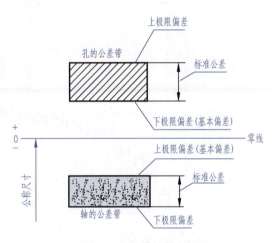

图 7-36　公差带与基本偏差

2）基本偏差。基本偏差是指在标准的极限与配合中，确定公差带相对零线位置的上极限偏差或下极限偏差，一般指靠近零线的那个偏差。当公差带在零线的上方时，基本偏差为下极限偏差（EI、ei）；反之，则为上极限偏差（ES、es）。基本偏差代号对于孔和轴各有 28 个，如图 7-37 所示。

基本偏差代号用拉丁字母（一个或两个）表示，大写字母代表孔的基本偏差代号，小写字母代表轴的基本偏差代号。

轴的基本偏差从 a~h 为上极限偏差 es，从 j~zc 为下极限偏差 ei。js 的上、下极限偏差分别为 $+\dfrac{IT}{2}$ 和 $-\dfrac{IT}{2}$。

孔的基本偏差从 A~H 为下极限偏差 EI，从 J~ZC 为上极限偏差 ES。JS 的上、下极限偏差分别为 $+\dfrac{IT}{2}$ 和 $-\dfrac{IT}{2}$。

轴的另一偏差（上极限偏差或下极限偏差）：es = ei + IT 或 ei = es − IT；

孔的另一偏差（上极限偏差或下极限偏差）：ES = EI + IT 或 EI = ES − IT。

如果基本偏差和标准公差确定了，孔和轴的公差带大小和位置也就确定了。

3. 配合

（1）**配合的概念**　公称尺寸相同的且相互结合的孔和轴公差带之间的关系称为配合，

如图 7-38 所示。

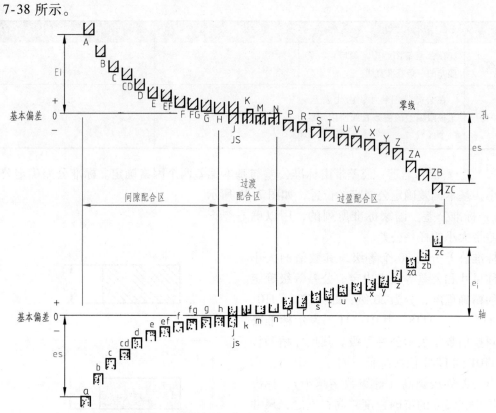

图 7-37 基本偏差系列

图 7-38 配合的概念

由于孔和轴的实际尺寸不同，装配以后可能产生间隙或过盈。孔的尺寸减去相配合的轴的尺寸为正时产生间隙（孔径大于轴径），为负时产生过盈（孔径小于轴径），如图 7-39 所示。

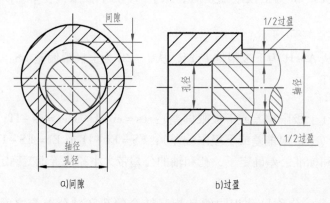

图 7-39 间隙和过盈

（2）配合的种类　根据使用的要求不同，孔和轴之间的配合有松有紧，国家标准规定配合分为三种，即间隙配合、过盈配合和过渡配合。

1）间隙配合。具有间隙（包括最小间隙为零）的配合，轴在孔中可以产生相对运动，拆卸方便。该配合中孔公差带在轴公差带之上，任取其中一对孔和轴相配都具有间隙，如图 7-40 所示。

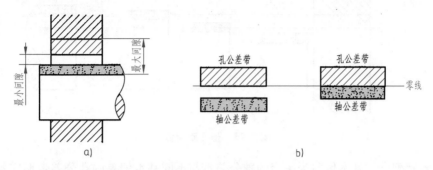

图 7-40　间隙配合

2）过盈配合。具有过盈（包括最小过盈为零）的配合，轴与孔不能产生相对运动，以保证连接可靠。该配合中孔公差带在轴公差带之下，如图 7-41 所示。

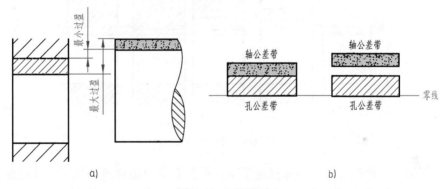

图 7-41　过盈配合

3）过渡配合。可能具有间隙或过盈的配合，即介于间隙配合与过盈配合之间的配合，孔与轴的对中性好。该配合中孔公差带与轴公差带相互交叠，如图 7-42 所示。

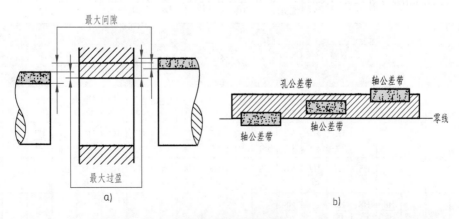

图 7-42　过渡配合

（3）配合制　国家标准规定了两种配合制，即基孔制配合和基轴制配合。

1）基孔制配合。基本偏差为一定的孔公差带，与不同基本偏差的轴公差带形成各种配合的一种制度称为基孔制配合，如图7-43所示。基孔制配合的孔称为基准孔，其下极限偏差为零，用代号 H 表示。

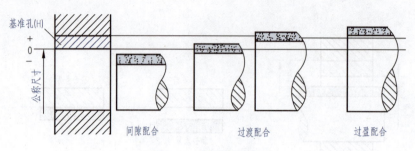

图 7-43　基孔制配合

2）基轴制配合。基本偏差为一定的轴公差带与不同基本偏差的孔公差带形成各种配合的一种制度称为基轴制配合，如图7-44所示。基轴制配合的轴称为基准轴，基准轴的上极限偏差为零，用代号 h 表示。

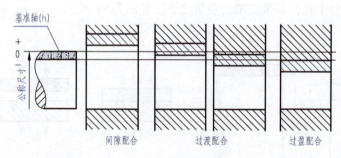

图 7-44　基轴制配合

（4）常用配合与优先配合　国标规定了轴、孔公差带中组合成基孔制的常用配合59种，优先配合13种；基轴制常用配合47种，优先配合13种。表7-3为基孔制优先、常用配合系列，表7-4为基轴制优先、常用配合系列。在实际使用中，应根据配合特性和使用功能，尽量选用优先和常用配合。

表 7-3　基孔制优先、常用配合（摘自 GB/T 1801—2009）

基准孔	轴																			
	a	b	c	d	e	f	g	h	js	k	m	n	p	r	s	t	u	v	x	y	z
	间隙配合								过渡配合				过盈配合								
H6						$\dfrac{H6}{f5}$	$\dfrac{H6}{g5}$	$\dfrac{H6}{h5}$	$\dfrac{H6}{js5}$	$\dfrac{H6}{k5}$	$\dfrac{H6}{m5}$	$\dfrac{H6}{n5}$	$\dfrac{H6}{p5}$	$\dfrac{H6}{r5}$	$\dfrac{H6}{s5}$	$\dfrac{H6}{t5}$					
H7						$\dfrac{H7}{f6}$	$\dfrac{H7}{g6}$	$\dfrac{H7}{h6}$	$\dfrac{H7}{js6}$	$\dfrac{H7}{k6}$	$\dfrac{H7}{m6}$	$\dfrac{H7}{n6}$	$\dfrac{H7}{p6}$	$\dfrac{H7}{r6}$	$\dfrac{H7}{s6}$	$\dfrac{H7}{t6}$	$\dfrac{H7}{u6}$	$\dfrac{H7}{v6}$	$\dfrac{H7}{x6}$	$\dfrac{H7}{y6}$	$\dfrac{H7}{z6}$
H8					$\dfrac{H8}{e7}$	$\dfrac{H8}{f7}$	$\dfrac{H8}{g7}$	$\dfrac{H8}{h7}$	$\dfrac{H8}{js7}$	$\dfrac{H8}{k7}$	$\dfrac{H8}{m7}$	$\dfrac{H8}{n7}$	$\dfrac{H8}{p7}$	$\dfrac{H8}{r7}$	$\dfrac{H8}{s7}$	$\dfrac{H8}{t7}$	$\dfrac{H8}{u7}$				
				$\dfrac{H8}{d8}$	$\dfrac{H8}{e8}$	$\dfrac{H8}{f8}$		$\dfrac{H8}{h8}$													

（续）

基准孔	轴																			
	a	b	c	d	e	f	g	h	js	k	m	n	p	r	s	t	u	v	x	y	z
	间隙配合								过渡配合				过盈配合							
H9			H9/c9	H9/d9	H9/e9	H9/f9		H9/h9												
H10			H10/c10	H10/d10				H10/h10												
H11	H11/a11	H11/b11	H11/c11	H11/d11				H11/h11												
H12		H12/b12						H12/h12												

注：1. 套色的配合为优先配合。
2. H6/n5、H7/p6 在公称尺寸小于或等于 3mm 和 H8/r7 在公称尺寸小于或等于 100mm 时为过渡配合。

表 7-4 基轴制优先、常用配合（摘自 GB/T 1801—2009）

基准轴	孔																			
	A	B	C	D	E	F	G	H	JS	K	M	N	P	R	S	T	U	V	X	Y	Z
	间隙配合								过渡配合				过盈配合							
h5						F6/h5	G6/h5	H6/h5	JS6/h5	K6/h5	M6/h5	N6/h5	P6/h5	R6/h5	S6/h5	T6/h5					
h6						F7/h6	G7/h6	H7/h6	JS7/h6	K7/h6	M7/h6	N7/h6	P7/h6	R7/h6	S7/h6	T7/h6	U7/h6				
h7					E8/h7	F8/h7		H8/h7	JS8/h7	K8/h7	M8/h7	N8/h7									
h8				D8/h8	E8/h8	F8/h8		H8/h8													
h9				D9/h9	E9/h9	F9/h9		H9/h9													
h10				D10/h10				H10/h10													
h11	A11/h11	B11/h11	C11/h11	D11/h11				H11/h11													
h12		B12/h12						H12/h12													

注：套色的配合为优先配合。

为了便于查阅，书末的附录表 F-2、表 F-3 分别摘录了轴、孔优先配合的极限偏差。

4. 极限与配合的标注

孔、轴的公差尺寸可用公差带代号表示。公差带代号由基本偏差代号（字母）和标准公差等级代号（数字）组成。

例如：

（1）在装配图中的标注方法 在装配图中标注尺寸的配合时，必须在公称尺寸之后用分式的形式注出，分子为孔公差带，分母为轴公差带，如图 7-45a~c 所示。图 7-45d 所示为非标准零件与标准件配合的标注方法，仅标非标准零件的公差带代号。

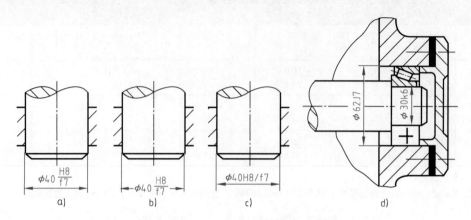

图 7-45 极限与配合在装配图中的标注方法

（2）在零件图中的标注方法 用于大批量生产的零件图，可只标注公差带的代号，如图 7-46a 所示；用于中小批量生产的零件图，一般可只标注极限偏差，如图 7-46b 所示；如要求同时标注公差带的代号及相应的极限偏差时，其极限偏差应加上圆括号，如图 7-46c 所示。

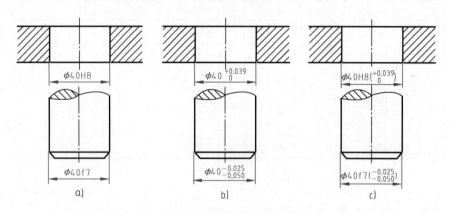

图 7-46 极限与配合在零件图中的标注方法

标注时应注意，上、下极限偏差的绝对值不同时，偏差数字用比公称尺寸数字小一号的字体书写，下极限偏差应与公称尺寸注写在同一底线上；当某一偏差为零时，数字"0"不能省略，必须标出，并与另一偏差的整数个位对齐，如图 7-46b 所示；当上、下极限偏差绝对值相同符号相反时，则偏差数字只写一个，并与公称尺寸的数字字号相同，如 $\phi 25 \pm 0.01$（小数点后的最后一位数如果为零，可省略不写）。

5. 极限与配合的选用

极限与配合的选用包括配合制度和种类的选用。在实际生产中，优先选用基孔制，其次选用基轴制；根据配合的松紧程度选择其种类。例如，在图 7-47 所示的活塞连杆机构中，因活塞销与活塞内孔之间不产生相对运动，为保证两零件之间的相对位置，选用的是基轴制过度配合，其配合代号是 $\dfrac{N6}{h5}$；活塞销与连杆套筒的内孔之间具有相对运动，选用的是基轴制，最小间隙为零的间隙配合，配合代号是 $\dfrac{H6}{h5}$。

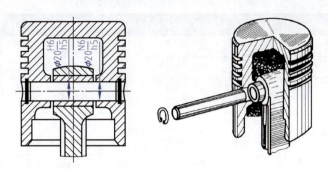

图 7-47　基轴制配合示例

采用基轴制，活塞销只按一种公差带（h5）加工，而活塞内孔与连杆套筒内孔是两个独立的零件，各自按不同的公差带加工，这样不仅加工方便，成本低，还可以获得两种不同的配合，并能保证顺利装配。

二、几何公差

1. 几何公差概述

零件在加工过程中形成的各种误差是客观存在的，除了前面在极限与配合中讨论过的尺寸误差外，还存在着形状、方向、跳动及位置的误差。

图 7-48a 中的左图为一理想形状的销轴，而加工后的实际形状则是轴线变弯了，如图 7-48a 中的右图所示，便产生了直线度误差，即形状误差。形状误差的产生，将影响一对孔与轴的配合精度，甚至造成无法装配的情况。

图 7-48b 为在齿轮箱中加工了两个互相垂直的用于安装一对锥齿轮的轴孔，如果两孔的轴线歪斜过大，就产生垂直度误差，即方向误差。方向误差的产生，会影响一对锥齿轮的啮合传动。因此，对精度要求较高的零件，还应给出几何公差的要求。

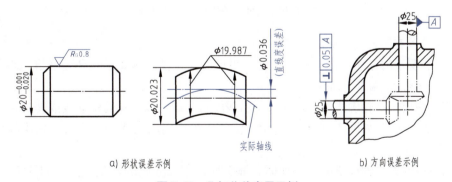

a) 形状误差示例　　　　b) 方向误差示例

图 7-48　几何公差应用示例

几何公差在图样上的标注方法应遵循 GB/T 1182—2008 的规定。

2. 几何公差的代号

几何公差的代号包括：几何公差特征符号、几何公差框格及指引线、基准符号、几何公差数值和其他有关符号等。

（1）几何公差特征符号 国家标准中规定的几何公差，其特征与符号见表7-5。

表7-5 几何公差的几何特征及符号

公差类型	几何特征	符 号	有无基准	公差类型	几何特征	符 号	有无基准
形状公差	直线度	⎯	无	位置公差	位置度	⌖	有或无
	平面度	▱	无		同心度（用于中心点）	◎	有
	圆度	○	无				
	圆柱度	⌭	无		同轴度（用于轴线）	◎	有
	线轮廓度	⌒	无				
	面轮廓度	⌒	无		对称度	═	有
方向公差	平行度	∥	有		线轮廓度	⌒	有
	垂直度	⊥	有		面轮廓度	⌒	有
	倾斜度	∠	有	跳动公差	圆跳动	↗	有
	线轮廓度	⌒	有		全跳动	↗↗	有
	面轮廓度	⌒	有				

（2）几何公差框格及指引线 几何公差框格及指引线如图7-49a所示。几何公差框格是划分成两格或多格的矩形框格。

（3）基准符号 基准符号如图7-49b所示。

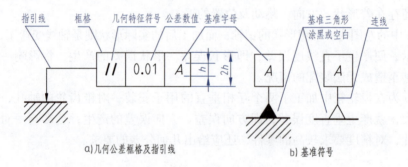

图7-49 几何公差框格及基准符号

3. 几何公差在图样上的标注方法

（1）被测要素的标注 按下列方式之一用指引线连接被测要素和公差框格。指引线引自框格的任意一侧，终端带一箭头。

1）当被测要素是轮廓线或表面时，指引线的箭头指向该要素的轮廓线或其延长线上（应与尺寸线明显错开），如图7-50a、b所示。箭头也可指向引出线的水平线，引出线引自被测面，如图7-50c所示。

2）当被测要素为轴线或中心平面时，箭头应位于尺寸线的延长线上，如图7-51a所示，公差值前加注φ，表示给定的公差带为圆形或圆柱形。

（2）基准要素的标注 基准要素是零件上用于确定被测要素的方向和位置的点、线或面，用基准符号表示，表示基准的字母也应注写在公差框格内，如图7-51b所示。

带基准字母的基准三角形应按如下规定放置：

1）当基准要素是轮廓线或轮廓面时，基准三角形放置在该要素上或其延长线上（与尺寸线明显错开），如图 7-52 所示。

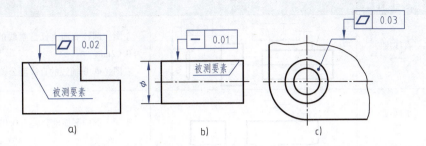

图 7-50　被测要素是轮廓线或表面时的注法

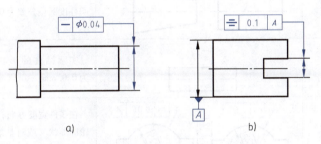

图 7-51　被测要素为轴线或中心平面时的注法

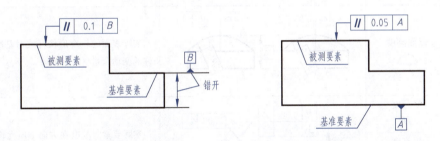

图 7-52　基准要素为轮廓线或轮廓面时的注法

2）当基准要素是轴线或中心平面时，基准三角形应放置在该要素尺寸线的延长线上（与尺寸线明显对齐），如图 7-53a 所示。如果没有足够的位置标注基准要素尺寸的两个箭头，则其中一个箭头可用基准三角形代替，如图 7-53b 所示。表 7-6 列举了常见几何公差标注示例及其识读说明。

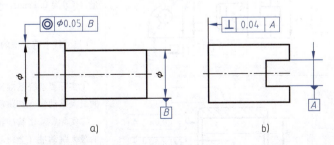

图 7-53　基准要素为轴线或中心平面时的注法

表 7-6 常见几何公差标注示例及其识读说明

分类	特征项目及符号	标注示例	识读说明
形状公差	直线度 —	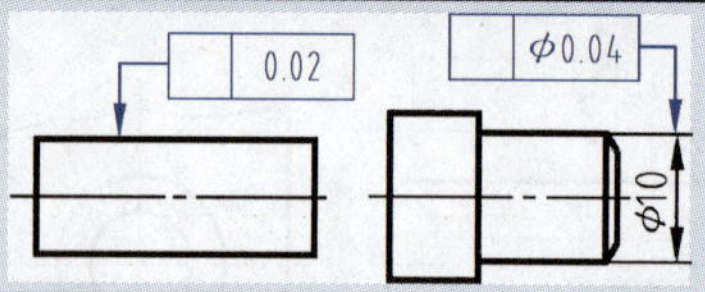	左图：圆柱表面上任意素线的直线度公差为 0.02mm 右图：φ10 轴线的直线度公差为 0.02mm
	平面度 ▱	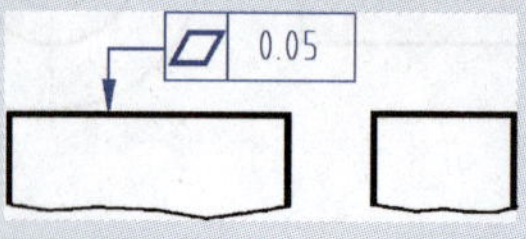	实际表面的平面度公差为 0.02mm
	圆度 ○	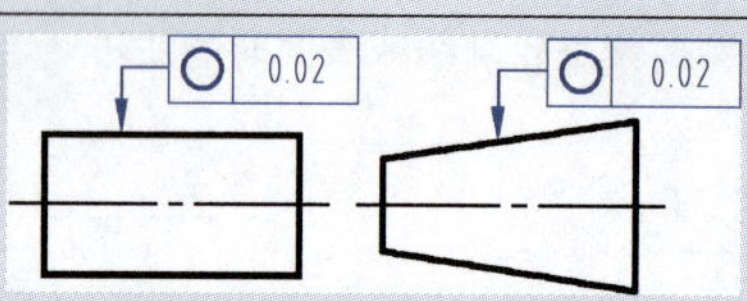	在垂直于轴线的任一正截面上的实际圆的圆柱度圆柱公差为 0.02mm
	圆柱度 ⌭	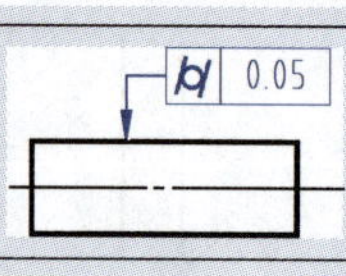	实际圆柱的形状所允许的圆柱度公差为 0.02mm
	线轮廓度 ⌒	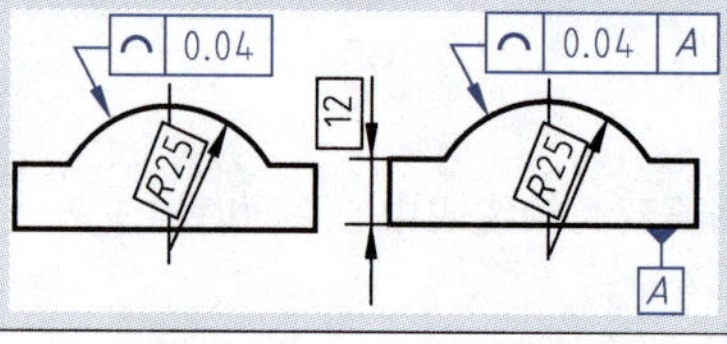	在零件宽度方向，任一横截面上实际线的轮廓形状（或对基准 A）所允许的变动全量（0.04mm） （尺寸线上有方框的尺寸为理论正确尺寸）
	面轮廓度 ⌓	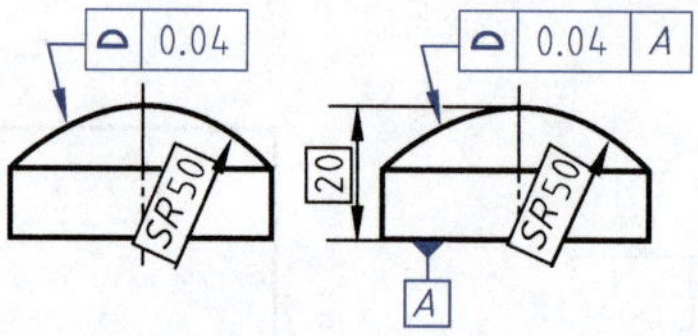	实际表面的轮廓形状（或对基准 A）所允许的变动全量（0.04mm）
方向公差	平行度 ∥ 垂直度 ⊥ 倾斜度 ∠	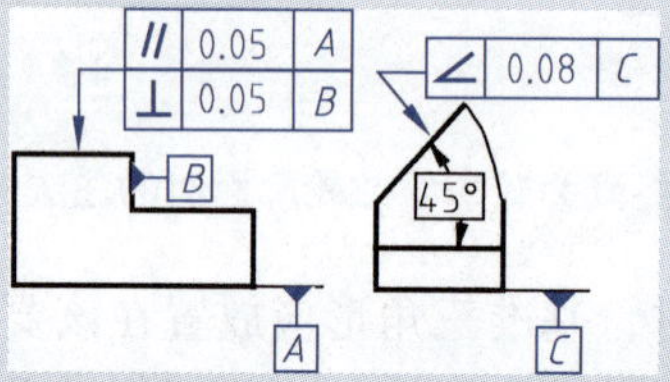	实际要素对基准在方向上所允许的变动全量（∥ 为 0.05mm，⊥ 为 0.05mm，∠ 为 0.08mm）
位置公差	同轴度 ◎ 对称度 ⌯ 位置度 ⊕	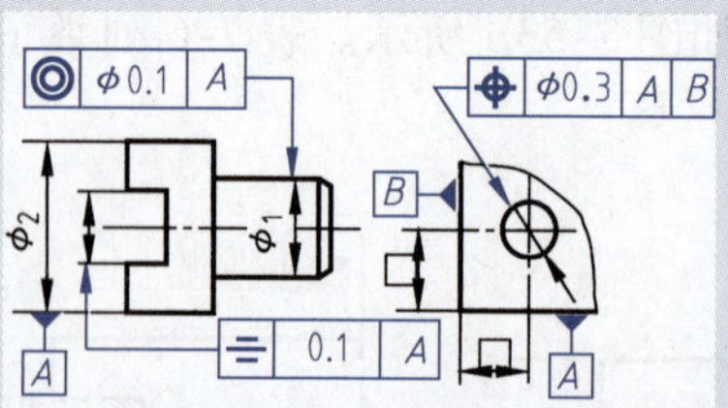	实际要素对基准在位置上所允许的变动全量（◎ 为 0.1mm，⌯ 为 0.1mm，⊕ 为 0.3mm） （尺寸线上有方框的尺寸为理论正确尺寸）
跳动公差	圆跳动 ↗ 全跳动 ⌰	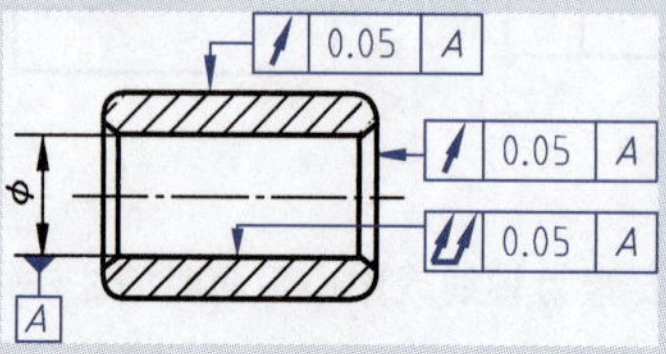	①实际要素绕基准轴线回转一周时所允许的最大跳动量（圆跳动） ②实际要素绕基准轴线连续回转时所允许的最大跳动量（全跳动） （图中从上至下所注，分别为径向圆跳动、轴向圆跳动及径向全跳动）

4. 几何公差识读示例

图 7-54 所示是发动机气门挺杆上几何公差的标注示例，其各形位公差的含义见图中的文字说明。

三、表面粗糙度

在机械图样中，除了对零件各部分结构的尺寸、形状、位置给出公差以外，为保证零件装配后的使用性能，还要根据其功能对表面质量给出要求。表面质量是表面粗糙度、表面波纹度、表面缺陷、表面纹理和表面形状的总称。其各项要求在图样上的表达方法 GB/T 131—2006 中均有具体的规定，这里主要介绍常用的表面粗糙度的表达方法。

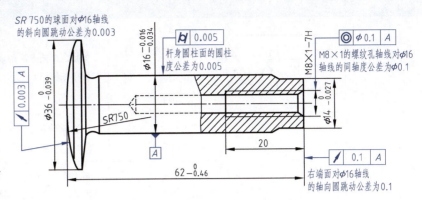

图 7-54 发动机气门挺杆的几何公差

1. 表面粗糙度及评定参数

（1）表面粗糙度 零件在加工过程中，受刀具形状和刀具与工件之间的摩擦、机床的振动及零件金属表面的塑性变形等因素的影响，表面不可能绝对光滑，在放大镜或显微镜下观察，可以看到零件表面存在许多微小的凸峰和凹谷，如图 7-55 所示。零件表面上这种具有较小间距和峰谷所组成的微观几何形状特性称为表面粗糙度。不同的表面粗糙度是由不同的加工方法形成的。

（2）表面粗糙度的评定参数 国家标准规定，表面粗糙度以参数值的大小评定，其中轮廓参数是目前我国机械图样中最常用的评定参数。下面仅介绍轮廓参数中评定粗糙度轮廓（R 轮廓）的两个高度参数 Ra 和 Rz，如图 7-56 所示。

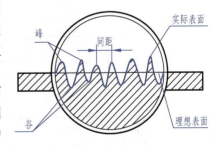

图 7-55 表面粗糙度示意图

1）轮廓算术平均偏差 Ra 指在一个取样长度内，纵坐标 Z 绝对值的算术平均值。

2）轮廓的最大高度 Rz 指在同一取样长度内，最大轮廓峰高与最大轮廓谷深之和的高度。

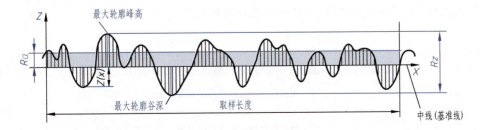

图 7-56 算术平均偏差 Ra 和轮廓的最大高度 Rz

2. 表面粗糙度的图形符号及代号

（1）表面粗糙度的图形符号 表面粗糙度的图形符号见表 7-7。

表 7-7 表面粗糙度的图形符号

符号名称	符号	含义
基本图形符号	$d'=0.35$mm (d'——符号线宽) $H_1=3.5$mm $H_2=7$mm 60° 60°	未指定工艺方法的表面，当通过一个注释解释时可单独使用
扩展图形符号	▽	用去除材料方法获得的表面，仅当其含义是"被加工表面"时可单独使用
	▽	不去除材料的表面，也可用于保持上道工序形成的表面，不管这种状况是通过去除或不去除材料形成的
完整图形符号		在以上各种符号的长边上加一横线，以便注写对表面粗糙度的各种要求

注：表中 d'、H_1 和 H_2 的大小是当图样中尺寸数字高度 $h=3.5$mm 时按 GB/T 131—2006 的相应规定给定的。表中 H_2 是最小值，必要时允许加大。

当图样中某个视图上构成封闭轮廓的各表面有相同表面粗糙度要求时，在完整图形符号上加一圆圈，标注在封闭轮廓线上，如图 7-57 所示。

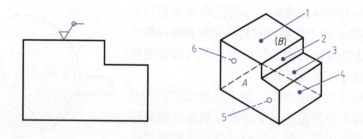

图 7-57 对周边各面有相同的表面粗糙度要求的注法

注意：图示的表面粗糙度符号是指对图形中封闭轮廓六个面的共同要求（不包括前面 A 和后面 B）。

（2）表面粗糙度的代号 表面粗糙度符号中注写了具体参数代号及数值等要求以后即称为表面粗糙度代号。表面粗糙度代号的示例及含义见表 7-8。

表 7-8 表面粗糙度代号示例及含义

序号	代号	含义（本含义为不完全解释）
1	$\sqrt{Ra\ 6.3}$	表示用去除材料方法获得的表面，Ra 的上限值为 6.3μm
2	$\sqrt{Rz\ 1.6}$	表示用去除材料方法获得的表面，Rz 的上限值为 1.6μm
3	$\sqrt{Ramax\ 3.2}$	表示用不去除材料方法获得的表面，Ra 的最大值为 3.2μm

3. 表面粗糙度在图样中的注法

表面粗糙度对每一表面一般只注一次，并尽可能注写在相应的尺寸及其公差的同一视图上。除非另有说明，所标注的表面粗糙度要求是对完工零件表面的要求。

表面粗糙度在图样中的注法见表 7-9。

表 7-9　表面粗糙度在图样中的注法

说　明	图　例
表面粗糙度注写和读取方向	表面粗糙度的注写和读取方向与图中尺寸的注写和读取方向一致。具体要求可标注在轮廓线上，其符号应从材料外指向并接触轮廓表面，如图 a 所示 必要时，表面粗糙度也可用带箭头或黑点的指引线引出标注，如图 b 所示 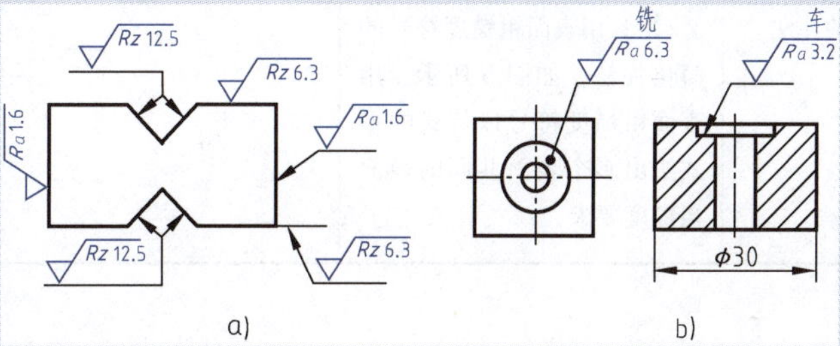
表面粗糙度要求的特殊注法	在不致引起误解时，表面粗糙度要求可以标注在给定的尺寸线上，如图 a 所示 表面粗糙度要求也可标注在形位公差框格的上方，如图 b 所示 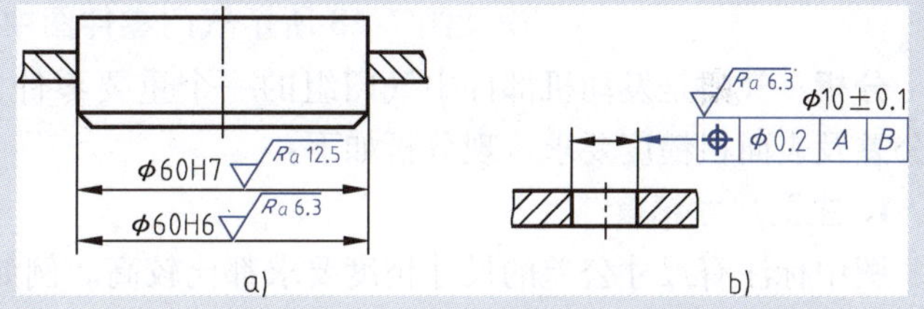
圆柱和棱柱表面粗糙度注法	圆柱和棱柱的表面粗糙度要求只标注一次，如图 a 所示；如果每个表面有不同的表面粗糙度要求时，则应分别单独标注，如图 b 所示 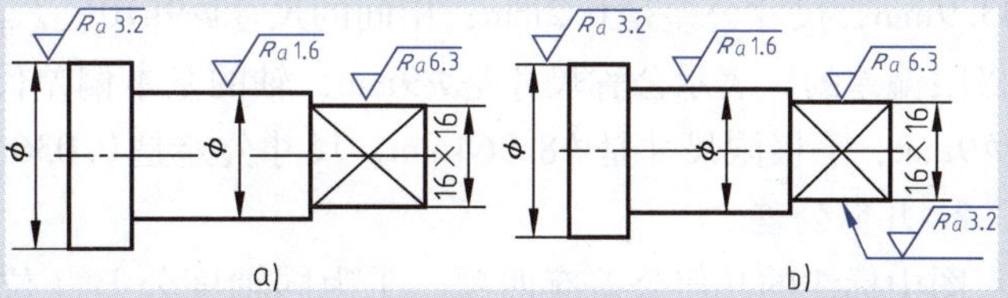
有相同表面粗糙度要求时的简化注法	工件的多数（包括全部）表面有相同的表面粗糙度要求时，可统一标注在图样的标题栏附近（不同的表面粗糙度要求应直接标注在图形中）。此时，表面粗糙度要求的符号后面应有： 1) 在圆括号内给出无任何其他标注的基本符号，如图 a 所示 2) 在圆括号内给出不同的表面粗糙度要求，如图 b 所示 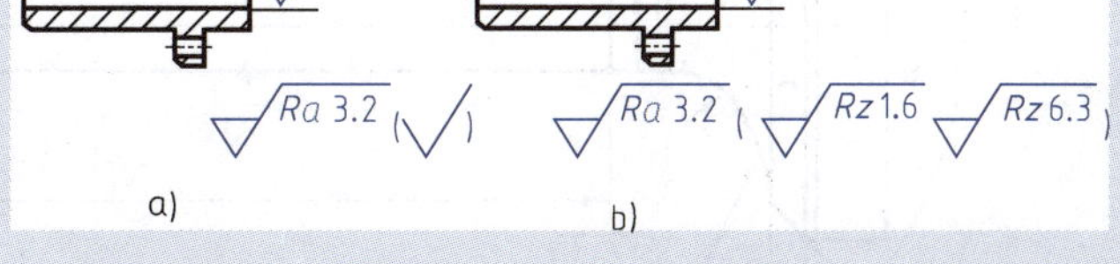

(续)

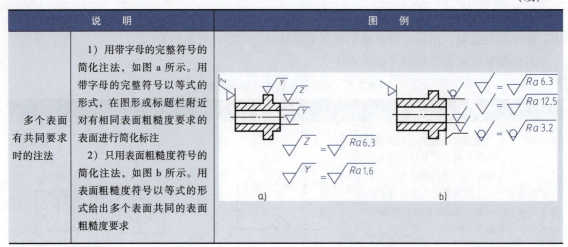

识读图 7-58 所示气门零件图中的技术要求

分析：气门是发动机部件中气门组的一个重要零件，主要表面具有一定的尺寸精度、几何公差及表面粗糙度要求。现分析如下：

1. 主要尺寸精度

图中标注有尺寸公差的尺寸精度要求都比较高。例如最左边的尺寸 $\phi(44 \pm 0.1)\text{mm}$，是以偏差的形式标注的，表示公称尺寸是 $\phi 44\text{mm}$，上极限尺寸是 $\phi 44.1\text{mm}$，下极限尺寸是 $\phi 43.9\text{mm}$，尺寸公差是 0.2mm；中间的尺寸 $\phi 9\text{h}10(_{-0.036}^{0})$，是同时标注出公差带代号及相应的极限偏差的，表示公称尺寸是 $\phi 9\text{mm}$，轴的基本偏差代号是 h，公差等级为 10，上极限尺寸是 $\phi 9\text{mm}$，下极限尺寸是 $\phi 8.964\text{mm}$，尺寸公差是 0.036mm。其他尺寸请读者自行分析。

2. 几何公差

图中标注的几何公差有四项，①为同轴度公差（位置公差），被测要素是 $\phi 9.3\text{mm}$ 的轴

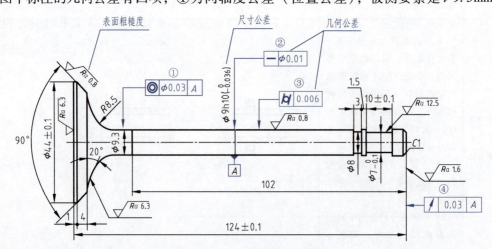

图 7-58 识读气门零件图的技术要求

线，基准要素是ϕ9h10的轴线，公差值是0.03mm；②为直线度公差（形状公差），被测要素是ϕ9h10的轴线，公差值是0.01mm；③为圆柱度公差（形状公差），基准要素是ϕ9h10的圆柱面，公差值也是0.01mm；④为轴向圆跳动公差，被测要素是最右端面，基准要素是ϕ9h10的轴线，公差值是0.03mm。

3. 表面粗糙度

图中表面粗糙度精度要求最高的是ϕ9h10圆柱面，其代号是$\sqrt{^{Ra\,0.8}}$，表示该表面需经过去除材料的方法获得，轮廓算数平均偏差Ra的值是0.8μm；其次是最右端面，代号是$\sqrt{^{Ra\,1.6}}$，表示该表面需经过去除材料的方法获得，轮廓算数平均偏差Ra的值是1.6μm；其他表面的粗糙度精度要求请读者自行分析。

项目小结

本项目主要学习了选择零件图的表达方法、标注与识读零件图中的尺寸、零件的工艺结构、极限与配合、几何公差、表面粗糙度的图样表示法等内容。

零件图的表达方法主要运用"机械图样的基本表示法"，对其上的螺纹、键槽等结构则采用"特殊表达方法"；主视图的选择应遵循"合理位置（加工位置和工作位置）"和"形状特征"的原则，视图数量及各视图表达方法的选择，根据零件的结构特点和复杂程度有很大的灵活性。

零件图的尺寸标注应完整（即定形尺寸才、定位尺寸、总体尺寸应全部注出），基准选择应正确：零件的长、宽、高三个方向中，每个方向最少要选择一个基准。一般选择零件上的安装面、端面、装配时的结合面、零件的对称面、回转体的轴线、对称中心线等作为基准。

合理标注尺寸的基本原则主要有：重要尺寸直接注出、避免出现封闭的尺寸链、符合加工顺序、考虑测量方便、按不同的加工方法尽量集中标注尺寸。

零件的铸造工艺结构主要有：起模斜度、铸造圆角、铸件壁厚、过渡线。机械加工工艺结构主要有：倒角和倒圆、退刀槽或越程槽、减少加工面、钻孔结构。

零件图上的技术要求主要包括极限与配合、几何公差和表面粗糙度。极限与配合中的配合制度有基孔制与基轴制，配合种类有间隙配合、过渡配合与过盈配合。几何公差包括形状公差、方向公差、位置公差和跳动公差。表面粗糙度及评定参数有轮廓算术平均偏差和轮廓的最大高度。

项目八

识读零件图

识读零件图就是通过对零件图的各视图、剖视图、断面图等表达方法的分析，想象出零件的结构和形状，并对零件的全部尺寸和技术要求进行分析，了解零件的功用和相关的工艺知识。

汽车机械零件的类型多种多样，结构有简有繁，形状千变万化。根据其作用、结构特点、加工方法等不同，分为轴套类、盘盖类、叉架类和箱壳类，图 8-1 所示为汽车发动机部件中的主要零件。本项目将介绍识读这四大类典型零件图的方法与步骤。

图 8-1　汽车发动机中的主要零件

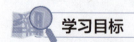

1. 了解四类零件的主要功用及结构特点。
2. 掌握典型零件图的表达方案。
3. 会分析典型零件图中的尺寸基准及主要尺寸。
4. 明确典型零件图中各项技术要求的含义。
5. 会识读四类典型的零件图。
6. 培养学生分析问题和解决问题的能力。

任务一　识读轴套类零件图

任务描述

轴是机器中的主要零件，属于轴套类。本任务主要介绍识读零件图的方法与步骤，通过识读轴的零件图，了解轴套类零件的功用及结构特点，掌握其视图表达方案，分析尺寸及技术要求等内容，学会识读轴套类零件的方法与步骤。

相关知识

一、识读零件图的方法与步骤

1. 读图方法

识读零件图的基本方法仍然是形体分析法和线面分析法。

由于零件图的视图、尺寸数量及各种代号、符号都比较多，初学者往往不知从何看起，甚至会产生畏惧心理。对零件图的一个基本形体而言，仍然是用两到三个图形就可以确定其形状，所以看图时，只要善于运用形体分析法，按组成部分分"块"看，就可以将复杂的问题分解成几个简单的问题处理了。

2. 读图的步骤

识读零件图一般按照以下几个步骤进行。

（1）**看标题栏**　通过看标题栏，可以了解零件的名称、材料、绘图比例等。根据零件的名称想象零件的大致功用，为了解零件在机器或部件中的作用、制造要求、结构特点提供线索和依据。

（2）**分析视图表达**　浏览并详细分析全部图形。首先找出主视图，应用形体分析的方法，抓住各组成部分的特征视图，确定其他各视图的名称，找出各剖视图、断面图的剖切位置，以及各视图之间的投影关系。

（3）**分析尺寸标注**　首先找出尺寸基准，再按图样上标注的各个尺寸，确认哪些是主要尺寸，之后确定各部分的定形尺寸、定位尺寸和零件的总体尺寸。

（4）**了解技术要求**　结合零件的结构形状和尺寸，仔细分析图样上各项技术要求，如尺寸公差、几何公差、表面粗糙度及热处理方法等。

（5）**分析结构形状**　根据视图特征，把零件分解为几个部分，找出相应视图上该部分的图形，再把这些图形联系起来，想象各部分的空间形状和它们之间的相对位置，最后综合起来想象出零件的整体结构形状。读图时先看主要部分，后看次要部分；先看容易确定、能够看懂的部分，后看难以确定、不容易看懂的部分；先看整体轮廓，后看细节形状；先看外形部分，后看内部结构。

二、轴套类零件的结构特点及功用

1. 结构特点

轴套类零件包括轴类和套类，其共同特点是零件上大多数部位由位于同一轴线或平行轴线上数段直径不同的回转体组成。长度方向的尺寸一般比直径尺寸大。轴类零件一般为圆柱

面，套类零件多数为同轴的内外回转面，壁厚小于内孔直径。根据设计、安装、加工等要求，该类零件上通常有倒角、圆角、退刀槽、键槽、锥度、销孔、轴肩、螺纹、油槽、中心孔等工艺结构，如图8-2所示。

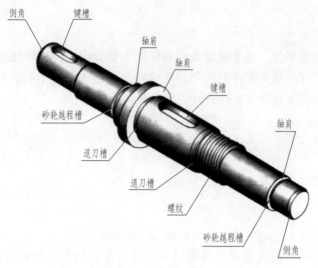

图8-2 典型轴的结构

2. 主要功用

轴一般是用来支撑和传递动力，套一般是装在轴上，起轴向定位、保护转动零件，或用来保护与它外壁相配合的表面、传动或连接等作用。

汽车减速器输入轴、输出轴、凸轮轴、发动机曲轴、空气压缩机曲轴、柱塞泵柱塞、柱套等均属于轴套类零件。图8-3所示为典型的轴套类零件。

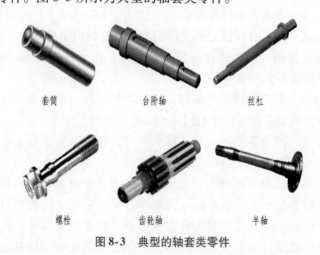

图8-3 典型的轴套类零件

三、轴套类零件图的识读要点

1. 图形表达特点

轴套类零件的毛坯多为棒料，主要在车床或磨床上加工，为便于工人在加工中对照图样，通常选择加工位置（轴线水平放置）作为主视图的投射方向。采用一个基本视图—主视图，将轴上各段回转体的相对位置关系、形状及大小表达清楚；对孔及键槽等结构可采用局部视图、剖视图、断面图等表示，对细小的结构如退刀槽、圆角等可用局部放大图来表示；对于形状简单且较长的部分可用折断画法；空心轴套因存在内部结构，可用各种剖视图表达。

2. 尺寸标注方法

轴套类零件主要有轴向尺寸和径向尺寸。一般以轴线为径向尺寸基准，以重要加工端面和安装定位面作为轴向尺寸的主要基准。为方便加工和测量，常选轴的两个端面和其他定位面作为辅助基准。重要的尺寸一定要直接注出，标准结构（如倒角、退刀槽、键槽、中心孔等）的尺寸要根据相应的标准查表，按规定标注，其余尺寸按加工顺序标注。

3. 技术要求注写

技术要求依具体需要而定。有配合要求的表面及轴向定位面的尺寸精度要求高，表面粗糙度精度要求也高，并有同轴度、径向圆跳动、轴向圆跳动等几何公差的要求。轴类零件一般有一定的硬度要求，要进行调质或其他热处理。

任务实施

识读图 8-4 所示的轴的零件图

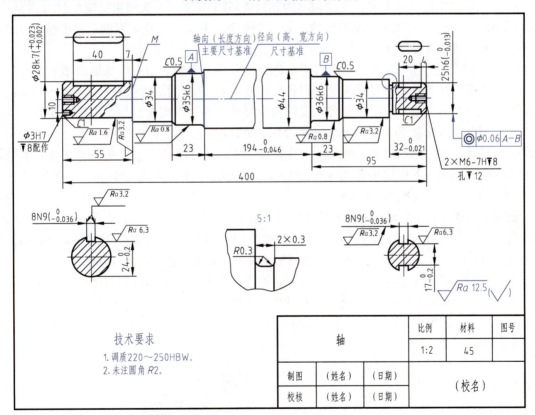

图 8-4 轴的零件图

1. 看标题栏

从标题栏可以看出，该零件的名称是轴，属于轴套类零件；材料"45"，表示碳的质量分数为 0.45% 的优质碳素结构钢，比例为 1∶2。

2. 分析视图表达

表达轴采用了六个图形。

(1) 主视图 主视图按加工位置将轴线水平放置，表达了轴的主体结构形状；其左右两端的局部剖视，分别表达了两端键槽的结构形状、位置及螺纹孔和销孔的结构和深度；因中间的轴段较长，采用了折断画法。

(2) 移出断面图 两个移出断面图分别表达两端键槽的深度及尺寸。

(3) 局部视图 两个局部视图分别表达两端键槽的形状特征，均为两端带半圆的键槽。

(4) 局部放大图 局部放大图表达了砂轮越程槽的结构和尺寸。

3. 分析尺寸标注

(1) 尺寸基准 径向（高度和宽度方向）尺寸基准是水平轴线；轴向的主要尺寸基准为中间最大直径轴段的端面（安装的定位面，可选择其中任一端面），轴向辅助尺寸基准是轴的左、右端面以及 M 面。

(2) 主要尺寸 轴的总体尺寸为总长 400mm、总高（宽）ϕ44mm；2 个键槽的定位尺寸分别为 7mm 和 4mm；左端销孔的定位尺寸是 10mm；标有公差带代号的尺寸为有配合要求的尺寸，其他尺寸均为定形尺寸，请读者自行分析。

4. 分析技术要求

(1) 表面粗糙度 两个安装滚动轴承的轴段 ϕ35k6 圆柱面上表面粗糙度精度要求最高，Ra 上限值为 0.8μm；其次是左端的轴颈，Ra 上限值为 1.6μm；其余表面的粗糙度精度要求如图 8-4 所示，请读者自行分析。

(2) 几何公差 图中标有几何公差要求的只有一项，即轴的最右端框格所指的几何公差代号，其含义为 ϕ25h6 的轴线对两段 ϕ35k6 公共轴线 $A—B$ 的同轴度误差不大于 ϕ0.06mm。

(3) 尺寸精度要求 有配合要求轴段的直径尺寸，分别以配合的公差带代号及公差带代号与尺寸偏差同时标注的形式注出，如 ϕ35k6、ϕ28k7（$^{+0.023}_{+0.002}$）、ϕ25h6（$^{\ 0}_{-0.013}$）等，其中 ϕ28k7（$^{+0.023}_{+0.002}$）表示基本尺寸为 ϕ28mm 的轴，基本偏差代号是 k，公差等级是 7 级，上极限偏差为 +0.023mm，下极限偏差为 +0.002mm，上极限尺寸为 ϕ28.023mm，下极限尺寸为 ϕ28.002mm，尺寸公差为 0.021mm。

键槽的尺寸及各主要轴段的轴向尺寸则以极限偏差的形式注出，如 $24^{\ 0}_{-0.2}$mm、$17^{\ 0}_{-0.2}$mm、$194^{\ 0}_{-0.046}$mm 等。其中尺寸 $194^{\ 0}_{-0.046}$mm 的上极限尺寸是 194mm，下极限尺寸是 193.954mm，尺寸公差是 0.046mm。其他尺寸所表示的极限偏差及尺寸公差，请读者自行分析。

(4) 文字说明 文字说明的技术要求如图的左下角所示：为提高轴的强度和韧性，需经调质处理，处理后的布氏硬度为 220~250HBW。所谓调质是把淬火后的材料再在 450~650℃ 进行高温回火；图形中未注出的圆角为 R2mm。

5. 分析结构形状

1) 轴的主体结构为台阶轴，由七段不同直径的圆柱体构成。

2) 左端有单键槽、右端有双键槽。

3) 左端面有轴向螺纹孔和销孔，右端面有轴向螺纹孔。

4) 轴上还有倒角、圆角、越程槽等工艺结构。

经过仔细分析，可以想象出轴的结构形状如图 8-5 所示。

图 8-5 想象出轴的形状

任务二　识读盘盖类零件图

任务描述

端盖是机器中起密封作用的一类零件，属于盘盖类零件。本任务通过识读端盖的零件图，了解盘盖类零件的功用及结构特点、掌握其视图表达方案、分析尺寸及技术要求等内容，学会识读盘盖类零件的方法与步骤。

相关知识

一、盘盖类零件的结构特点及功用

1. 结构特点

盘盖类零件一般包括齿轮、手轮、带轮、法兰盘、端盖和压盖等。主体结构一般多为同轴线但不同直径的回转体、其他扁平的盘状或方形结构，厚度尺寸比其他两个方向的尺寸要小得多。为与其他零件连接，常有螺孔、沉孔、销孔、凸台、凹坑和键槽等结构，如图 8-6 所示的法兰盘。

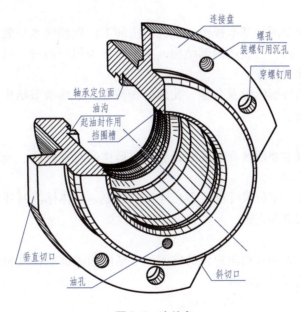

图 8-6　法兰盘

2. 主要功用

盘盖类零件一般通过键、销与轴连接来传递动力和转矩，或起支承、轴向定位及密封等作用。

汽车中典型的盘盖类零件有离合器压盘、法兰盘、气泵带轮、气泵盖、轴承盖、手轮、齿轮和飞轮等。图 8-7 所示为典型的盘盖类零件。

图 8-7 典型的盘盖类零件

二、盘盖类零件图的识读要点

1. 图形表达特点

盘盖类零件一般采用两个基本视图。主视图按加工位置轴线水平放置，以反映厚度的方向作为主视图的投射方向。为表达内部结构，主视图常采用全剖视，以表示各部分的结构及其各组成部分之间的相对位置。

另一视图用来表达外形轮廓及各槽、孔的分布情况。个别细节结构常用局部剖视图、断面图或局部放大图等表示。

2. 尺寸标注方法

盘盖类零件通常以主要回转面的轴心线、主要形体的对称轴线、经加工过的较大的结合面作为尺寸基准。

零件上各组成形体的定位尺寸和定形尺寸比较明显，具体标注时还应注意运用形体分析的方法，使尺寸标注得更加完善。

3. 技术要求注写

有配合要求的内外表面及轴向定位的端面尺寸精度和表面粗糙度精度要求较高，端面和回转体轴线常有垂直度或跳动要求。

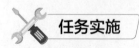任务实施

识读图 8-8 所示端盖的零件图

1. 看标题栏

该零件的名称为端盖，材料为"HT150"，其中"HT"表示灰铸铁，"150"表示抗拉强为150MPa，比例1∶2。

2. 分析视图表达

表达端盖用了两个图形，即主视图和左视图。

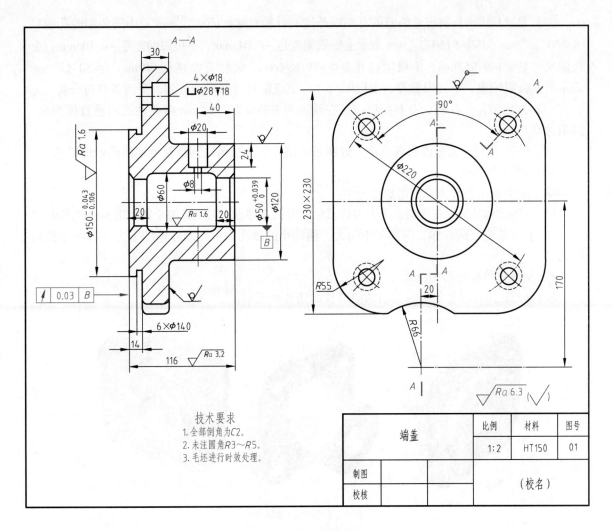

图 8-8 端盖的零件图

(1) 主视图　主视图是采用了一个倾斜的剖切面和两个平行的剖切面组合剖切得到的全剖视图，按加工位置，主要轴线水平放置，反映端盖内部结构形状及连接孔等结构。

(2) 左视图　左视图主要表达左端面的外形及连接孔的分布情况。

3. 分析尺寸标注

(1) 尺寸基准　端盖的左端面是长度方向的主要尺寸基准，中间内孔$\phi 50^{+0.039}_{\ 0}$mm 的轴线是高度方向的主要尺寸基准，宽度方向的尺寸基准是通过$\phi 50^{+0.039}_{\ 0}$mm内孔轴线的正平面。

(2) 主要尺寸　尺寸$\phi 220$mm 和 90°是四个轴向沉孔的定位尺寸，170mm 和 20mm 是 $R66$mm 圆弧面的定位尺寸，40mm 是径向沉孔的定位尺寸，总长 116mm，总宽和总高是 230mm，其余尺寸为定形尺寸。

4. 分析技术要求

(1) 表面粗糙度　表面粗糙度精度要求最高的是左端凸缘的外圆柱面及中间两端的内孔表面，Ra 值为 1.6μm，其次是左、右端面，Ra 值为 3.2μm，未标注加工表面的 Ra 值为 6.3μm，其余为不加工表面。

(2) 尺寸精度 标有尺寸偏差的有左端凸缘的外径尺寸 $\phi 150_{-0.106}^{-0.043}$ mm 及中间两端内孔的尺寸 $\phi 50_{0}^{+0.039}$ mm，其中 $\phi 150_{-0.106}^{-0.043}$ mm 表示上极限偏差是 -0.043mm，下极限偏差是 -0.106mm，上极限尺寸是 $\phi 149.957$ mm，下极限尺寸是 $\phi 149.894$ mm，尺寸公差是 0.149mm。$\phi 50_{0}^{+0.039}$ mm 表示的上极限偏差、下极限偏差、上极限尺寸、下极限尺寸和尺寸公差，请读者自行分析。

(3) 几何公差 几何公差有一项：是左端面对基准 $\phi 50_{0}^{+0.039}$ mm 内孔轴线的垂直度要求，其值为 0.03mm。

(4) 文字说明 文字说明有三条，分别是对倒角、未注铸造圆角及毛坯的热处理要求。

5. 分析结构形状

端盖的主要结构分为三个组成部分。

1）主体结构是四周带圆角、下方带圆弧的方形的连接盘，其上有四个安装用的轴向沉孔。

2）右方是空心圆柱体，内部是中间大、两端小的轴孔，空心圆柱体的上方还有一个径向沉孔。

3）左方是短圆柱形的凸缘。

经过分析，可以想象出端盖的结构形状如图 8-9 所示。

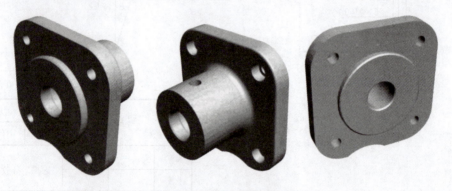

图 8-9 想象出端盖的形状

任务三 识读叉架类零件图

任务描述

叉架是机械产品运动部件中的一个主要零件，属于叉架类。本任务通过识读叉架的零件图，了解叉架类零件的功用及结构特点，掌握其视图表达方案，分析尺寸及技术要求等内容，学会识读叉架类零件的方法与步骤。

相关知识

一、叉架类零件的结构特点及功用

1. 结构特点

叉架类零件的结构形状较为复杂且不规则，形式多样，但都是由支承部分、工作部分、

连接部分所组成的。连接部分通常是倾斜或弯曲的、断面有规律变化的肋板结构,用以连接零件的工作部分与支承部分。

叉架类零件常用铸造或锻造的方法制成毛坯,再经必要机械加工而成。具有铸造(或锻造)圆角、起模斜度、凸台、凹坑等工艺结构,支承部分和工作部分常有圆孔、螺孔、沉孔、油槽、油孔、凸台、凹坑等结构,如图 8-10 所示的支架。

2. 主要功用

该类零件多为运动零件,包括拨叉、支架等。拨叉主要用于机床、内燃机等各种机器的操作结构中,用来操纵机器和机械,或者调节速度及制动,支架主要起支撑和连接作用。汽车上的拨叉、连杆、支架、支座等均属于此类零件,图 8-11 所示为典型的叉架类零件。

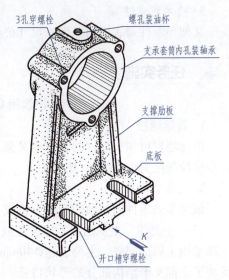

图 8-10 支架

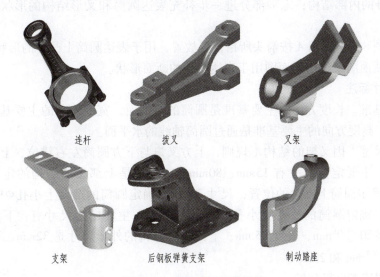

图 8-11 典型的叉架类零件

二、叉架类零件图的识读要点

1. 图形表达特点

叉架类零件一般需要两个或两个以上的基本视图,因加工工序较多,且加工位置变化较大,常以自然位置或工作位置放置。选择最能反映形状特征的方向作为主视图的投射方向,如图 8-10 所示,为表达内部结构形状常采用各种剖视图。对于零件上的弯曲、倾斜的结构常采用斜视图、倾斜剖面的剖视图、局部视图来表示。连接部分、肋板的断面形状常采用断面图表示。

2. 尺寸标注方法

长、宽、高三个方向的主要基准一般为孔的中心线、轴线、对称平面和较大的加工平面。

叉架类零件因为形状比较复杂,各组成形体的定形尺寸和定位尺寸较多,也比较明显,有弯曲部分的定位尺寸通常用角度表示。

3. 技术要求注写

叉架类零件对表面粗糙度、尺寸公差、几何公差都没有特殊要求，应根据具体情况而定。

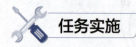
任务实施

识读图 8-12 所示叉架的零件图

1. 看标题栏

由标题栏可知，零件的名称为叉架，材料为"HT150"，其中"HT"表示灰铸铁，"150"表示抗拉强度为 150MPa，比例 1∶1。

2. 分析视图表达

该叉架的零件图共由四个图形组成。

（1）*主视图*　主视图按工作位置放置，主要表达各组成部分的形状特征及相互位置关系。下部采用了局部剖视，主要表达 ϕ40mm 圆筒的结构以及与圆筒连接的肋板的位置；未剖部分反映了上部叉形结构部分的形状特征。

（2）*左视图*　左视图有两处采用了局部剖视，主要表达下部 ϕ40mm 圆筒上凸台的结构以及上部叉形部分的内部结构；未剖部分进一步补充表达圆筒和叉形结构的形状及与其连接的肋板的位置。

（3）*斜视图 A*　斜视图 A 按箭头所指位置放置，用于表达圆筒上凸台的形状与位置。

（4）*移出断面图*　移出断面图用于表达肋板的断面形状。

3. 分析尺寸标注

（1）*尺寸基准*　长度方向的主要基准是圆筒的右端面，宽度方向的主要基准是通过圆筒轴线的正平面；高度方向的主要基准是通过圆筒轴线的水平面。

（2）*主要尺寸*　因叉架的结构不规则，上方叉口与下方圆筒左右错位、上方倾斜，所以未注总体尺寸。主要定位尺寸有 15mm、80mm 和 30°，是上部叉形结构的定位尺寸；尺寸 25mm 和 30°，确定圆筒上凸台的位置；尺寸 22mm，确定圆筒的凸台上小孔 $\phi 9^{+0.022}_{\ 0}$mm 的位置；尺寸 4mm，确定圆筒的凸台上小孔 ϕ3mm 的位置。主要定形尺寸有：下部圆筒的外径 ϕ40mm，内径 $\phi 20^{+0.021}_{\ 0}$mm，长度 45mm；上部叉形结构的外形尺寸是 32mm、36mm、38mm，叉口的尺寸 $18^{+1.1}_{\ 0}$mm 和 28mm。

其他尺寸请读者自行分析。

4. 分析技术要求

（1）*表面粗糙度*　加工表面中粗糙度精度要求最高的圆筒的内孔表面及凸台上小孔的表面，Ra 值为 1.6μm；其次是上部叉口及键槽的两个侧面，还有圆筒的右端面，Ra 值为 3.2μm；另外还有其他表面的 Ra 值分别为 6.3μm 和 12.5μm，请读者分析具有这些粗糙度要求的具体表面。未标注的表面为不加工表面。

（2）*尺寸精度*　图中标注偏差的尺寸有 $\phi 20^{+0.021}_{\ 0}$mm，表示上极限偏差是 +0.021，下极限偏差是 0，上极限尺寸是 ϕ20.021mm，下极限尺寸是 ϕ20mm，尺寸公差是 0.021mm；尺寸 $22^{+0.2}_{+0.1}$mm，表示上极限尺寸是 22.2mm，下极限尺寸是 22.1mm，尺寸公差是 0.1mm。注标有偏差的尺寸还有 $6^{+0.078}_{+0.030}$mm、$\phi 9^{+0.022}_{\ 0}$mm，请读者计算出这些尺寸所表示的上极限尺寸、下极限尺寸和尺寸公差。

（3）*文字说明*　对铸造毛坯的未注圆角要求及未注的倒角要求。

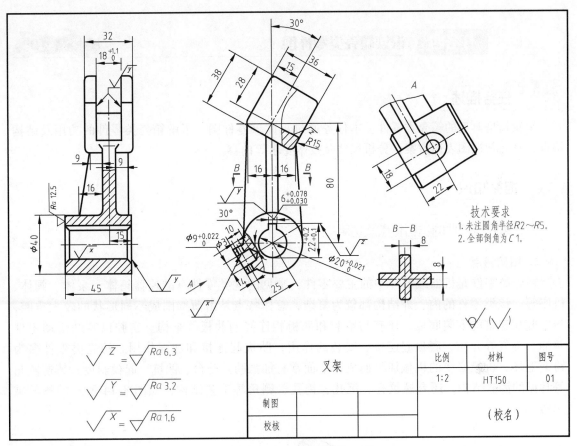

图 8-12 叉架零件图

5. 分析结构形状

叉架主要由三部分组成。

1）下部是空心圆柱形的圆筒，圆筒内孔中有贯通的键槽；圆筒的后下方有 U 形的凸台，凸台上还有互相垂直的小孔。

2）上部为四棱柱带叉口的叉形结构。

3）在圆筒与叉形结构之间用"十字"形的肋板相连，主要起加强作用。

经过上述仔细分析，便可以想象出叉架的结构形状如图 8-13 所示。

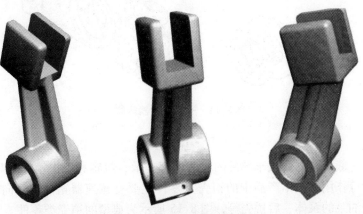

图 8-13 想象出叉架的结构形状

任务四　识读箱壳类零件图

任务描述

蜗轮箱是典型的箱壳类零件。本任务通过识读该零件图，了解箱壳类零件的功用及结构特点，掌握其视图表达方案，分析尺寸及技术要求等内容。

相关知识

一、箱壳类零件的结构特点及功用

1. 结构特点

箱壳类零件是机器或部件中的主要零件，常见的这类零件有减速器箱体、泵体、阀体、机座等。该类零件的内、外结构都较为复杂，总体特点是由薄壁围成不同形状的较大空腔，与空腔相连接的安装底板，还有与空腔和底板相连接的肋板等结构。空腔以容纳运动零件及油、空气等介质，底板起连接、安装的作用，肋板起连接和加强作用。箱壳类零件多为铸造毛坯，再经必要的机械加工而成，上面常有加强肋、凸台、凹坑、起模斜度、铸造圆角等常见的铸造结构，还有螺纹孔、沉孔、销孔、倒角等工艺结构，如图 8-14 所示的蜗轮减速器。

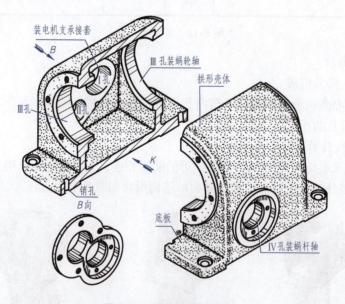

图 8-14　蜗轮减速器箱体

2. 主要功用

箱壳类零件一般为机器或汽车部件的主体，起支承、包容和保护箱体内其他零件的作用，也起定位和密封等作用。汽车产品中的箱壳类零件主要有减速器箱体、转向器壳体、变速器壳体、气缸体、油泵的泵体、后桥壳等，图 8-15 所示为典型的箱壳类零件。

图 8-15 典型的箱壳类零件

二、箱壳类零件图的识读要点

1. 图形表达特点

箱壳类零件一般需要三个以上的基本视图和其他视图表达，并常取剖视。当零件内、外结构都复杂时，如其投影不重叠，则常采用局部剖视图，如投影重叠，对于外部、内部的结构形状，应采用视图和剖视图分别表达；对于细小结构，可采用局部视图、局部剖视图和断面图来表达。因箱壳类零件的结构形状复杂，加工位置多变，所以应选工作位置及能反映其各组成部分形状特征和相对位置特征的方向作为主视图的投射方向，如图 8-14 中应选 K 向为主视图的投射方向。

2. 尺寸标注方法

箱壳类零件由于形体比较复杂，尺寸数量较多，通常运用形体分析的方法来分析尺寸。常以主要孔的轴线、对称平面、较大加工平面或结合面作为长、宽、高方向尺寸的主要基准。孔与孔之间、孔与底面之间及孔与加工面之间的定位尺寸均应直接注出。

3. 技术要求注写

箱壳重要的内孔和表面都有较高精度的表面粗糙度要求，并有尺寸精度和几何公差要求。各重要表面及重要形体之间，如重要的轴心线之间、重要轴心线与结合面或端面之间应有形状公差和位置公差要求。

识读图 8-16 所示蜗轮箱的零件图

1. 看标题栏

从标题栏中可知该零件的名称为蜗轮箱体，材料为"HT200"，其中"HT"表示灰铸铁，

"200"表示抗拉强度为200MPa，比例为1∶2。

2. 分析视图表达

表达蜗轮箱共用了四个图形。

（1）主视图　主视图按工作位置安放，充分显示出蜗轮箱的形状和位置特征，沿着前后的对称面取全剖视，主要表达了箱体内部用于安装蜗轮的空腔的主要结构及其组成部分的相对位置关系，且反映出各处的壁厚。

（2）俯视图　俯视图为通过安装蜗杆轴的支承孔的轴线剖得的局部剖视图，剖开部分主要表达安装蜗轮轴的支承孔的结构为内部有圆形凸台，前方也有圆形的凸台，并补充表达安装蜗轮的空腔结构；未剖部分表达顶部凸台的形状特征及其上四个螺纹孔的分布情况，图中保留的少量细虚线，进一步反映空腔部分的内形。

（3）左视图　左视图为外形图，主要表达蜗轮箱左侧空腔的结构形状为带圆角的空心四棱柱体，在接近四个角的位置各有一个螺纹孔，同时显示出底部沉孔的位置。

（4）局部视图 *A*　局部视图 *A* 是通过左视图的右方看到的蜗轮箱前方凸台的形状特征为圆形，其上均匀分布着四个螺纹孔。

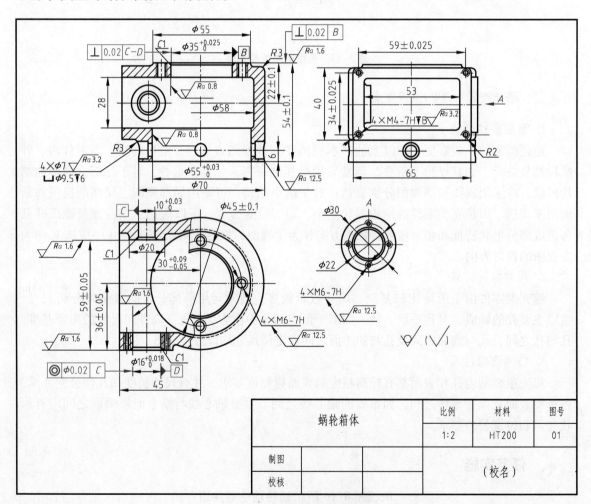

图 8-16　蜗轮箱体的零件图

3. 分析尺寸标注

（1）尺寸基准　该箱体长度方向的主要基准是通过安装蜗轮轴支承孔轴线的侧平面；宽度方向的尺寸基准为通过安装蜗轮轴孔轴线的正平面；高度方向的主要基准是底面，辅助基准是顶面。

（2）主要尺寸　总高是（54±0.1）mm，因右部是半圆形状，所以总长和总宽尺寸不必标注。

主要定位尺寸有：（22±0.1）mm 为安装蜗杆轴支承孔的轴线在高度方向的定位尺寸，$30^{+0.09}_{-0.05}$mm 为安装蜗杆轴支承孔的轴线在长度方向的定位尺寸，45mm 是左侧空心四棱柱体在长度方向的定位尺寸，（36±0.05）mm 是左侧空心四棱柱体在宽度方向的定位尺寸，ϕ(45±0.1)mm 是顶面凸台上四个均布螺纹孔的定位尺寸，ϕ22mm 是前方凸台上四个均布螺纹孔的定位尺寸，（59±0.025）mm 和（34±0.025）mm 是左端面上四个螺纹孔的定位尺寸。

主要定形尺寸有：安装蜗轮壳体的外径尺寸 ϕ70mm、顶部内径尺寸 $\phi 35^{+0.025}_{0}$mm、底部内径尺寸 $\phi 55^{+0.03}_{0}$mm、中间直径尺寸 ϕ58mm；左侧矩形空腔的外部尺寸高 40mm、宽 65mm，内部尺寸高 28mm、宽 53mm。

其他尺寸请读者自行分析。

4. 分析技术要求

（1）表面粗糙度　该零件需要加工的表面较多，对各表面的表面粗糙度要求也不相同。加工表面中表面粗糙度要求最高的是安装蜗轮轴的上、下支承孔的表面，Ra 值为 0.8μm。其他加工表面中表面粗糙度要求的还有 Ra 值为 1.6μm、3.2μm、6.3μm，精度要求最低的是 Ra 值为 12.5μm，请读者分析有这些精度要求的具体表面。其余为不加工表面。

（2）尺寸精度　标注尺寸偏差的主要尺寸有：总高是（54±0.1）mm，表示上极限尺寸为 54.1mm，下极限尺寸为 53.9mm，尺寸公差是 0.2mm；顶部内径尺寸 $\phi 35^{+0.025}_{0}$mm，表示上极限尺寸为 ϕ35.025mm，下极限尺寸为 ϕ35mm，尺寸公差是 0.025mm。其他标注有尺寸偏差的尺寸及其所表达的上极限偏差、下极限偏差、上极限尺寸、下极限尺寸及尺寸公差，请读者自行分析。

（3）几何公差　几何公差有三处：即上部安装蜗轮轴支承孔的轴线对前、后安装蜗杆轴支承孔的公共轴线 C-D 的垂直度公差为 0.02mm；顶部凸台的端面对上部安装蜗轮轴支承孔轴线的垂直度公差为 0.02mm；前方安装蜗杆轴支承孔的轴线对后方安装蜗杆轴支承孔轴线的同轴度公差为 ϕ0.02mm。

（4）文字说明　文字说明有 4 条，主要是对铸造毛坯件及未注倒角的要求。

5. 分析形体结构

按形体分析的方法，可以把蜗轮箱体分解成两大组成部分。

（1）壳体　壳体的结构形状通过主视图、俯视图反映，外形是圆柱体，中间是比较大的圆柱形的空腔，上部是圆柱形的凸台，凸台上有四个螺纹孔，用于连接端盖，下部有四个圆柱形、用于放油的沉孔。壳体的主要作用是容纳蜗轮和储存润滑油液。

（2）空心四棱柱体　圆空心四棱柱体位于壳体的左方，其形状主要从主视图、俯视图、左视图和局部视图 A 反映。主体结构为四周带圆角的空心四棱柱体，前、后方向有用于安装蜗杆轴的支承孔，内部有圆柱形的凸台，前方也有圆柱形的凸台，前方的凸台上还有四个螺纹孔，用于连接端盖。

通过以上仔细分析，便可以想象出蜗轮箱体的结构形状如图 8-17 所示。

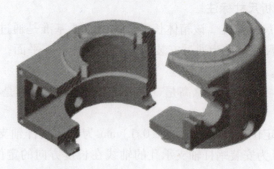

图 8-17　想象出蜗轮箱体的结构形状

  项目小结

本项目主要学习了识读零件图的方法与步骤，四类典型零件的结构特点、功用及识读要点。每一类零件各举一例，从看标题栏开始，通过分析视图表达、形体结构、尺寸标注、技术要求等几个步骤，使大家完整而详细地掌握了四类典型零件的结构特点、主要功用、尺寸基准选择原则、主要尺寸标注方法及主要技术要求的注写形式。

识读零件图时，应分清零件的种类（按四类典型的零件分），再根据每类零件的识读要点，按读图的基本要求仔细阅读。

项目九

识读装配图

表示汽车产品或部件的工作原理、结构形状和装配关系的图样称为装配图。一般把表达整个产品的图样称为总装配图,而把表达其组成部分中各部件的图样称为部件的装配图。本项目主要介绍装配图的内容、装配图的表达方法及识读装配图等有关内容。

 学习目标

1. 了解装配图的作用和内容。
2. 学会选择装配图的表达方法。
3. 认知装配结构及作用。
4. 学会识读装配图的方法与步骤。
5. 会识读中等复杂程度的装配图。

任务一　认知装配图

 任务描述

装配图是设计者表达设计思想、反映产品结构、进行技术交流的重要技术文件,也是装配者制定工艺规程,进行产品装配、检验安装调试的主要技术资料,更是使用者分析工作原理、掌握使用方法、进行维修操作的主要依据。本任务主要介绍装配图的内容、尺寸标注、序号编写和装配体的结构等相关知识。

 相关知识

一、装配图的内容

图9-1所示为滑动轴承的轴测分解图,它由八种零件组成。图9-2所示为滑动轴承的装配图。在装配图中必须清晰、准确地表达出组成滑动轴承的八种零件之间的相对位置、装配连接关系、主要零件的结构形状以及有关的尺寸、技术要求等。因此,装配图的内容一般包括以下四个方面。

1. 一组图形

用视图、剖视图、断面图及特殊表达方法等所组成的一组图形,可以正确、完整、清晰地表达装配体的工作原理、传动路线、零件的装配关系、相对位置、连接方式、主要零件的结构形状。图9-2采用了全剖的主视图和"拆去轴承盖和轴瓦等"拆卸画法（装配图的特殊表达方法）表达的俯视图。

图9-1　滑动轴承的轴测分解图

2. 必要的尺寸

标注出反映装配体的规格、性能、零件（或部件）间的相对位置、装配、安装时所必需的一些尺寸。

（1）规格（性能）尺寸　规格（性能）尺寸是表示装配体的规格大小或工作性能的尺寸。这些尺寸是设计时确定的，也是了解和选用该装配体的依据。图9-2中的尺寸$\phi 50H8$，表明该滑动轴承只能支承直径为$\phi 50mm$的轴。

（2）装配尺寸　装配尺寸是表示装配体中各零件之间装配关系的尺寸，包括配合尺寸和主要零件之间的相对位置尺寸，是保证装配体装配性能和质量的依据。

1）配合尺寸。配合尺寸是表示零件间配合性质的尺寸。如图9-2所示，配合尺寸有$\phi 10H8/k7$、$\phi 60H8/k7$、$90H9/f9$等。

2）相对位置尺寸。相对位置尺寸是表示装配时需要保证的零件间相互位置的尺寸。如图9-2所示，尺寸70mm表示轴承的中心线到轴承座底面的距离；（85±0.3）mm表示两螺栓的相对位置尺寸。

（3）安装尺寸　表示机器或部件安装时所需的尺寸。图9-2所示的安装螺栓孔所需的直径$2\times\phi 17mm$及孔距180mm。

（4）外形尺寸　外形尺寸表示装配体外形轮廓的尺寸，即总长、总宽、总高。外形尺寸反映了装配体的大小，提供了装配体在包装、运输和安装过程中所占空间的范围。图9-2所示为滑动轴承的总长为240mm，总高为160mm，总宽为80mm。

（5）其他重要尺寸　其他重要尺寸是指在设计中确定的而又未包括在上述几类尺寸之中的尺寸。这类尺寸视需要而定，如主体零件的重要尺寸、齿轮的中心距、运动件的极限位置尺寸、安装零件所需操作空间的尺寸等，例如图9-2中的55mm、35mm等尺寸。

上述五类尺寸之间并不是互相孤立无关的，实际上有的尺寸往往同时具有多种作用。此外，在一张装配图中，也并不一定需要全部注出上述五类尺寸，而是要根据具体情况和要求来确定。

3. 技术要求

用符号、文字等说明对装配体的工作性能、质量规范、装配、调试、安装时应达到的技术指标，以及试验和使用等方面的有关条件要求和注意事项等。

技术要求通常写在明细栏左侧、上方或其他空白处，内容太多时可以另编技术文件。

4. 零件序号

为了便于看图和图样管理，必须对装配图中的每个零件或组件进行编号，这种编号称为零件序号。同时，要根据零件序号编制相应的明细栏。

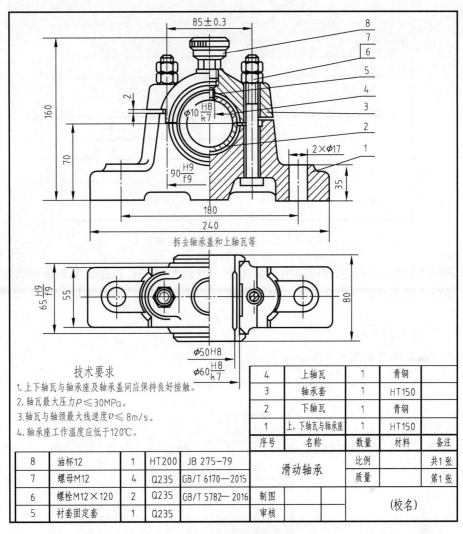

图 9-2 滑动轴承的装配图

零件序号写在视图及尺寸的范围之外，相同的各组成部分（零件或组件）及标准化的部件（如油杯、滚动轴承、电动机等）只编写一个序号。序号应按顺时针或逆时针方向顺序排列，在整个图上无法连续时，可只在每个水平或垂直方向顺序排列。

5. 标题栏和明细栏

装配图中的标题栏与零件图中的标题栏基本一致，只是填写的内容上稍有区别。作业中可使用图 9-3 所示的标题栏。

明细栏是装配体或部件中全部零件的详细目录，其内容和格式详见国家标准《技术制图 明细栏》（GB/T 10609.2—2009）。明细栏画在装配图右下角标题栏的上方，栏内分格线为细实线，外框线为粗实线，最上方的边框线规定用细实线绘制。明细栏中的编号与装配图中的零、部件序号必须一致。

二、装配图的表达方法

装配图和零件图一样，也是按正投影的原理绘制的。在零件图中所采用的各种表达方法，

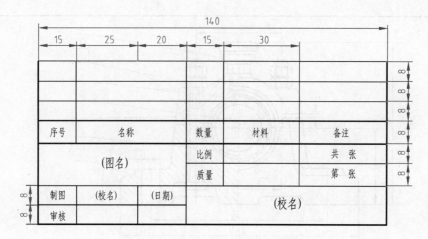

图 9-3 装配图中的标题栏与明细栏

如视图、剖视图、断面图等也同样适用于装配图。但装配图需要表达出装配体中各零件的相互位置、装配连接关系和工作原理等。针对装配图的表达特点，相应的规定画法和特殊表达方法如下。

1. 装配图的规定画法

装配图的规定画法如图 9-4 所示。

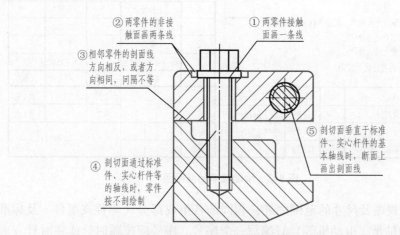

图 9-4 装配图的规定画法

（1）接触面和配合面的画法　相邻两零件的接触面和基本尺寸相同的两配合面之间只画一条共有的轮廓线，如图 9-4 中的①所示；相邻两零件的非接触面和基本尺寸不同的非配合面之间应分别画出两条各自的轮廓线，即使间隙很小，也必须用夸大画法画出间隙，如图 9-4 中的②所示。

（2）剖面线的画法　在装配图中，同一个零件在所有的剖视图、断面图中，其剖面线应保持同一方向，且间隔一致；相邻两个（或两个以上）零件的剖面线则必须不同，即方向相反或方向相同但间隔不等，如图 9-4 中的③所示。

（3）实心杆件和某些标准件的画法　在装配图的剖视图中，当剖切平面通过实心杆件（如轴、杆等）和标准件（如螺栓、螺母、销、键等）的对称面或轴线时，这些零件按不剖绘制，如图 9-4 中的④所示；但当剖切平面垂直于其轴线剖切时，则必须画出剖面线，如图

9-4 中的⑤所示。

2. 简化画法

（1）工艺结构　对于零件上的一些工艺结构，如小圆角、倒角、退刀槽和砂轮越程槽等可以省略不画，如图9-5中②、③、④、⑧所示。

（2）相同零件组　对若干相同的零件组如螺栓、螺钉连接等，可以仅详细地画出一处或几处，其余只需用细点画线表示其轴线位置，如图9-5中的⑦所示。

（3）其他简化画法　装配图中的螺母和螺栓头部允许采用简化画法，如图9-5①所示，滚动轴承允许一半用规定画法画出，另一半用通用画法画出，如图9-5中⑤所示。

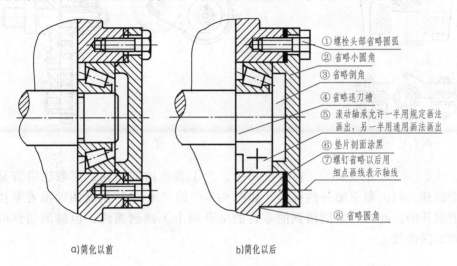

图 9-5　装配图的简化画法

3. 特殊表达方法

（1）拆卸画法　在装配图的某个视图上，如果某些零件在其他视图上已经表达清楚，但又遮住了需要表达的零件时，可将其拆去不画，只画留下部分的视图，这种画法称为拆卸画法。为了避免读图时产生误解，对拆卸画法应加以说明，在图上注写"拆去零件××"等，如图9-6所示的俯视图中即拆去了件2、3、4。

（2）展开画法　为了展示传动机构的传动路线和装配关系，可假想用剖切平面按传动顺序沿轴线剖切，然后依次展开，将剖切平面均旋转到与选定的投影面平行的位置，再画出其剖视图，这种画法称为展开画法。图9-7所示为交换齿轮架传动机构中的"A—A展开"图。

（3）假想画法　假想画法的轮廓线用双点画线表示，主要用于下列两种情况。

1）运动件的运动范围或极限位置。对于运动零件（或组件），当需要表明其运动范围或极限位置时，可在一个位置上用粗实线画出该零件，在其他的极限位置用双点画线来表示。如图9-7所示的交换齿轮架，图中手柄工作的两个极限位置Ⅱ、Ⅲ均采用双点画线画出。当手柄在位置Ⅰ时，齿轮2、3均不与齿轮4啮合；当处于位置Ⅱ时，齿轮2与齿轮4啮合，传动路线为齿轮1—2—4；当处于位置Ⅲ时，齿轮3与齿轮4啮合，传动路线为齿轮1—2—3—4。由此可见，手柄所处的位置不同，齿轮4的转向也不相同。

2）相邻零部件的轮廓线。为了表明相邻部件或零件的装配关系，对不属于装配体的零件或部件，可用双点画线画出其轮廓线。图9-7中的A—A展开图用双点画线来表示交换齿轮架的相邻零件——主轴箱。

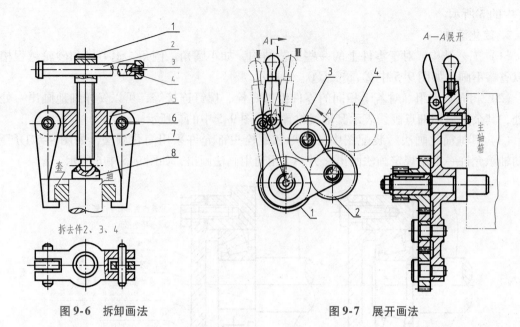

图 9-6 拆卸画法　　　　　　　　图 9-7 展开画法

（4）沿零件的结合面剖切　在装配图中，为了表示内部结构，可假想沿着某些零件的结合面剖开，画出剩下部分的视图。如图 9-8 中的"A—A"剖视图即沿着泵体与泵盖的结合面剖开的。此时，未剖切到的零件的结合面上不画剖面线，但被剖切到的三个螺栓必须画出剖面线。

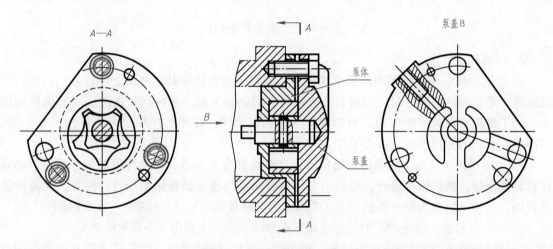

图 9-8 单独表示某个零件

（5）单独表示某个零件　在装配图中，当某个零件的形状未表达清楚或对理解装配关系有影响时，可另外单独画出该零件的某一视图，并在零件视图的上方标注出该零件的名称或编号，其标注方法与局部视图类似，如图 9-8 所示的"泵盖 B"。

三、常见的装配结构

机械零件除了应根据设计和制造要求确定其结构和形状以外，还应考虑装配结构的合理性，以保证部件的使用性能，使连接可靠、装拆方便。

1. 接触面与配合面结构的合理性

(1) 两零件接触面的数量 两零件在同一方向上只能有一组接触面,这样既可保证两表面接触良好,又可降低加工要求,节约加工成本。图 9-9a 表示出了在水平方向上两平面接触的情况,图 9-9b 表示出了在垂直方向及直径方向上的接触情况。

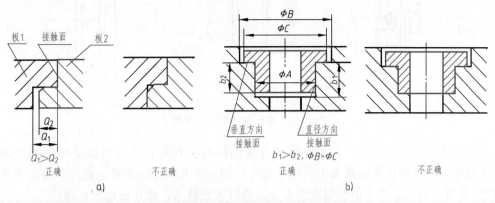

图 9-9 同一方向上只能有一组接触面

(2) 接触面转角处的结构 两配合零件在转角处不应设计成相同的圆角,否则既影响接触面之间的良好接触,又不易加工。轴肩面和孔端面相接触时,应在孔边倒角或在轴根部切槽,以保证轴肩与孔的端面接触良好,如图 9-10 所示。

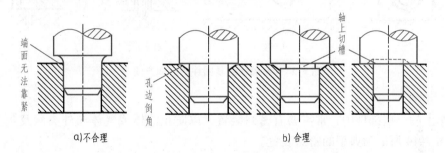

图 9-10 接触面转角处的结构

(3) 减少加工面积 为了使螺栓、螺钉、垫圈等紧固件与被连接件的表面或相邻零件的配合面有良好的接触面,同时减少加工面积,应把被连接件的接触面加工成凸台、沉孔或通槽,如图 9-11 所示。

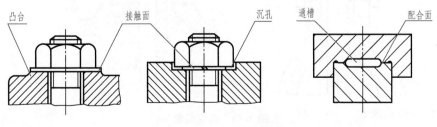

图 9-11 减少加工面积

2. 考虑装拆方便

(1) 滚动轴承的拆卸 为了便于拆卸滚动轴承,对轴肩及孔径的尺寸均有合理性要求,如图 9-12 所示。

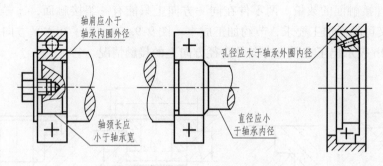

图 9-12 滚动轴承应便于拆卸

（2）螺纹紧固件的拆卸 在确定螺栓等紧固件的位置时，应考虑扳手的活动空间。如图 9-13 所示，图 a 中所留距离太小，扳手无法使用；图 b 的结构正确。此外，还应考虑螺钉放入时所需要的空间，图 c 中所留距离太小，螺钉无法放入；图 d 的结构正确。

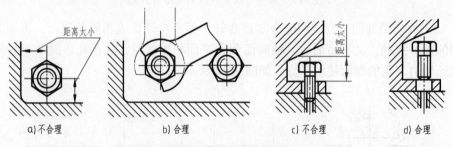

图 9-13 考虑螺纹紧固件的拆卸方便

3. 密封装置

在汽车上的一些部件中，常需要有密封装置，以防止液体或气体向外渗漏及灰尘、杂质等侵入。图 9-14 所示为典型的密封装置。

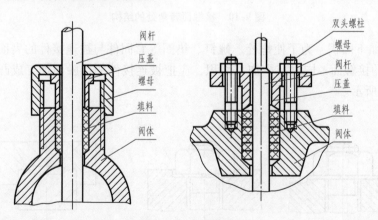

图 9-14 密封装置

4. 防松装置

机器或部件在工作时，由于受到冲击或振动，一些紧固件可能产生松动现象。因此，在某些装置中需采用防松结构，图 9-15 所示为几种常用的防松结构。

项目九 识读装配图

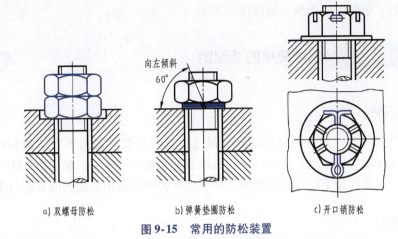

a) 双螺母防松　　b) 弹簧垫圈防松　　c) 开口销防松

图 9-15　常用的防松装置

任务实施

认知图 9-16 所示的转子液压泵装配图中的各项内容。全班分成若干小组进行讨论，说明

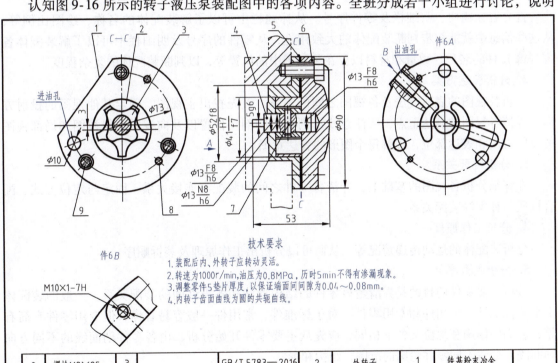

技术要求
1. 装配后内、外转子应转动灵活。
2. 转速为1000r/min，油压为0.8MPa，历时5min不得有渗漏现象。
3. 调整零件5垫片厚度，以保证端面间隙为0.04～0.08mm。
4. 内转子齿面曲线为圆的共轭曲线。

9	螺栓M8×25	3		GB/T 5783—2016	2	外转子	1	铁基粉末冶金	
8	销4×20	2	35	GB/T 119.2—2000	1	泵体	1	HT200	
7	销5m6×18	1	35	GB/T 119.1—2000	序号	名称	数量	材料	备注
6	泵盖	1	HT200		转子液压泵		比例		共 1 张
5	垫片	1	纸	t0.1～0.2			质量		第 1 张
4	泵轴	1	45		制图			(校名)	
3	内转子	1	铁基粉末冶金		审核				

图 9-16　转子液压泵的装配图

255

图中的各项内容，老师巡回指导，最后统一答案。

任务二　识读简单的装配图

任务描述

识读装配图就是通过对装配体的图形、尺寸、符号和文字的分析，了解装配体的名称、用途，理解装配体的工作原理、结构特点，明确装配关系及技术要求和操作方法等。

本任务通过识读螺旋千斤顶的装配图，使学生掌握识读简单装配图的方法与步骤。

相关知识

一、识读装配图的方法与步骤

1. 概括了解

首先看标题栏、明细栏及零件序号。从标题栏中可以了解装配体的名称、绘图比例等，从这些信息中就能初步判断装配体的大致用途；从零件的序号及明细栏中可以了解装配体各零（部）件的名称、数量和材料以及在装配图中的位置等，以判断装配体的复杂程度。

2. 分析表达方案

分析各视图的表达方法及各视图之间的关系。首先找出主视图，确定其他视图的投射方向，弄清各视图的表达重点，要注意找出剖视图的剖切位置以及向视图、斜视图和局部视图的投射方向和表达部位，理解每个图形的表达意图。

3. 分析装配关系

在仔细分析各视图的基础上，弄清各零件之间的装配与连接关系、固定与定位方式、配合性质与种类等装配关系。

4. 分析工作原理

分析装配体的运动传递情况等，从而可以分析出工作原理及装拆顺序。

5. 分析主要零件

分析主要零件的目的是弄清楚该零件的结构形状和各零件间的装配关系。一般的装配体上都有标准件、常用件和专用零件。对于标准件、常用件一般容易看懂，但专用零件有简有繁，它们的作用和地位又各不相同，应先从主要零件开始分析，由各零件剖面线的不同方向和间隔，分清不同零件轮廓的范围、结构和形状。

6. 分析尺寸标注

分析装配图中标注的尺寸类型，可以明确装配体的功用、体积大小、零件间配合的松紧程度等。

7. 分析技术要求

除以上分析以外，还要对标注的尺寸、注写的技术要求进行分析，进一步了解装配体的设计意图和装配工艺性。

8. 想象结构形状

经过上述分析，最后归纳总结，想象出装配体的结构形状。

在读图时，上述八个步骤是不能截然分开的，常常是边了解、边分析，综合进行。随着各部分的分析完成，装配体也就阅读清楚了。

二、千斤顶的类型及作用

千斤顶是一种起重高度小于 1m 的简单、轻小的起重设备，也是机械安装或汽车修理时用来顶起重物的工具，其结构轻巧坚固、灵活可靠，一人即可携带和操作。

千斤顶分为机械式和液压式两种，一般用刚性件作为工作装置，通过顶部与重物接触而顶举重物。

螺旋千斤顶是机械式千斤顶的一种，它是利用螺旋传动的原理顶举或放下重物，并依靠螺纹自锁性能来固定重物。其特点是结构比较简单，支撑质量较大。缺点是工作效率较低，上升慢，下降快。

任务实施

识读图 9-17 所示螺旋千斤顶的装配图

1. 概括了解

由图 9-17 所示装配图的明细栏可知，千斤顶是由六种零件组成的，是一个比较简单的装配体。各零件的名称、数量、材料及备注等内容可从明细栏中查出，具体位置可以从图中找到。

2. 分析视图表达

表达千斤顶共采用了三个图形，其中有两个基本视图，分别是主视图和俯视图，还用了一个表达单个零件的辅助视图。各视图分析如下：

（1）主视图　主视图按工作位置放置，既有利于反映千斤顶的工作状态，也可以较好地反映其整体形状特征。通过在主视图上作全剖视，可清楚地表达各主要零件的结构形状、各零件之间的相互位置关系、装配连接关系以及工作原理。

（2）俯视图　俯视图采用沿螺套 2 与螺杆的结合面剖切的特殊表达方法，主要表示螺套 2 和底座 1 的外形。

（3）件 3 B—B 图　件 3 B—B 图是表达单个零件的辅助视图，反映主要零件螺杆 3 上部用于穿绞杠的互相垂直通孔的局部结构。

3. 分析装配关系

（1）配合关系　螺套 2 的外表面与底座 1 的内孔表面之间的配合尺寸是 $\phi 65\text{H7}/\text{k6}$，表示两个零件的结合面是选用基孔制过渡配合。

（2）连接关系　螺套 2 镶在底座 1 的内孔中，并用螺钉 6 紧定；在螺杆 3 与螺套 2 之间是用螺纹连接的；在螺杆 3 的球面形顶部套一个顶垫 4，顶垫的内凹面是与螺杆顶面的半径相同的球面，为了防止顶垫随螺杆一起转动时脱落，在螺杆顶部加工有环形槽，将紧定螺钉 5 的圆柱形端部伸进环形槽锁定。

4. 分析工作原理

千斤顶是利用螺旋传动的原理来顶举重物的。工作时，绞杠（图中未画出）穿入螺杆 3 上部的通孔中，拨动绞杠，使螺杆 3 转动，通过螺杆 3 与螺套 2 之间的螺纹作用使螺杆 3 上升而顶起重物。

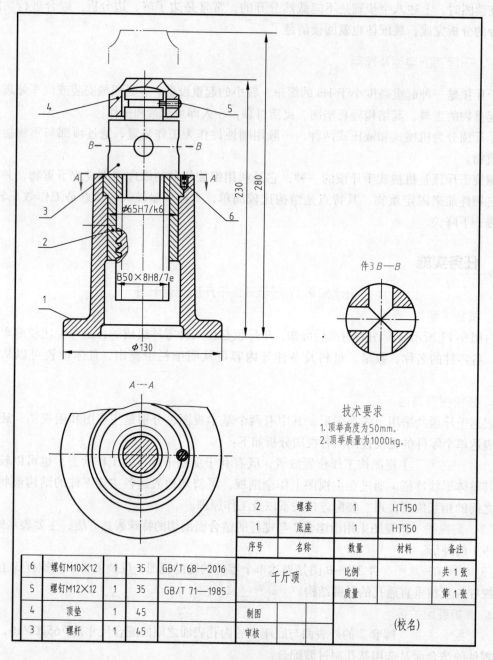

图 9-17 千斤顶的装配图

5. 分析主要零件

千斤顶的主要零件有底座1、螺套2、螺杆3、顶垫4等。

(1) 底座　底座1的形状主要从主视图和俯视图上反映,主体结构为回转体,底部为比较大的圆盘,在工作时安装定位;上部有比较大的内孔,与螺套2的圆柱面配合;还有一个轴向的骑缝螺纹孔,用于装螺钉6。底座的主要作用是容纳其他零件。

(2) 螺套　螺套2的形状主要从主视图和俯视图上反映。外表面为带台阶的圆柱面,台阶处用于轴向定位,外圆柱面与底座1的内孔配合;内孔制有螺纹,与螺杆3连接;还有一个轴向的骑缝螺孔，用于装螺钉 6，防止其与底座 1 产生相对运动。螺套的主要作用是将底座 1 与螺杆 3 连接在一起。

(3) **螺杆**　螺杆 3 的形状主要从主视图、俯视图及 B—B 图上反映的，主体结构分为四部分：上部是球面形的顶部，用于装顶垫 4；球面形顶部的下端，有一环形槽，用于装螺钉 5，防止顶垫 4 随螺杆 3 一起转动时脱落；中间偏上的部分有互相垂直的径向孔，用于工作时穿入绞杠。螺杆 3 是主要的运动零件，通过其轴向移动而顶起重物。

(4) **顶垫**　顶垫 4 的外表面也是圆柱面，上部有环形的凹面，顶面为平面，工作时与被顶举的重物接触；内表面的顶面为球面形，与螺杆 3 的顶部相接触；还有一个径向的螺孔，用于装螺钉 5。千斤顶工作时，通过顶垫 4 直接与被顶举的重物接触。

6. 分析尺寸标注

尺寸 230～280mm 是千斤顶的使用性能尺寸，即顶举的最大高度是 280mm，230mm 也是千斤顶的总高尺寸；ϕ65H7/k6 是配合尺寸；ϕ130mm 是总体尺寸（总长和总宽）；B50×8 8H/7e 是螺杆 3 与螺套 2 上的螺纹尺寸，表示锯齿形螺纹，大径为 ϕ50mm，螺距为 8mm，内、外螺纹的中径公差带代号分别是 8H 和 7e。

7. 分析技术要求

技术要求指出了顶举的最大高度和最大质量。

8. 想象结构形状

通过以上仔细分析，再进行综合归纳，可以想象出千斤顶的整体形状，如图 9-18 所示。

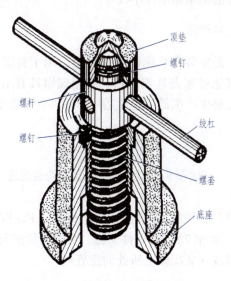

图 9-18　想象出千斤顶的形状

任务三　识读复杂的装配图

任务描述

机用虎钳是机床上通用的一种夹具，其装配图比较复杂。本任务通过识读机用虎钳的装配图，学会识读中等复杂程度装配图的方法与步骤。

相关知识

一、机床夹具及其作用

机床夹具是机床上用以装夹工件或刀具的一种装置，其作用是将工件定位，使其获得相对于机床和刀具的正确位置，并把工件可靠地夹紧，保证工件在整个加工过程中位置不变。

机床夹具按组成情况和使用范围不同，主要分为以下几类：

（1）通用夹具　通用夹具是指已经标准化的，在一定范围内可用于加工不同工件的夹具。例如，车床上的自定心卡盘和单动卡盘，铣床上的机用虎钳、分度头和回转工作台等。这类夹具一般由专业工厂生产，常作为机床附件提供给用户。

（2）专用夹具　专用夹具是指专为某一工件的某道工序而专门设计的夹具，其特点是结构紧凑、操作迅速、方便、省力，可以保证较高的加工精度和生产率，但设计制造周期较长、制造费用也较高。当产品变更时，夹具将由于无法继续使用而报废。专用夹具只适用于产品固定且批量较大的生产中。

（3）组合夹具　组合夹具是指按零件的加工要求，由一套事先制造好的标准元件和部件组装而成的夹具。由专业厂家制造，其特点是灵活多变，适用性强，制造周期短、元件能反复使用，特别适用于新产品的试制和单件小批生产。

二、机用虎钳的特点及其作用

机用虎钳又叫平口钳，是安装在机床的工作台上，用于夹紧工件，以便进行切削加工的一种通用的机床夹具。与其他机床夹具相比较，机用虎钳具有结构简单、操作方便、装夹可靠、适应性广等优点。缺点是生产率低，主要适用于单件、小批量的生产中。

识读图 9-19 所示机用虎钳的装配图

1. 概括了解

通过图 9-19 中的标题栏和明细栏了解夹具的名称为"机用虎钳"，共由 11 种零件组成，其中标准件 2 种（螺钉 10、锥销 7），专用件 9 种。可结合装配图上的序号及明细栏了解各零件的名称、材料和数量，以及在装配体上所处的位置。

2. 分析表达方案

表达机用虎钳共用了六个视图，除主视图、俯视图、左视图三个基本视图以外，还有局部放大图、移出断面图、单独表达零件的视图。

（1）主视图　主视图为全剖视图，剖切面通过前后的对称面，主要表达了机用虎钳的整体形状、工作范围及主要装配关系。图中还采用了局部剖和假想画法。因为锥销 7、螺杆 8 为实体杆件，在装配图中规定不剖，但为了反映它们与其他零件之间的装配和连接关系，采用了局部剖视表达。活动钳身 4 是运动件，工作时处于左方极限位置的轮廓线用假想画法—双点画线表示。

（2）俯视图　俯视图为局部剖视图，进一步表达装配体的整体外形以及主要零件的形状特征。局部剖视图表示了螺钉10把钳口板2固定连接在固定钳身1上的位置，钳口板2与活动钳身4的连接方式与之相同。

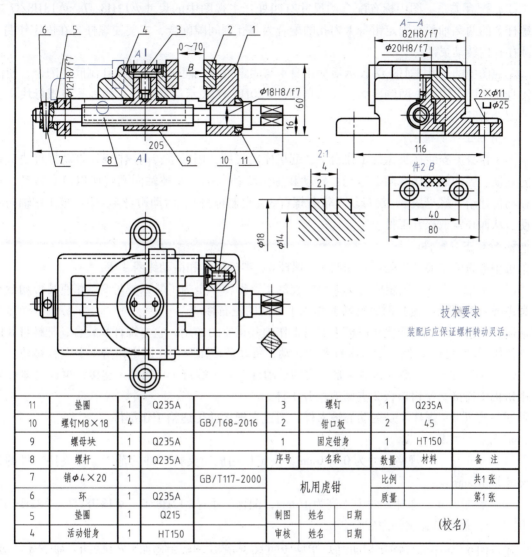

图9-19 机用虎钳的装配图

（3）**左视图** 左视图为半剖视图，剖切面通过前后的对称面。进一步表达整体形状、部分零件的形状特征、装配连接关系。从左视图中可清楚地看出固定钳身1与活动钳身4的配合关系。

（4）**局部放大图** 表达了螺杆及螺母的牙型及尺寸。

（5）**移出断面图** 表达了螺杆操纵部分的结构为"方形"的形状特征。

（6）**"件2B"图** 为单独表示零件的图形，表达钳口板2上的特殊结构为网状槽结构，作用是增大摩擦力，使工件夹紧可靠。

3. 分析装配关系

（1）**连接关系** 主视图反映了主要零件的装配连接关系：先将螺母块9从固定钳身1下方的空腔装入工字形槽内，再装入螺杆8，并用垫圈11、垫圈5及环6和锥销7将螺杆轴向固定；通过螺钉 3 将活动钳身 4 与螺母块 9 连接，最后用螺钉 10 将两块钳口板 2 分别与固定钳身 1 和活动钳身 4 连接。

（2）配合关系　图中标有配合的尺寸有四处：主视图中的尺寸 $\phi 12H8/f7$、$\phi 18H8/f7$ 表示螺杆 8 的两端轴颈与固定钳身 1 内孔的配合为基孔制间隙配合，主要使螺杆 8 在固定钳身 1 的圆柱孔内转动灵活。

左视图中的尺寸 $82H8/f7$ 表示活动钳身 4 与固定钳身 1 两侧导面为基孔制间隙配合，使活动钳身 4 在固定钳身 1 两侧导面上移动自如；$\phi 20H8/f7$ 表示活动钳身 4 的内孔与螺母块 9 之间的配合为基孔制间隙配合。

4. 分析工作原理

固定钳身 1 安装在机床的工作台上，起机座的作用，用扳手转动螺杆 8，带动螺母块 9 做轴向移动。因为螺旋线有两个运动：转动和轴向移动，螺杆 8 被轴向固定所以只能转动，轴向移动传递给了螺母块 9，螺母块 9 带着螺钉 3（自制螺钉）、活动钳身 4、钳口板 2 作轴向的移动，从而夹紧或松开工件。

5. 分析主要零件

机用虎钳的主要零件是固定钳身 1、螺杆 8、螺母块 9 和活动钳身 4 等。

（1）固定钳身 1　固定钳身 1 下部空腔的工字形槽，是为了装入螺母 9，并使其带动活动钳身 4 随着螺杆顺（逆）时针旋转时作水平方向的左右移动。

（2）螺母块 9　螺母块 9 在机用虎钳工作中起重要的作用，它与螺杆 8 旋合，把螺杆 8 的运动传给活动钳身 4，使之随着螺杆 8 的转动，带动活动钳身 4 在固定钳身 1 上左右移动。

（3）活动钳身 4　活动钳身 4 是主要的运动件，通过螺钉 3 与螺杆 8 连接，再通过螺钉 10 与钳口板 2 连接，使钳口板 2 夹紧或松开工件。

（4）螺杆 8　螺杆 8 是运动的输入件，通过它把运动传递给工作部件。

6. 分析尺寸标注

（1）规格尺寸　规格尺寸为 0～70mm，决定机用虎钳夹持工件的范围，可夹持工件的最大尺寸是 70mm。

（2）装配尺寸　螺杆 8 的中心高为 16mm，配合尺寸有 $\phi 12H8/f7$、$\phi 18H8/f7$、$\phi 82H8/f7$、$\phi 20H8/f7$，都是基孔制间隙配合。

（3）安装尺寸　安装孔的中心距 116mm，安装孔的直径 $2\times\phi 11$mm，以及锪平孔 $\phi 25$mm。

（4）总体尺寸　总长尺寸为 205mm。因为安装底板的前后为圆柱形，钳口板 2 高于钳身，所以未标注总宽和总高尺寸。

（5）其他重要尺寸　除以上分析的几类尺寸以外，剩余的就是其他重要的尺寸。例如钳口板 2 的宽度尺寸为 80mm，装螺钉的孔距尺寸为 40mm，螺杆上螺纹的尺寸为 4mm、2mm、$\phi 14$mm、$\phi 18$mm 等。

7. 分析技术要求

技术要求是对装配过程中提出的。装配时应严格按照技术要求进行装配，以保证装配后的各项要求符合规定。

通过以上仔细分析，再进行综合归纳，便可以想象出机用虎钳的整体结构形状，如图 9-20 所示。

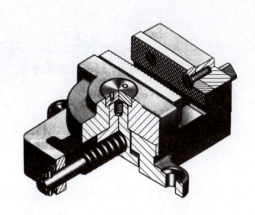
a) 轴测装配图

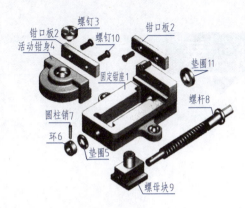
b) 轴测分解图

图 9-20　想象出机用虎钳的形状

项目小结

　　装配图是表示产品或部件的工作原理、结构形状和装配关系的图样，主要用于部件和产品的装配、检测、使用和维修。

　　装配图与零件图都是教材的重点内容，属于机械制图的应用阶段，由于装配图与零件图的使用场合不同，其图样中的具体要求也不相同。零件图中要求零件上所有的结构形状、尺寸及技术要求必须完整、清晰地表达出来，而装配图上只需要表达出装配体的装配连接关系、工作原理、主要零件的结构形状、必要的尺寸及装配时应达到的一些要求。零件图中所用的各种表达方法都适于装配图，但装配图还有其特殊的表达方法及简化画法。

　　装配图的特殊表达方法有：拆卸画法、沿零件接合面剖切的画法、假想画法、展开画法及单独表示某个零件的方法。对零件上的细小结构（倒角、斜度、锥度、间隙等）可采用省略或夸大的画法表示。装配图上的尺寸只需要标注出规格（性能）尺寸、装配尺寸、总体尺寸、安装尺寸及一些重要的尺寸。

　　读装配图时，应从零件的剖面线方向区分零件的轮廓，主要读懂装配体的工作原理、各零件间的装配连接关系及主要零件的结构形状。

附 录

附录A 螺纹

表 A-1 普通螺纹直径与螺距系列（GB/T 193—2003）、基本尺寸（GB/T 196—2003）

（单位：mm）

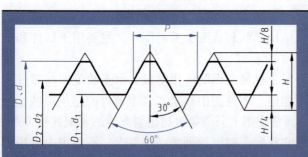

标记示例

公称直径 24mm、螺距 3mm、右旋粗牙普通螺纹，其标记为：M24

公称直径 24mm、螺距 1.5mm、左旋细牙普通螺纹，公差代号 7H，其标记为：M24×1.5—LH

公称直径 D, d		螺距 P		粗牙螺纹中径 D_2, d_2	粗牙螺纹小径 D_1, d_2
第一系列	第二系列	粗牙	细牙		
3		0.5	0.35	2.675	2.459
	3.5	(0.6)		3.110	2.850
4		0.7	0.5	3.545	3.242
	4.5	(0.75)		4.013	3.688
5		0.8		4.480	4.134
6		1	0.75, (0.5)	5.350	4.917
8		1.25	1, 0.75, (0.5)	7.188	6.647
10		1.5	1.25, 1, 0.75, (0.5)	9.026	8.376
12		1.75	1.5, 1.25, 1, (0.75), (0.5)	10.863	10.106
	14	2	1.5, (1.25), 1, (0.75), (0.5)	12.701	11.835
16		2	1.5, 1, (0.75), (0.5)	14.701	13.835
	18	2.5	2, 1.5, 1, (0.75), (0.5)	16.376	15.294
20		2		18.376	17.294
	22	2.5	2, 1.5, 1, (0.75), (0.5)	20.376	19.294
24		3	2, 1.5, 1, (0.75)	22.051	20.752
	27	3	2, 1.5, 1, (0.75)	25.051	23.752

（续）

公称直径 D, d		螺距 P		粗牙螺纹中径 D_2, d_2	粗牙螺纹小径 D_1, d_2
第一系列	第二系列	粗牙	细牙		
30		3.5	(3), 2, 1.5, 1, (0.75)	27.727	26.211
	33	3.5	(3), 2, 1.5, (1), (0.75)	30.727	29.211
36		4	3, 2, 1.5, (1)	33.402	31.670
	39	4		36.402	34.670
42		4.5	(4), 3, 2, 1.5, (1)	39.077	37.129
	45	4.5		42.077	40.129
48		5		44.752	42.587
	52	5		48.752	46.587
56		5.5	4, 3, 2, 1.5, (1)	52.428	50.046
	60	(5.5)		56.428	54.046
64		6		60.103	57.505
	68	6		64.103	61.505

注：1. 公称直径优先选用第一系列，第三系列未列出（尽可能不用），括号内的尽可能不用；
2. M14×1.25 仅用于火花塞。

表 A-2 梯形螺纹直径基本尺寸（GB/T 5796.3—2005） （单位：mm）

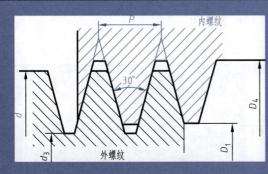

标记示例

公称直径 28mm、螺距 5mm、中径公差代号为 7H 的单线右旋梯形内螺纹，其标记为：Tr28×5—7H

公称直径 28mm、导程 10mm、螺距 5mm、中径公差代号为 8e 的双线左旋梯形外螺纹，其标记为：Tr28×10（P5）LH—7H8e

内外螺纹旋合所组成的螺纹副的标记为：Tr24×8—7H/8e

公称直径 d		螺距 P	中径 $d_2 = D_2$	内螺纹大径 D_4	小径		公称直径 d		螺距 P	中径 $d_2 = D_2$	内螺纹大径 D_4	小径	
第一系列	第二系列				外螺纹 d_3	内螺纹 D_1	第一系列	第二系列				外螺纹 d_3	内螺纹 D_1
8		1.5	7.25	8.30	6.20	6.50			2	13.00	14.50	11.50	12.00
	9	1.5	8.25	9.30	7.20	7.50	14		3	12.50	14.50	10.50	11.00
		2	8.00	9.50	6.50	7.00			2	15.00	16.50	13.50	14.00
10		1.5	9.25	10.30	8.20	8.50	16		4	14.00	16.50	11.50	12.00
		2	9.00	10.50	7.50	8.00			2	17.00	18.50	15.50	16.00
	11	2	10.00	11.50	8.50	9.00	18		4	16.00	18.50	13.50	14.00
		3	9.50	11.50	7.50	8.00			2	19.00	20.50	17.50	18.00
12		2	11.00	12.50	9.50	10.00	20		4	18.00	20.50	15.50	16.00
		3	10.50	12.50	8.50	9.00							

（续）

公称直径 d		螺距 P	中径 $d_2=D_2$	内螺纹大径 D_4	小径		公称直径 d		螺距 P	中径 $d_2=D_2$	内螺纹大径 D_4	小径	
第一系列	第二系列				外螺纹 d_3	内螺纹 D_1	第一系列	第二系列				外螺纹 d_3	内螺纹 D_1
	22	3	20.50	22.50	18.50	19.00		32	3	30.50	32.50	28.50	29.00
	22	5	19.50	22.50	16.50	17.00		32	6	29.00	33.00	25.00	26.00
	22	8	18.00	23.00	13.00	14.00		32	10	27.00	33.00	21.00	22.00
24		3	22.50	24.50	20.50	21.00		34	3	32.50	34.50	30.50	31.00
24		5	21.50	24.50	18.50	19.00		34	6	31.00	35.00	27.00	28.00
24		8	20.00	25.00	15.50	16.00		34	10	29.00	35.00	23.00	24.00
	26	3	24.50	26.50	22.50	23.00	36		3	34.50	36.50	32.50	33.00
	26	5	23.50	26.50	20.50	21.00	36		6	33.00	37.00	29.00	30.00
	26	8	22.00	27.00	17.00	18.00	36		10	31.00	37.00	25.00	26.00
28		3	26.50	28.50	24.50	25.00		38	3	36.50	38.50	34.50	35.00
28		5	25.50	28.50	22.50	23.00		38	7	34.50	39.00	30.00	31.00
28		8	24.00	29.00	19.00	20.00		38	10	33.00	39.00	27.00	28.00
	30	3	28.50	30.50	26.50	27.00	40		3	38.50	40.50	36.50	37.00
	30	6	27.00	31.00	23.00	24.00	40		7	36.50	41.00	32.50	33.00
	30	10	25.00	31.00	19.00	20.00	40		10	35.00	41.00	29.00	30.00

注：螺纹公差带代号：外螺纹有9c、8c、8e、7e；内螺纹有9H、8H、7H。

表 A-3　55°密封管螺纹（GB/T 7306.2—2000）

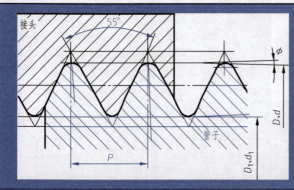

标记示例

尺寸代号为2、右旋、圆锥内螺纹，其标记为：Rc2；

尺寸代号为3、右旋、圆柱内螺纹，其标记为：Rp3；

尺寸代号为1/2 圆锥外螺纹，其标记为：$R_2$1/2；

尺寸代号为$1^1/_2$ 圆锥外螺纹，左旋，其标记为：$R_2$$1^1/_2$—LH

尺寸代号	每25.4mm 内的牙数 n	螺距 P/mm	牙高 h/mm	圆弧半径 r≈/mm	基面上的基本直径/mm			基准距离 /mm	有效螺纹长度 /mm
					大径（基准直径）$d=D$	中径 $d_2=D_2$	小径 $d_1=D_1$		
1/16	28	0.907	0.581	0.125	7.723	7.142	6.561	4	6.5
1/8	28	0.907	0.581	0.125	9.728	9.147	8.566	4	6.5
1/4	19	1.337	0.856	0.184	13.157	12.301	11.445	6	9.7
3/8	19	1.337	0.856	0.184	16.662	15.806	14.950	6.4	10.1
1/2	14	1.814	1.162	0.249	20.955	19.793	18.631	8.2	13.2

（续）

尺寸代号	每25.4mm内的牙数 n	螺距 P/mm	牙高 h/mm	圆弧半径 $r \approx$ /mm	基面上的基本直径/mm			基准距离/mm	有效螺纹长度/mm
					大径（基准直径）$d = D$	中径 $d_2 = D_2$	小径 $d_1 = D_1$		
3/4	14	1.814	1.162	0.249	26.441	25.279	24.117	9.5	14.5
1	11	2.309	1.479	0.317	33.249	31.770	30.291	10.4	16.8
$1^1/_4$	11	2.309	1.479	0.317	41.910	40.431	38.952	12.7	19.1
$1^1/_2$	11	2.309	1.479	0.317	47.803	46.324	44.845	12.7	19.1
2	11	2.309	1.479	0.317	59.614	58.135	56.656	15.9	23.4
$2^1/_2$	11	2.309	1.479	0.317	75.184	73.705	72.226	17.5	26.7
3	11	2.309	1.479	0.317	87.884	86.405	84.926	20.6	29.8
4	11	2.309	1.479	0.317	113.030	111.551	110.072	25.4	35.8
5	11	2.309	1.479	0.317	138.430	136.951	135.472	28.6	40.1
6	11	2.309	1.479	0.317	163.830	162.351	160.872	28.6	40.1

表A-4 55°非密封管螺纹（GB/T 7307—2001）

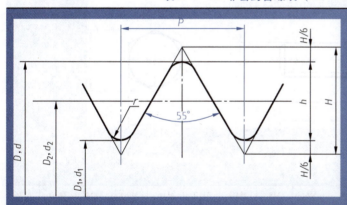

标记示例

GB/T 7307—2001

尺寸代号2、右旋、圆柱内螺纹，其标记为：G2

尺寸代号3/4、右旋、A级圆柱外螺纹，其标记为：G3/4A

尺寸代号1/4、左旋、圆柱内螺纹，其标记为：G1/4—LH

尺寸代号4、左旋、B级圆柱外螺纹螺，其标记为：G4B—LH

尺寸代号	每25.4mm内的牙数 n	螺距 P/mm	牙高 h/mm	圆弧半径 $r \approx$ /mm	基面上的基本直径/mm			基准距离/mm	有效螺纹长度/mm
					大径（基准直径）$d = D$	中径 $d_2 = D_2$	小径 $d_1 = D_1$		
1/16	28	0.907	0.581	0.125	7.723	7.142	6.561	4	6.5
1/8	28	0.907	0.581	0.125	9.728	9.147	8.566	4	6.5
1/4	19	1.337	0.856	0.184	13.157	12.301	11.445	6	9.7
3/8	19	1.337	0.856	0.184	16.662	15.806	14.950	6.4	10.1
1/2	14	1.814	1.162	0.249	20.955	19.793	18.631	8.2	13.2
3/4	14	1.814	1.162	0.249	26.441	25.279	24.117	9.5	14.5
1	11	2.309	1.479	0.317	33.249	31.770	30.291	10.4	16.8
$1^1/_4$	11	2.309	1.479	0.317	41.910	40.431	38.952	12.7	19.1
$1^1/_2$	11	2.309	1.479	0.317	47.803	46.324	44.845	12.7	19.1
2	11	2.309	1.479	0.317	59.614	58.135	56.656	15.9	23.4

(续)

尺寸代号	每25.4mm内的牙数 n	螺距 P/mm	牙高 h/mm	圆弧半径 $r\approx$/mm	基面上的基本直径/mm 大径（基准直径）$d=D$	中径 $d_2=D_2$	小径 $d_1=D_1$	基准距离/mm	有效螺纹长度/mm
$2\frac{1}{2}$	11	2.309	1.479	0.317	75.184	73.705	72.226	17.5	26.7
3	11	2.309	1.479	0.317	87.884	86.405	84.926	20.6	29.8
4	11	2.309	1.479	0.317	113.030	111.551	110.072	25.4	35.8
5	11	2.309	1.479	0.317	138.430	136.951	135.472	28.6	40.1
6	11	2.309	1.479	0.317	163.830	162.351	160.872	28.6	40.1

附录B 螺纹紧固件

表B-1 六角头螺栓 （单位：mm）

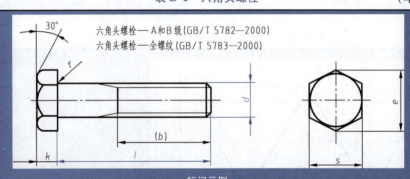

六角头螺栓——A和B级（GB/T 5782—2000）
六角头螺栓——全螺纹（GB/T 5783—2000）

标记示例

螺纹规格 d = M12、公称长度 l = 80mm、性能等级为8.8级、表面氧化、A级的六角头螺栓，其标记为：螺栓 GB/T 5782　M12×80

螺纹规格 d		M3	M4	M5	M6	M8	M10	M12	M16	M20	M24	M30	M36
s		5.5	7	8	10	13	16	18	24	30	36	46	55
k		2	2.8	3.5	4	5.3	6.4	7.5	10	12.5	15	18.7	22.5
r		0.1	0.2	0.2	0.25	0.4	0.4	0.6	0.6	0.6	0.8	1	1
e	A	6.01	7.66	8.79	11.05	14.38	17.77	20.03	26.75	33.53	39.98	—	—
	B	5.88	7.50	8.63	10.89	14.20	17.59	19.85	26.17	32.95	39.55	50.85	51.11
(b) GB/T 5782	$l\leq 125$	12	14	16	18	22	26	30	38	46	54	66	—
	$125<l\leq 1200$	18	20	22	24	28	32	36	44	52	60	72	84
	$l>1200$	31	33	35	37	41	45	49	57	65	73	85	97
l 范围 (GB/T 5782)		20~30	25~40	25~50	30~60	40~80	45~100	50~120	65~160	80~200	90~240	110~300	140~360
l 范围 (GB/T 5783)		6~30	8~40	10~50	12~60	16~80	20~100	25~120	30~150	40~150	50~150	60~200	70~200
l 系列		6, 8, 10, 12, 16, 20, 25, 30, 35, 40, 45, 50, 55, 60, 65, 70, 80, 90, 100, 110, 120, 130, 140, 150, 160, 180, 200, 220, 240, 260, 280, 300, 320, 340, 360, 380, 400, 420, 440, 460, 480, 500												

表 B-2 双头螺柱 (单位：mm)

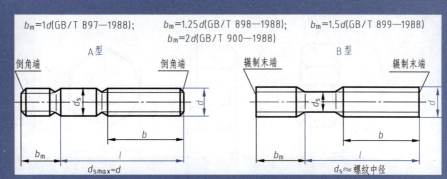

标记示例

两端均为粗牙普通螺纹、$d=10$mm、$l=50$mm、性能等级为 4.8 级、不经表面处理、B 型 $b_m=1d$ 的双头螺柱，其标记为：螺柱 GB/T 897　M10×50，若为 A 型，则标记为：螺柱 GB/T 897　AM10×50

螺纹规格 d	B_m（旋入机体端的长度）				l/b（螺柱长度/旋入端长度）
M4	—	—	6	8	$\dfrac{16\sim22}{8}\ \dfrac{25\sim40}{14}$
M5	5	6	8	10	$\dfrac{16\sim22}{10}\ \dfrac{25\sim30}{16}$
M6	6	8	10	12	$\dfrac{20\sim22}{10}\ \dfrac{25\sim30}{14}\ \dfrac{32\sim75}{18}$
M8	8	10	12	16	$\dfrac{20\sim22}{12}\ \dfrac{25\sim30}{16}\ \dfrac{32\sim90}{22}$
M10	10	12	15	20	$\dfrac{25\sim28}{14}\ \dfrac{30\sim38}{16}\ \dfrac{40\sim120}{26}\ \dfrac{130}{32}$
M12	12	15	18	24	$\dfrac{25\sim30}{14}\ \dfrac{32\sim40}{16}\ \dfrac{45\sim120}{26}\ \dfrac{130\sim180}{32}$
M16	16	20	24	32	$\dfrac{30\sim38}{16}\ \dfrac{40\sim55}{20}\ \dfrac{60\sim120}{30}\ \dfrac{130\sim200}{36}$
M20	20	25	30	40	$\dfrac{35\sim40}{20}\ \dfrac{45\sim65}{30}\ \dfrac{70\sim125}{38}\ \dfrac{130\sim200}{44}$
(M24)	24	30	36	48	$\dfrac{45\sim55}{25}\ \dfrac{55\sim75}{35}\ \dfrac{80\sim120}{46}\ \dfrac{130\sim200}{52}$
(M30)	30	38	45	60	$\dfrac{60\sim65}{40}\ \dfrac{70\sim90}{50}\ \dfrac{95\sim120}{66}\ \dfrac{130\sim200}{72}\ \dfrac{210\sim250}{85}$
M36	36	45	54	72	$\dfrac{65\sim75}{45}\ \dfrac{80\sim110}{60}\ \dfrac{120}{78}\ \dfrac{130\sim200}{84}\ \dfrac{210\sim300}{97}$
M42	42	52	63	84	$\dfrac{70\sim80}{50}\ \dfrac{16\sim22}{8}\ \dfrac{120}{90}\ \dfrac{130\sim200}{96}\ \dfrac{210\sim300}{109}$
M48	48	60	72	96	$\dfrac{80\sim90}{60}\ \dfrac{95\sim100}{80}\ \dfrac{120}{102}\ \dfrac{130\sim200}{108}\ \dfrac{210\sim300}{121}$

注：1. GB/T 897—1988 和 GB/T 898—1988 规定螺柱的螺纹规格 $d=$M5~M48，公称长度 $l=$16~300mm；GB/T 899—1988 和 GB/T 900—1988 规定螺柱的螺纹规格 $d=$M2~M48，公称长度 $l=$12~300mm。

2. 螺柱公称长度 l（系列）：12，(14)，16，(18)，20，(22)，25，(28)，30，(32)，35，(38)，40，45，50，(55)，60，(65)，70，(75)，80，(85)，90，(95)，100~260（10 进位），280，300mm，尽可能不采用括号内的数值。

3. 材料为钢的螺柱性能等级有 4.8、5.8、6.8、8.8、10.9、12.9 级，其中 4.8 级为常用。

表 B-3　1 型六角螺母（GB/T 6170—2000）　（单位：mm）

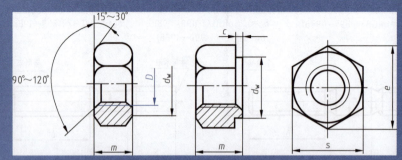

标记示例

螺纹规格 D = M12、性能等级为 8 级、不经表面处理、产品等级为 A 级的 1 型六角螺母，其标记为：螺母 GB/T 6170 M12

螺纹规格 d		M3	M4	M5	M6	M8	M10	M12	M16	M20	M24	M30	M36
e (min)		6.01	7.66	8.79	11.05	14.38	17.77	20.03	26.75	32.95	39.55	50.85	60.79
s	(max)	5.5	7	8	10	13	16	18	24	30	36	46	55
	(min)	5.32	6.78	7.78	9.78	12.73	15.73	17.73	23.67	29.16	35	45	53.8
c (max)		0.4	0.4	0.5	0.5	0.6	0.6	0.6	0.8	0.8	0.8	0.8	0.8
d_w (max)		4.6	5.9	6.9	8.9	11.6	14.6	16.6	22.5	27.7	33.2	42.7	51.1
d_a (min)		3.45	4.6	5.75	6.75	8.75	10.3	13	17.3	21.6	25.9	32.4	38.9
m	(max)	2.4	3.2	4.7	5.2	6.8	8.4	10.8	14.8	18	21.5	25.6	31
	(min)	2.15	2.9	4.4	4.9	6.44	8.04	10.37	14.1	16.9	20.2	24.3	29.4

表 B-4　平垫圈—A 级（GB/T 97.1—2002）、平垫圈 倒角型—A 级（GB/T 97.2—2002）　（单位：mm）

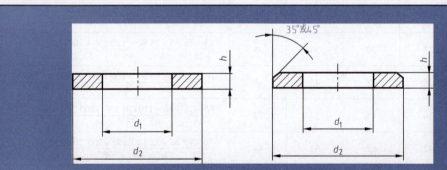

标准系列、公称规格 8mm、由钢制造的硬度为 200HV、不经表面处理、产品等级为 A 级的平垫圈，其标记为：垫圈 GB/T 97.1　8

公称规格（螺纹大径）	2	2.5	3	4	5	6	8	10	12	14	16	20	24	30
内径 d_1	2.2	2.7	3.2	4.3	5.3	6.4	8.4	10.5	13	15	17	21	25	31
外径 d_2	5	6	7	9	10	12	16	20	24	28	30	37	44	56
厚度 h	0.3	0.5	0.5	0.8	1	1.6	1.6	2	2.5	2.5	3	3	4	4

表 B-5　标准型弹簧垫圈（GB/T 93—1987）、轻型弹簧垫圈（GB/T 859—1987）

（单位：mm）

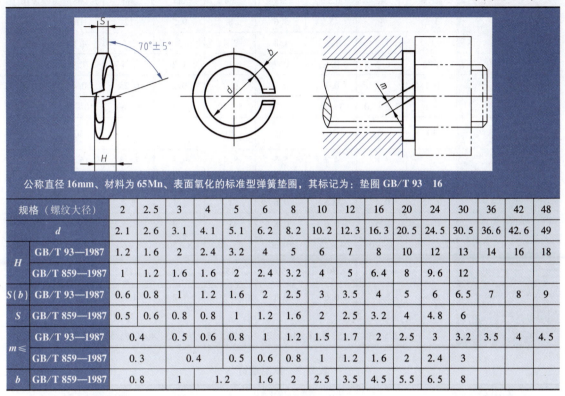

公称直径 16mm、材料为 65Mn、表面氧化的标准型弹簧垫圈，其标记为：垫圈 GB/T 93　16

规格（螺纹大径）		2	2.5	3	4	5	6	8	10	12	16	20	24	30	36	42	48
d		2.1	2.6	3.1	4.1	5.1	6.2	8.2	10.2	12.3	16.3	20.5	24.5	30.5	36.6	42.6	49
H	GB/T 93—1987	1.2	1.6	2	2.4	3.2	4	5	6	7	8	10	12	13	14	16	18
	GB/T 859—1987	1	1.2	1.6	1.6	2	2.4	3.2	4	5	6.4	8	9.6	12			
$S(b)$	GB/T 93—1987	0.6	0.8	1	1.2	1.6	2	2.5	3	3.5	4	5	6	6.5	7	8	9
S	GB/T 859—1987	0.5	0.6	0.8	0.8	1	1.2	1.6	2	2.5	3.2	4	4.8	6			
$m\leqslant$	GB/T 93—1987	0.4	0.5	0.6	0.8	1	1.2	1.5	1.7	2	2.5	3	3.2	3.5	4	4.5	
	GB/T 859—1987	0.3		0.4		0.5	0.6	0.8	1	1.2	1.6	2	2.4	3			
b	GB/T 859—1987	0.8	1		1.2		1.6	2	2.5	3.5	4.5	5.5	6.5	8			

表 B-6　螺钉

（单位：mm）

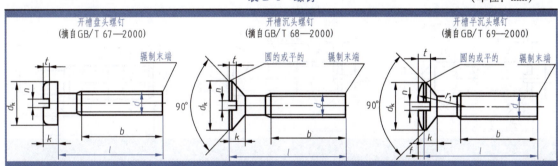

标记示例

螺纹规格 d = M5、公称长度 l = 20mm、性能等级为 4.8 级、不经过表面处理的 A 级开槽圆柱头螺钉，其标记为：螺钉 GB/T 65　M5×20

螺纹规格 d		M1.6	M2	M2.5	M3	M4	M5	M6	M8	M10
GB/T 65—2000	d_k					7	8.5	10	13	16
	k					2.6	3.3	3.9	5	6
	t_{min}					1.1	1.3	1.6	2	2.4
	r_{min}					0.2	0.2	0.25	0.4	0.4
	l					5~40	6~50	8~60	10~80	12~80
	全螺纹时最大长度					40	40	40	40	40

(续)

螺纹规格 d		M1.6	M2	M2.5	M3	M4	M5	M6	M8	M10
GB/T 67—2000	d_k	3.2	4	5	5.6	8	9.5	12	16	23
	k	1	1.3	1.5	1.8	2.4	3	3.6	4.8	6
	t_{min}	0.35	0.5	0.6	0.7	1	1.2	1.4	1.9	2.4
	r_{min}	0.1	0.1	0.1	0.1	0.2	0.2	0.25	0.4	0.4
	l	2~16	2.5~20	3~25	4~30	5~40	6~50	8~60	10~80	12~80
	全螺纹时最大长度	30	30	30	30	40	40	40	40	40
GB/T 68—2000	d_k	3	3.8	4.7	5.5	8.4	9.3	11.3	15.8	18.5
	k	1	1.2	1.5	1.65	2.7	2.7	3.3	4.65	5
	t_{min}	0.32	0.4	0.5	0.6	1	1.1	1.2	1.8	2
	r_{min}	0.4	0.5	0.6	0.8	1	1.3	1.5	2	2.5
	l	2.5~16	3~20	4~25	5~30	6~40	8~50	8~60	10~80	12~80
	全螺纹时最大长度	30	30	30	30	45	45	45	45	45
	n	0.4	0.5	0.6	0.8	1.2	1.2	1.6	2	2.5
	b_{min}			25				38		
	l 系列	2, 2.5, 3, 4, 5, 6, 8, 10, 12, 16, 20, 25, 30, 35, 40, 45, 50, 60, 70, 80								

表 B-7 紧定螺钉 (单位：mm)

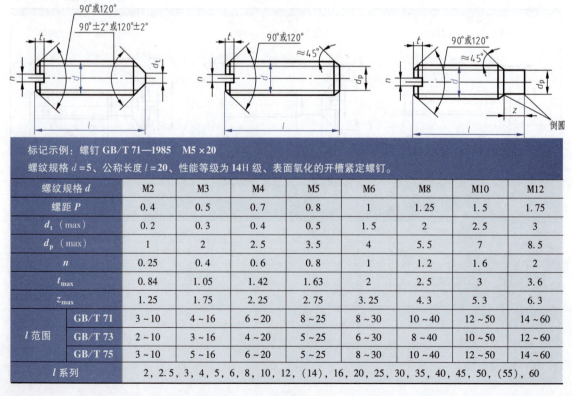

标记示例：螺钉 GB/T 71—1985　M5×20
螺纹规格 $d=5$、公称长度 $l=20$、性能等级为 14H 级、表面氧化的开槽紧定螺钉。

螺纹规格 d		M2	M3	M4	M5	M6	M8	M10	M12
螺距 P		0.4	0.5	0.7	0.8	1	1.25	1.5	1.75
d_t (max)		0.2	0.3	0.4	0.5	1.5	2	2.5	3
d_p (max)		1	2	2.5	3.5	4	5.5	7	8.5
n		0.25	0.4	0.6	0.8	1	1.2	1.6	2
t_{max}		0.84	1.05	1.42	1.63	2	2.5	3	3.6
z_{max}		1.25	1.75	2.25	2.75	3.25	4.3	5.3	6.3
l 范围	GB/T 71	3~10	4~16	6~20	8~25	8~30	10~40	12~50	14~60
	GB/T 73	2~10	3~16	4~20	5~25	6~30	8~40	10~50	12~60
	GB/T 75	3~10	5~16	6~20	5~25	8~30	10~40	12~50	14~60
l 系列		2, 2.5, 3, 4, 5, 6, 8, 10, 12, (14), 16, 20, 25, 30, 35, 40, 45, 50, (55), 60							

附录 C 普通平键

表 C-1 普通平键的尺寸与公差（GB/T 1096—2003）　　（单位：mm）

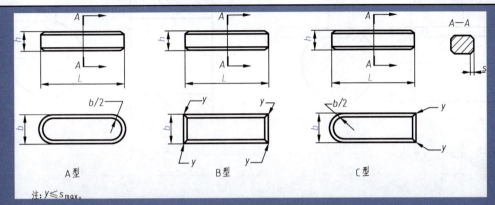

注：$y \leqslant s_{max}$。

标记示例

圆头普通平键（A 型）、$b=18$mm、$h=11$mm、$L=100$mm，其标记为：GB/T 1096—2003 键 $18 \times 12 \times 100$

平头普通平键（B 型）、$b=18$mm、$h=11$mm、$L=100$mm，其标记为：GB/T 1096—2003 键 B$18 \times 12 \times 100$

单圆头普通平键（C 型）、$b=18$mm、$h=11$mm、$L=100$mm，其标记为：GB/T 1096—2003 键 C$18 \times 12 \times 100$

宽度 b		公称尺寸	2	3	4	5	6	8	10	12	14	16	18	20	22
		极限偏差（h8）	0 −0.014		0 −0.018			0~−0.022		0 −0.027				0 −0.033	
高度 h		公称尺寸	2	3	4	5	6	7	8	8	9	10	11	12	13
	极限偏差	矩形（h11）	—	—	—	—	—	0~−0.090					0~−0.110		
		方形（h8）	0 −0.014		0 −0.018			—					—		
倒角或圆角 s			0.16~0.25			0.25~0.40				0.40~0.60				0.60~0.80	
长度 L															
公称尺寸	极限偏差（h14）														
6	0 −0.36					—	—	—	—	—	—	—	—	—	—
8								—	—	—	—	—	—	—	—
10									—	—	—	—	—	—	—
12										—	—	—	—	—	—
14	0 −0.43					标准					—	—	—	—	—
16												—	—	—	—
18													—	—	—
20														—	—
22	0 −0.52													—	—
25			—			长度								—	—
28			—	—											—
32			—	—											
36			—	—	—										
40	0 −0.62		—	—	—				范围						
45			—	—	—	—									
50			—	—	—	—									—

表 C-2 普通平键键槽的尺寸与公差（GB/T 1095—2003） （单位：mm）

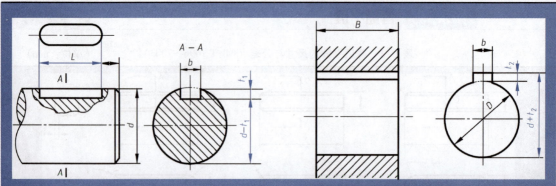

注：在工作图中，轴槽深用（$d-t_1$）或 t_1 标注，轮毂槽深度用（$d+t_2$）标注

轴	键	键槽										
		宽度 b					深度				半径 r	
			极限偏差				轴 t_1		毂 t_2			
公称直径 d	公称尺寸 $b×h$	公称尺寸	正常连接		紧密连接	松连接		公称尺寸	极限偏差	公称尺寸	极限偏差	min	max
			轴 N9	毂 JS9	轴和毂 P9	轴 H9	毂 D10						
自 6~8	2×2	2	−0.004	±0.0125	−0.006	+0.025	+0.060	1.2	+0.10 0	1.0	+0.10 0	0.08	0.16
8~10	3×3	3	−0.029		−0.031	0	+0.020	1.8		1.4			
10~12	4×4	4	0	±0.015	−0.012	+0.030	+0.078	2.5		1.8			
12~17	5×5	5	−0.030		−0.042	0	+0.030	3.0		2.3		0.16	0.25
17~22	6×6	6						3.5		2.8			
22~30	8×7	8	0	±0.018	−0.015	+0.036	+0.098	4.0		3.3			
30~38	10×8	10	−0.036		−0.051	0	+0.040	5.0		3.3			
38~44	12×8	12						5.0		3.3			
44~50	14×9	14	0	±0.0215	−0.018	+0.043	+0.120	5.5		3.8		0.25	0.40
50~58	16×10	16	−0.043		−0.061	0	+0.050	6.0	+0.20 0	4.3	+0.20 0		
58~65	18×11	18						7.0		4.4			
65~75	20×12	20						7.5		4.9			
75~85	22×14	22	0	±0.026	−0.022	+0.052	+0.149	9.0		5.4		0.40	0.60
85~95	25×14	25	−0.052		−0.074	0	+0.065	9.0		5.4			
95~110	28×16	28						10.0		6.4			
110~130	32×18	32						11.0		7.4			
130~150	36×20	36	0	±0.031	−0.026	+0.062	+0.180	12.0	+0.30 0	8.4	+0.30 0	0.70	1.0
150~170	40×22	40	−0.062		−0.088	0	+0.080	13.0		9.4			
170~200	45×25	45						15.0		10.4			

注：1. $d-t_1$ 和 $d+t_2$ 两组合尺寸的极限偏差按相应的 t_1 和 t_2 的极限偏差选取，但（$d-t_1$）极限偏差应取负号（−）。
    2. 轴的直径不在本表所列，仅供参考。

附录 D 销

表 D-1 圆柱销 不淬硬钢和奥氏体不锈钢（GB/T 119.1—2000）
圆柱销 淬硬钢和马氏体不锈钢（GB/T 119.2—2000） （单位：mm）

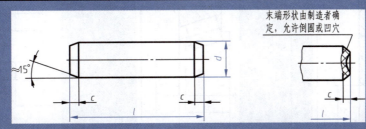

标记示例

公称直径 $d=8$mm，公差为 $m6$，公称长度 $l=30$mm，材料为钢，不经表面处理的圆柱销，其标记为：销 GB/T 119.1 8 m6×30

公称直径 $d=8$mm，公差为 $m6$，公称长度 $l=30$mm，材料为钢，普通淬火（A 型），不经表面处理的圆柱销，其标记为：销 GB/T 119.1 8 6×30

公称直径 d		3	4	5	6	8	10	12	16	20	25	30
$c\approx$		0.50	0.63	0.80	1.2	1.6	2.0	2.5	3.0	3.5	4.0	5.0
公称长度 l	GB/T 119.1	8~30	8~40	10~50	12~60	14~80	18~95	22~140	26~180	35~200	50~200	60~200
	GB/T 119.2	8~30	10~40	12~50	14~60	18~80	22~100	26~100	40~100	50~100	—	—
l 系列		8, 10, 12, 14, 16, 18, 20, 22, 24, 26, 28, 30, 32（2 进位）；35, 40, 45, 50, 55, 60, 65, 70, 75, 80, 85, 90, 95（5 进位）；100, 120, 140, 160, 180, 200（20 进位）											

注：1. GB/T 119.1—2000 规定圆柱销的公称直径 $d=0.6$~50mm，公称长度 $l=2$~200mm，公差带有 $m6$ 和 $h8$。
2. GB/T 119.2—2000 规定圆柱销的公称直径 $d=1$~20mm，公称长度 $l=3$~100mm，公差带仅有 $m6$。
3. 当圆柱销公差带为 $h8$ 时，其表面粗糙度 $Ra\leqslant 1.6\mu m$。

表 D-2 圆锥销（GB/T 117—2000） （单位：mm）

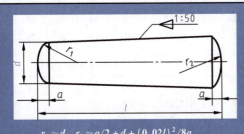

标记示例

公称直径 $d=10$mm，公称长度 $l=60$mm，材料为 35，热处理硬度（28~38）HRC，表面氧化处理的 A 型圆锥销，其标记为：销 GB/T117 10×60

$r_1\approx d$ $r_2\approx a/2+d+(0.02l)^2/8a$

公称直径 d	4	5	6	8	10	12	16	20	25	30
$a\approx$	0.5	0.63	0.8	1	1.2	1.6	2	2.5	3	4
公称长度 l	14~55	18~60	22~90	22~120	26~160	32~180	40~200	45~200	50~200	55~200
l 系列	2, 3, 4, 5, 6, 8, 10, 12, 14, 16, 18, 20, 22, 24, 26, 28, 30, 32, 35, 40, 45, 50, 55, 60, 65, 70, 75, 80, 85, 90, 95, 100, 120, 140, 160, 180, 200									

注：1. 标准规定圆锥销的公称直径 $d=0.6$~50mm。
2. 有 A 型和 B 型。A 型为磨削，锥面表面粗糙度 $Ra=0.8\mu m$；B 型为切削或冷镦，锥面粗糙度 $Ra=3.2\mu m$。

附录 E 滚动轴承

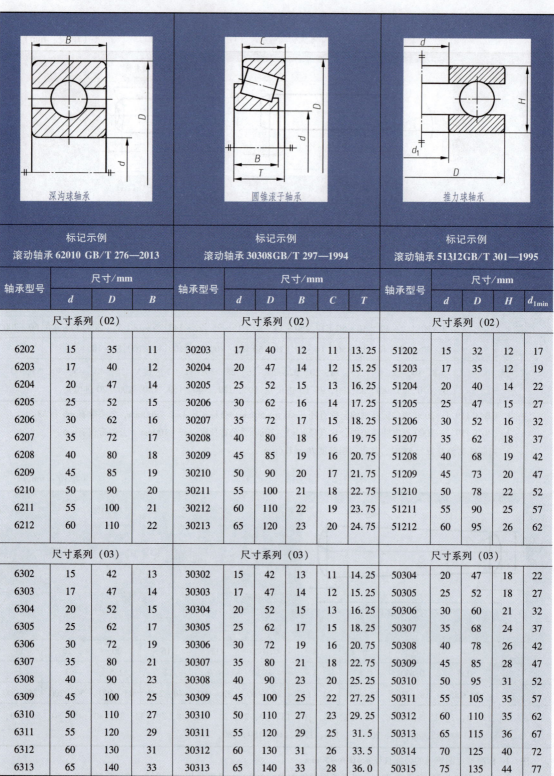

	深沟球轴承				圆锥滚子轴承					推力球轴承			
标记示例 滚动轴承 62010 GB/T 276—2013				标记示例 滚动轴承 30308 GB/T 297—1994						标记示例 滚动轴承 51312 GB/T 301—1995			
轴承型号	尺寸/mm			轴承型号	尺寸/mm					轴承型号	尺寸/mm		
	d	D	B		d	D	B	C	T		d	D	H	d_{1min}
尺寸系列（02）				尺寸系列（02）						尺寸系列（02）			
6202	15	35	11	30203	17	40	12	11	13.25	51202	15	32	12	17
6203	17	40	12	30204	20	47	14	12	15.25	51203	17	35	12	19
6204	20	47	14	30205	25	52	15	13	16.25	51204	20	40	14	22
6205	25	52	15	30206	30	62	16	14	17.25	51205	25	47	15	27
6206	30	62	16	30207	35	72	17	15	18.25	51206	30	52	16	32
6207	35	72	17	30208	40	80	18	16	19.75	51207	35	62	18	37
6208	40	80	18	30209	45	85	19	16	20.75	51208	40	68	19	42
6209	45	85	19	30210	50	90	20	17	21.75	51209	45	73	20	47
6210	50	90	20	30211	55	100	21	18	22.75	51210	50	78	22	52
6211	55	100	21	30212	60	110	22	19	23.75	51211	55	90	25	57
6212	60	110	22	30213	65	120	23	20	24.75	51212	60	95	26	62
尺寸系列（03）				尺寸系列（03）						尺寸系列（03）			
6302	15	42	13	30302	15	42	13	11	14.25	50304	20	47	18	22
6303	17	47	14	30303	17	47	14	12	15.25	50305	25	52	18	27
6304	20	52	15	30304	20	52	15	13	16.25	50306	30	60	21	32
6305	25	62	17	30305	25	62	17	15	18.25	50307	35	68	24	37
6306	30	72	19	30306	30	72	19	16	20.75	50308	40	78	26	42
6307	35	80	21	30307	35	80	21	18	22.75	50309	45	85	28	47
6308	40	90	23	30308	40	90	23	20	25.25	50310	50	95	31	52
6309	45	100	25	30309	45	100	25	22	27.25	50311	55	105	33	57
6310	50	110	27	30310	50	110	27	23	29.25	50312	60	110	35	62
6311	55	120	29	30311	55	120	29	25	31.5	50313	65	115	36	67
6312	60	130	31	30312	60	130	31	26	33.5	50314	70	125	40	72
6313	65	140	33	30313	65	140	33	28	36.0	50315	75	135	44	77

附录 F 极限与配合

表 F-1 标准公差数值（摘自 GB/T 1800.1—2009）

公称尺寸/mm		标准公差等级														
		IT1	IT2	IT3	IT4	IT5	IT16	IT7	IT8	IT9	IT10	IT11	IT12	IT3	IT4	IT5	IT6	IT7	IT8
大于	至	μm											mm						
—	3	0.8	1.2	2	3	4	6	10	14	25	40	60	0.1	0.14	0.25	0.4	0.6	1	1.4
3	6	1	1.5	2.5	4	5	8	12	18	30	48	75	0.12	0.18	0.3	0.48	0.75	1.2	1.8
6	10	1	1.5	2.5	4	6	9	15	22	36	58	90	0.15	0.22	0.36	0.58	0.9	1.5	2.2
10	18	1.2	2	3	5	8	11	18	27	43	70	110	0.18	0.27	0.43	0.7	1.1	1.8	2.7
18	30	1.5	2.5	4	6	9	13	21	33	52	84	130	0.21	0.33	0.52	0.84	1.3	2.1	3.3
30	50	1.5	2.5	4	7	11	16	25	39	62	100	160	0.25	0.39	0.62	1	1.6	2.5	3.9
50	80	2	3	5	8	13	19	30	46	74	120	190	0.3	0.46	0.74	1.2	1.9	3	4.6
80	120	2.5	4	6	10	15	22	35	54	87	140	220	0.35	0.54	0.87	1.4	2.2	3.5	5.4
120	180	3.5	5	8	12	18	25	40	63	100	160	250	0.4	0.63	1	1.6	2.5	4	6.3
180	250	4.5	7	10	14	20	29	46	72	115	185	290	0.46	0.72	1.15	1.85	2.9	4.6	7.2
250	315	6	8	12	16	23	32	52	81	130	210	320	0.52	0.81	1.3	2.1	3.2	5.2	8.1
315	400	7	9	13	18	25	36	57	89	140	230	360	0.57	0.89	1.4	2.3	3.6	5.7	8.9
400	500	8	10	15	20	27	40	63	97	155	250	400	0.63	0.97	1.55	2.5	4	6.3	9.7
500	630	9	11	16	22	32	44	70	110	175	280	440	0.7	1.1	1.75	2.8	4.4	7	11
630	800	10	13	18	25	36	50	80	125	200	320	500	0.8	1.25	2	3.2	5	8	12.5
800	1000	11	15	21	28	40	56	90	140	230	360	560	0.9	1.4	2.3	3.6	5.6	9	14
1000	1250	13	18	25	33	47	66	105	165	260	420	660	1.05	1.65	2.6	4.2	6.6	10.5	16.5
1250	1600	15	21	29	39	55	78	125	195	310	500	780	1.25	1.95	3.1	5	7.8	12.5	19.5
1600	2000	18	25	35	46	65	92	150	230	370	600	920	1.5	2.3	3.7	6	9.2	15	23
2000	2500	22	30	41	55	78	110	175	280	440	700	1100	1.75	2.8	4.4	7	11	17.5	28
2500	3150	26	36	50	68	96	135	210	330	540	860	1350	2.1	3.3	5.4	8.6	13.5	21	33

表 F-2 优先选用的轴的公差带（摘自 GB/T 1800.2—2009）

公称尺寸/mm		公差带 μm											
		c	d	f	g	h				k	n	p	s	u
大于	至	11	9	7	6	6	7	9	11	6	6	6	6	6
—	3	−60 −120	−20 −45	−6 −16	−2 −8	0 −6	0 −10	0 −25	0 −60	+6 0	+10 +4	+12 +6	+20 +14	+24 +18
3	6	−70 −145	−30 −60	−10 −22	−4 −22	0 −8	0 −12	0 −30	0 −75	+9 +1	+16 +8	+20 +12	+27 +19	+31 +23

（续）

公称尺寸/mm		公差带										μm	
		c	d	f	g	h				k	n	p	s	u
大于	至	11	9	7	6	6	7	9	11	6	6	6	6	6
6	10	−80 −170	−40 −76	−13 −28	−5 −14	0 −9	0 −15	0 −36	0 −90	+10 +1	+19 +10	+24 +15	+32 +23	+37 +28
10	14	−95 −205	−50 −93	−16 −34	−6 −17	0 −11	0 −18	0 −43	0 −110	+12 +1	+23 +12	+29 +18	+39 +28	+44 +33
14	18													
18	24	−110 −240	−65 −117	−20 −41	−7 −20	0 −13	0 −21	0 −52	0 −130	+15 +2	+28 +15	+35 +22	+48 +35	+54 +41
24	30													+61 +48
30	40	−120 −280	−80 −142	−25 −50	−9 −25	0 −16	0 −25	0 −62	0 −160	+18 +2	+33 +17	+42 +26	+59 +43	+76 +60
40	50	−130 −290												+86 +70
50	65	−140 −330	−110 −174	−30 −60	−10 −29	0 −19	0 −30	0 −74	0 −190	+21 +2	+39 +20	+51 +32	+72 +53	+106 +87
65	80	−150 −340											+78 +59	+121 +102
80	100	−170 −390	−120 −207	−36 −71	−12 −34	0 −22	0 −35	0 −87	0 −220	+25 +3	+45 +23	+59 +37	+93 +71	+146 +124
100	120	−180 −400											+101 +79	+166 +144
120	140	−200 −450	−145 −245	−43 −83	−14 −39	0 −25	0 −40	0 −100	0 −250	+28 +3	+52 +27	+68 +43	+117 +92	+195 +170
140	160	−210 −460											+125 +100	+215 +190
160	180	−230 −480											+133 +108	+235 +210
180	200	−240 −530	−170 −285	−50 −96	−15 −44	0 −29	0 −46	0 −115	0 −290	+33 +4	+60 +31	+79 +50	+151 +122	+265 +236
200	225	−260 −550											+159 +130	+287 +258
225	250	−280 −570											+169 +140	+313 +284

（续）

公称尺寸 /mm		公差带 μm											
		c	d	f	g	h				k	n	p	s	u
大于	至	11	9	7	6	6	7	9	11	6	6	6	6	6
250	280	-300 -620	-190 -320	-56 -108	-17 -49	0 -32	0 -52	0 -130	0 -320	+36 +4	+66 +34	+88 +56	+190 +158	+347 +315
280	315	-330 -650											+202 +170	+382 +350
315	355	-360 -720	-210 -350	-62 -119	-18 -54	0 -36	0 -57	0 -140	0 -360	+40 +4	+73 +37	+98 +62	+226 +190	+426 +390
355	400	-400 -760											+244 +208	+471 +435
400	450	-440 -840	-230 -385	-68 -131	-20 -60	0 -40	0 -63	0 -155	0 -400	+45 +5	+80 +40	+108 +68	+272 +232	+530 +490
450	500	-480 -880											+292 +252	+580 +540

表 F-3 优先选用的孔的公差带（GB/T 1800.2—2009）

公称尺寸 /mm		公差带 μm											
		C	D	F	G	H				K	N	P	S	U
大于	至	11	9	8	7	7	8	9	11	7	7	7	7	7
—	3	+120 +60	+45 +20	+20 +6	+12 +2	+10 0	+14 0	+25 0	+60 0	0 -10	-4 -14	-6 -16	-14 -24	-18 -28
3	6	+145 +70	+60 +30	+28 +10	+16 +4	+12 0	+18 0	+30 0	+75 0	+3 -9	-4 -16	-8 -20	-15 -27	-19 -31
6	10	+170 +80	+76 +40	+35 +13	+20 +5	+15 0	+22 0	+36 0	+90 0	+5 -10	-4 -19	-9 -24	-17 -32	-22 -37
10	14	+205 +95	+93 +50	+43 +16	+24 +6	+18 0	+27 0	+43 0	+110 0	+6 -12	-5 -23	-11 -29	-21 -39	-26 -44
14	18													
18	24	+240 +110	+117 +65	+53 +20	+28 +7	+21 0	+33 0	+52 0	+130 0	+6 -15	-7 -28	-14 -35	-27 -48	-33 -54
24	30													-40 -61
30	40	+280 +120	+142 +80	+64 +25	+34 +9	+25 0	+39 0	+62 0	+160 0	+7 -18	-8 -33	-17 -42	-34 -59	-51 -76
40	50	+290 +130												-61 -86

（续）

公称尺寸/mm		公差带										μm	
		C	D	F	G	H				K	N	P	S	U
大于	至	11	9	8	7	7	8	9	11	7	7	7	7	7
50	65	+330 +140	+174 +100	+76 +30	+40 +10	+30 0	+46 0	+74 0	+190 0	+9 -21	-9 -39	-21 -51	-42 -72	-76 -106
65	80	+340 +150											-48 -78	-91 -121
80	100	+390 +170	+207 +120	+90 +36	+47 +12	+35 0	+54 0	+87 0	+220 0	+10 -25	-10 -45	-24 -59	-58 -93	-111 -146
100	120	+400 +180											-66 -101	-131 -166
120	140	+450 +200	+245 +145	+106 +43	+54 +14	+40 0	+63 0	+100 0	+250 0	+12 -28	-12 -52	-28 -68	-77 -117	-155 -195
140	160	+460 +210											-85 -125	-175 -215
160	180	+480 +230											-93 -133	-195 -235
180	200	+530 +240	+285 +170	+122 +50	+61 +15	+46 0	+72 0	+115 0	+290 0	+12 -33	-14 -60	-33 -79	-105 -151	-219 -265
200	225	+550 +260											-113 -159	-241 -287
225	250	+570 +280											-123 -169	-267 -313
250	280	+620 +300	+320 +190	+137 +56	+69 +17	+52 0	+81 0	+130 0	+320 0	+16 -36	-14 -66	-36 -88	-138 -190	-295 -347
280	315	+650 +330											-150 -202	-330 -382
315	355	+720 +360	+350 +210	+151 +62	+75 +18	+57 0	+89 0	+140 0	+360 0	+17 -40	-16 -73	-41 -98	-169 -226	-369 -426
355	400	+760 +400											-187 -244	-414 -471
400	450	+840 +440	+385 +230	+165 +68	+83 +20	+63 0	+97 0	+155 0	+400 0	+18 -45	-17 -80	-45 -108	-209 -272	-467 -530
450	500	+880 +480											-229 -292	-517 -580

附录 G　常用材料及热处理

表 G-1　黑色金属

名称	牌号	说明	应用举例
灰铸铁 GB/T 9439—2010	HT100	HT—"灰铁"代号 150—抗拉强度（MPa）	属低强度铸铁，用于盖、手把、手轮等不重要零件
	HT150		属中等强度铸铁，用于一般铸件如机床座、端盖、带轮、工作台等
	HT200		属高强度铸铁，用于较重要铸件如气缸、齿轮、凸轮、机座、床身、飞轮、带轮、齿轮箱、阀壳、联轴器、衬筒、轴承座等
球墨铸铁 GB/T 1348—2009	QT450—10	QT—"球墨铸铁"代号 450—抗拉强度（MPa） 10—伸长率（%）	具有较高的强度和塑性，广泛用于机械制造业中受磨损和受冲击的零件，如曲轴、气缸套、活塞环、摩擦片、中低压阀门、千斤顶座等
	QT500—7		
	QT600—3		
铸钢 GB/T 11352—2009	ZG200—400	ZG—"铸钢"代号 200—屈服强度（MPa） 400—抗拉强度（MPa）	用于各种形状的零件，如机座，变速器壳等
	ZG270—500		用于各种形状的零件，如飞轮、机架、水压机工作缸、横梁等
	ZG310—570		用于各种形状的零件，如联轴器、气缸、齿轮及重负荷的机架等
碳素结构钢 GB/T 700—2006	Q215A	Q—"屈"字代号 215—屈服点（MPa） A—质量等级	塑性大、抗拉强度低、易焊接，用于炉撑、铆钉、垫圈、开口销等
	Q235A		有较高的强度和硬度，延伸率也相当大，可以焊接，用途很广，是一般机械上的主要材料。用于低速轻载齿轮、键、拉杆、钩子、螺栓、套圈等
	Q275		
优质碳素结构钢 GB/T 699—1999	15、15F	15—平均碳的质量分数（万分之几） F—沸腾钢	塑性、韧性、焊接性能和冲压性能均极好，但强度低。用于螺钉、螺母、法兰盘、渗碳零件等
	35		不经热处理可用于中等载荷的零件，如拉杆、轴套筒、钩子等；经调质处理后适用于强度及韧性要求较高的零件，如传动轴等
	45		用于强度要求较高的零件，如齿轮、机床主轴、花键轴等
	15Mn	15—平均碳的质量分数（万分之几） Mn—含锰量较高	其性能与 15 钢相似，渗碳后淬透性、强度比 15 钢高
	45Mn		用于受磨损的零件，如转轴、心轴、齿轮、花键轴等

表 G-2 有色金属及非金属材料

名称		牌号	说明	应用举例
有色金属	普通黄铜 GB/T 5231—2001	H62	H—"黄铜"的代号 96—基体元素铜的含量	用于热轧、热压零件，如套管、螺母等
		H68		用于复杂的冲压零件和拉伸零件，如弹壳、垫座等
		H96		用于散热器和冷凝器管子等
	铸造青铜 GB/T 1176—1987	ZCuSn5Zn5Pb5	Z—"铸"造代号 Cu—基体金属铜元素符号 Sn10—锡元素符号及平均质量分数（%）	用于轴瓦、衬套、缸套、油塞、离合器、蜗轮等中等滑动速度下工作的耐磨、耐腐蚀零件
		ZCuSn10Zn2		用于中等及较高负荷和小滑动速度下工作的重要管配件，以及阀、旋塞、泵体、齿轮、叶轮、蜗轮等
		ZCuAl9Fe4Ni4Mn2		用于船舶螺旋桨、耐磨和400℃以下工作的零件，如轴承、齿轮、蜗轮、螺母、阀体、法兰等
		ZCuAl10Fe3		用于强度高、耐磨、耐蚀的零件，如蜗轮、轴承、衬套、耐热管配件等
	铸造铝合金 GB/T 1173—1995	ZAlSi5Cu1Mg	Z—"铸"造代号 Al—基体元素铝元素符号 Si5—硅元素符号及平均质量分数（%）	用于风冷发动机的气缸头、机闸、油泵体等225℃以下工作的零件
		ZAlCu4		用于中等载荷、形状较简单的200℃以下工作的小零件
非金属	尼龙	尼龙6	6、66为顺序号，66比6的机械性能和线膨胀系数高	力学性能高、韧性好、耐磨、耐水、耐油，用于一般机械零件、传动件及减磨耐磨件，如齿轮、蜗轮、轴承、丝杠、螺母、凸轮、风扇叶轮、螺钉、垫圈等，其特点是运转时噪声小
		尼龙66		
	耐油橡胶板 GB/T 5574—1994	3707	37、38—顺序号 07—扯断强度（kPa）	用于在一定温度的机油、变压器油、汽油等介质中工作的零件，冲制各种形状的垫圈
		3807		
		3709		
		3809		
	软钢纸板 QB/T 2200—1996		规格： 920×650 650×490 650×400 400×300	用于密封连接处垫片
	工业用平面毛毡 FZ/T 25001—1992	T112—32~44 T122—30~38 T132—32~36	T112—细毛 T122—半粗毛 T132—粗毛 后两位数是密度（g/cm³）的百分数（如0.32~0.44g/cm³）	用作密封、防振缓冲衬垫

表 G-3 常用的热处理方法及应用（GB/T 7273—1999 和 JB/T 8555—1997）

名 称	有效硬化层深度和硬度标注举例	处理方法	应 用
退火	退火 （163~197）HBW	将钢件加热到临界温度以上，保温一段时间，然后缓慢地冷却下来（例如在炉中冷却）	用来消除铸、锻、焊零件的内应力，降低硬度，改善加工性能，增加塑性和韧性，细化金属晶粒，使组织均匀。适用于含碳量（质量分数）在0.83%以下的铸、锻、焊零件
正火	正火 （170~217）HBW	将钢件加热到临界温度以上，保温一段时间，然后在空气中冷却下来，冷却速度比退火快	用来处理低碳和中碳结构钢件及渗碳零件，使其晶粒细化，增加强度与韧性，改善切削加工性能
淬火	淬火 （42~47）HRC	将钢件加热到临界温度以上，保温一段时间，然后在水、盐水或油中急速冷却下来	用来提高钢的硬度、强度和耐磨性，但淬火后会引起内应力及脆性，因此淬火后的钢件必须回火
回火	回火	将淬火后的钢件，加热到临界温度以下的某一温度，保温一段时间，然后在空气或油中冷却下来	用来消除淬火时产生的脆性和内应力，以提高钢件的韧性和强度
调质	调质 （200~230）HBW	淬火后进行高温回火（450~650℃）	可以完全消除内应力，并获得较高的综合力学性能。一些重要零件淬火后都要经过调质处理
感应淬火	感应淬火 DS =0.8~1.6mm （48~52）HRC	用火焰或高频电流将零件表面迅速加热至临界温度以上，急速冷却	使零件表层有较高的硬度和耐磨性，而内部保持一定的韧性，使零件既耐磨又能承受冲击，如重要的齿轮、曲轴、活塞销等
渗碳淬火	渗碳淬火 DC=0.8~1.2mm （58~63）HRC	将低、中碳（w_c<0.4%）钢件，在渗碳剂中加热到900~950℃，停留一段时间，使零件表面增碳0.4~0.6mm，然后淬火	增加零件表面硬度、耐磨性、抗拉强度及疲劳极限。适用于低碳、中碳结构钢的中小型零件及大型重负荷、受冲击、耐磨的零件
碳氮共渗淬火	碳氮共渗淬火 DC=0.5~0.8mm （58~63）HRC	使零件表面增加碳与氮，其扩散层深度较浅（0.2~0.5mm）。在0.2~0.4mm层具有66~70HRC的高硬度	增加结构钢、工具钢零件的表面硬度、耐磨性及疲劳极限，提高刀具切削性能和使用寿命。适用于要求硬度高、耐磨的中、小型及薄片的零件和刀具
渗氮	渗氮 DN=0.25~0.4mm，≥850HV	使零件表面增氮，氮化层为0.25~0.8mm。氮化层硬度极高（达1200HV）	增加零件的表面硬度、耐磨性、疲劳极限及抗蚀能力。适用于含铝、铬、钼、锰等合金钢，如要求耐磨的主轴、量规、样板、水泵轴、排气门等零件
冰冷处理	冰冷处理	将淬火钢件继续冷却至室温以下的处理方法	进一步提高零件的硬度、耐磨性，使零件尺寸趋于稳定，如用于滚动轴承的钢球

（续）

名　　称	有效硬化层深度和硬度标注举例	处 理 方 法	应　　用
发蓝发黑	发蓝或发黑	用加热办法使零件工作表面形成一层氧化铁组成的保护性薄膜	防腐蚀、美观，用于一般紧固件
时效	自然时效 人工时效	自然时效：在空气中存放半年到一年以上 人工时效：加热到200℃左右，保温10~20h或更长时间	使铸件或淬火后的钢件慢慢消除其内应力，而达到稳定其形状和尺寸

参 考 文 献

[1] 曹静. 汽车钣金基础 [M]. 北京：中国劳动社会保障出版社，2014.
[2] 曹静，李亚平. 汽车机械制图 [M]. 北京：机械工业出版社，2016.
[3] 金大鹰. 机械制图 [M]. 北京：机械工业出版社，2012.
[4] 胡建生. 机械制图 [M]. 北京：机械工业出版社，2016.

参考文献

[1] 李海, 于铭泉, 陈卫东. 现代控制理论[M]. 北京: 清华大学出版社, 2016.
[2] 王伟, 李建华. 自动控制原理[M]. 北京: 机械工业出版社, 2016.
[3] 张志军, 刘海涛. 数字信号处理[M]. 北京: 电子工业出版社, 2017.
[4] 陈国良, 刘国红, 孙立. 计算机控制技术[M]. 北京: 清华大学出版社, 2018.